*Hans Ullrich*

# Mit der S-Bahn wandern II



SZ-Wanderweg

Süddeutsche Zeitung

Der grosse Erfolg des ersten Bandes »Mit der S-Bahn wandern« sowie die rege Nachfrage nach weiteren Ausflugstips dieser Art veranlassten Autor und Verlag, diesen zweiten Band herauszubringen. Er bietet neben neuen Wanderwegen — mit Start und Ziel S-Bahnhof — auch eine andere wichtige Neuerung: Alle aufgeführten Wege sind markiert. Ein Verlaufen ist damit praktisch ausgeschlossen. Die Markierungen (außerhalb geschlossener Ortschaften) hat Hans Ullrich selbst vorgenommen. Die Kennzeichnungsaktion wurde von der Süddeutschen Zeitung finanziert.
»Mit der S-Bahn wandern« ist also noch bequemer geworden. Dazu trägt auch die Vermehrung der Informationen bei. Sie reichen nicht nur von Angaben über die Zonen für die Hin- und Rückfahrt, die Fahrpläne und viele nützliche Anleitungen bis zum Verbundfahren. Der Autor berät als erfahrener »Wegbereiter« auch über leichte Spaziegänge, richtige Wanderungen und Trimm-Dich-Touren sowie darüber, welche Strecken für kleinere oder grössere Kinder geeignet sind.
Konnte man schon bisher das geologisch, geschichtlich, kultur- und kunstgeschichtlich Wissenswerte über eine Gegend erfahren (aber auch die Einkehrmöglichkeiten waren nicht vergessen), so bringt der Verfasser jetzt noch Hinweise auf die Beschaffenheit der Wandertouren. Er schildert die Art des Weges (Feldweg, Waldweg, geschottertes oder geteertes Strässchen usw.) und er gibt Ratschläge für die Jahreszeiten, in denen man die Tour am besten macht (z. B. im Sommer in Verbindung mit einer Badegelegenheit). Auf vielfachen Wunsch seiner Wanderfreunde gibt er auch die Ruhetage der genannten Gaststätten an, sofern er von Inhabern oder Pächtern Auskunft erhielt. Alle Wanderungen sind mit übersichtlichen Routenskizzen versehen. Jedem Tip ist ein Streckenplan beigefügt.

**Wichtiger Hinweis:**
**Fahrplanwechsel des Münchner Verkehrs- und Tarifverbundes beachten!**
**Stand der Angaben in diesem Band: Sommerfahrplan 1974.**

# Mit der S-Bahn wandern II

## *46 neue Ausflüge rund um München auf markierten Wegen*

Von Hans Ullrich

*Süddeutscher Verlag München*

Umschlag: H.F. Akmann
Streckenpläne: Hans Ullrich
Karten: Hans Erlbach

*ISBN 3 7991 5775 1*


*Satz: Lichtsatz Brauer, Frankfurt/a.M.*
*Druck: Presse-Druck, Augsburg*
*Bindearbeit: Klotz, Augsburg*

## Inhalt

Der Ortsname über dem Titel gibt jeweils den Startpunkt der Wandertour an.

# Vorwort

Binnen weniger Monate wurde die S-Bahn auch als »Wandermittel« populär. Zweifellos haben die Serie im *Münchner Stadtanzeiger/Regionalanzeiger* »Mit der S-Bahn wandern« und der rasch erschienene neue Wanderführer des Süddeutschen Verlags mit dem gleichen Titel wesentlich dazu beigetragen. Hans Ullrich, der sich dem Thema der Naherholung mit Herz und Verstand verschrieben hat und aus eigenem Erlebnis den gesellschaftspolitischen Wert der Freizeit vor der Großstadthaustür erkennt, ist der Autor. Von vornherein war es sein Konzept, einen Wanderführer und ein Heimatbuch zugleich zu schaffen. Viele Tausende folgten seither »seinen Pfaden«, die mühelos, das heißt in diesem Fall ohne lange Autofahrten mit der S-Bahn erreicht werden.
Ohne Auto, das ist der programmatische »Stups« der bemerkenswert übersichtlich dargestellten Ausflugsvorschläge. Keine Parkplatzsorgen, keine Rückkehrschlangen — Erholung von der ersten Minute an bis zur Heimkehr in die Wohnung! Das S-Bahn-Zeitalter, das am 28. Mai 1972 begann, hat nicht nur für die Münchner, sondern auch für alle Bewohner in den umliegenden Landkreisen eine neue Lebensdimension geschaffen, eine neue Welt des Erlebens in der freien Natur, in der Heimatlandschaft.
Die Naherholungsmöglichkeiten aufzuzeigen und ihre vielfältigen Reize und Vorzüge zu schildern, dieses Anliegen teilt der Autor mit den Politikern der Stadt- und Staatsregierung. Wichtige Themen der Raumordnung, des Umweltschutzes und des Wohlbefindens der Menschen sind hier einschlägig.
Es kam darauf an, etwas Praktisches zu schaffen. S-Bahn-Fahrpläne, Routenhinweise und leicht lesbare Kartenskizzen ergänzen die Wegbeschreibungen und heimatkundlichen Erläuterungen. Alles ist einprägsam und leicht verständlich gehalten, man muß sich in diesen Wanderführer

nicht vertiefen. Das Gemüt bleibt frei für den Wanderweg, für die Natur ringsum, für Menschen, Tiere, Bäume, Wiesen, Bäche, Bauerngehöfte, Waldlichtungen, große und kleine Seen, für ein Kirchlein am Weg, für Zeugnisse der Vergangenheit und für die Betrachtungen, die man damit verbinden kann. Kurze und lange Wege werden vorgeschlagen, man erfährt auch, ob die Wege für Kinder geeignet sind und wie man gerüstet sein soll.
Der zweite Band wurde aus der Notwendigkeit geboren, das bisherige Angebot von 46 Ausflügen rund um München noch wesentlich zu erweitern. Das war mühelos möglich, denn es gibt hunderte von Wegen in der so vielfältig und abwechslungsreich schönen Heimatlandschaft der Region München. Wer wandert, findet darüber hinaus stets auch einen Weg in einen Bereich, der nicht beschrieben werden kann, weil er der ureigenste jedes Menschen ist. Wandern schenkt viele Erfüllungen.

Erich Hartstein
Chefredakteur *Münchner Stadtanzeiger/Regionalanzeiger*

## Gesamtplan der Region München

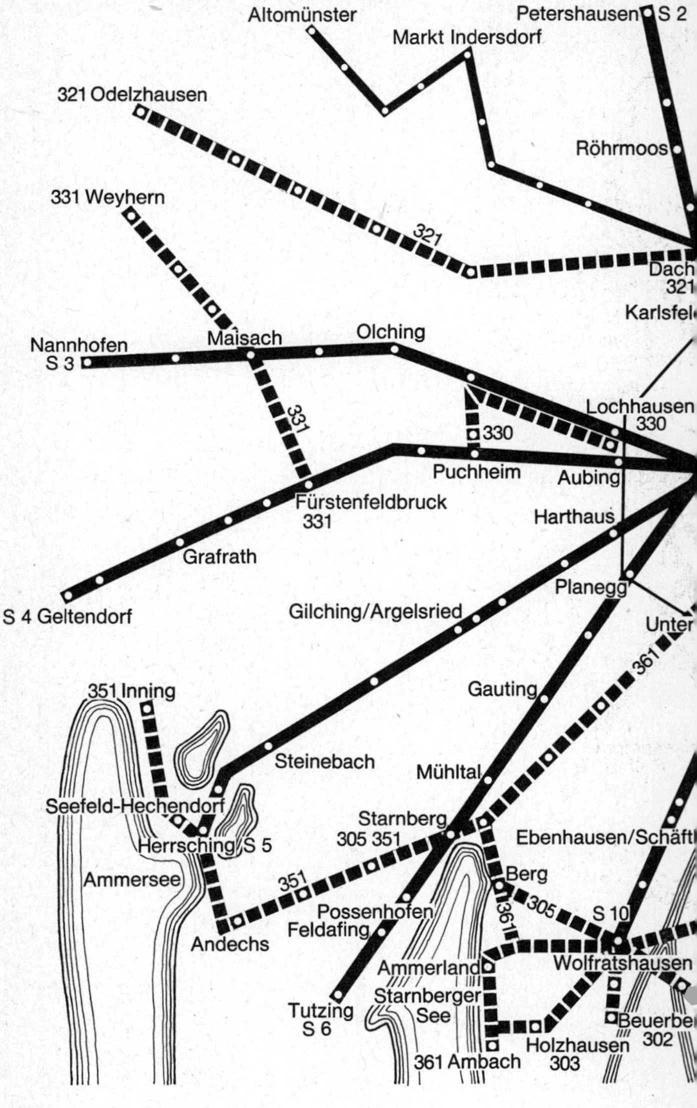

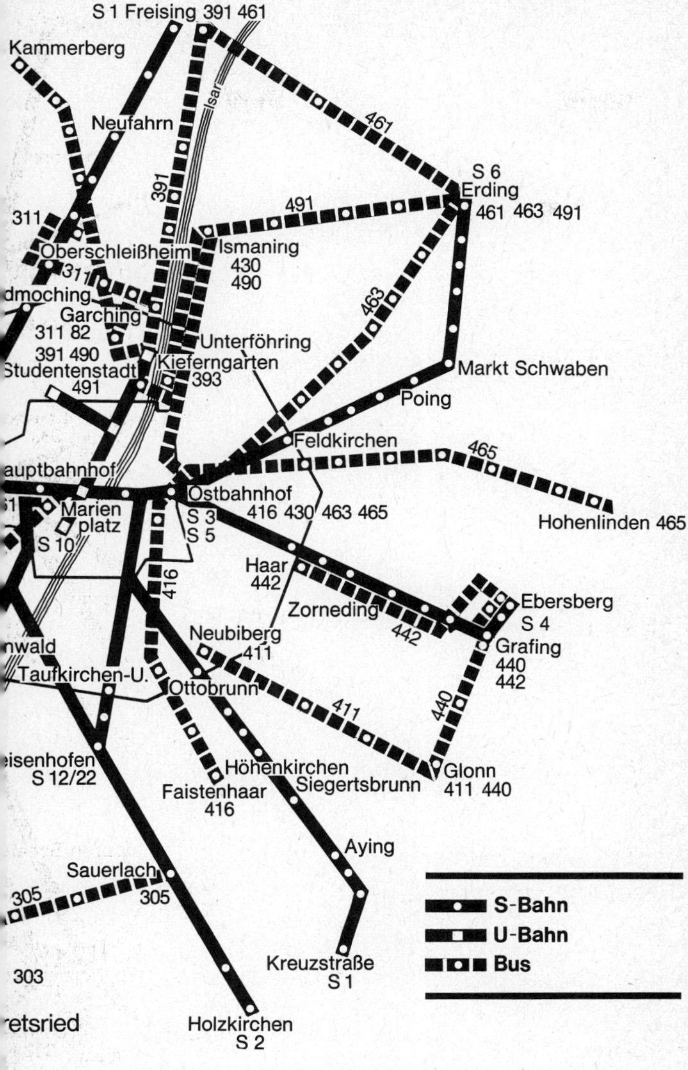

S 1 Freising 391 461
Kammerberg
Isar
Neufahrn
461
391
S 6
Erding
461 463 491
491
311
Oberschleißheim
311
Ismaning
430
490
dmoching
Garching
311 82
391 490
463
Unterföhring
Studentenstadt
491
Kieferngarten
393
Markt Schwaben
Poing
Feldkirchen
465
auptbahnhof
Ostbahnhof
416 430 463 465
Hohenlinden 465
Marien
platz
S 3
S 5
S 10
Haar
442
416
Ebersberg
S 4
Zorneding
442
Neubiberg
411
Grafing
440
442
nwald
Taufkirchen-U.
Ottobrunn
440
411
eisenhofen
S 12/22
Höhenkirchen
Siegertsbrunn
Glonn
411 440
Faistenhaar
416
Aying
Sauerlach
305
305
S-Bahn
U-Bahn
Bus
Kreuzstraße
S 1
303
etsried
Holzkirchen
S 2

## Kleine Geschichte der Münchner Vorortbahnen

Eröffnet wurde die Bahnlinie

| | | | |
|---|---|---|---|
| München Laim | München Moosach | am | 1. 5.1893 |
| München Laim | München Allach | am | 1. 5.1893 |
| München | Dachau | am | 14.11.1867 |
| Dachau | Indersdorf | am | 8. 7.1912 |
| Indersdorf | Altomünster | am | 22.12.1913 |
| München | Lochhausen | am | 1. 9.1839 |
| Lochhausen | Olching | am | 27.10.1839 |
| Olching | Maisach | am | 7.12.1839 |
| München | Geltendorf | am | 1. 5.1873 |
| München Pasing | Herrsching | am | 1. 7.1903 |
| München | Planegg | am | 21. 5.1854 |
| Planegg | Gauting | am | 16. 7.1854 |
| München | Pasing (Vorortbahn) | am | 1. 5.1893 |
| Pasing | Planegg (Vorortbahn) | am | 1. 5.1900 |
| Planegg | Gauting (Vorortbahn) | am | 1.10.1902 |
| Gauting | Mühlthal | am | 16. 9.1854 |
| Mühlthal | Starnberg (zweigleisig) | am | 28.11.1854 |
| Starnberg | Tutzing (zweigleisig) | am | 1. 7.1865 |
| München Laim | München Mittersendling | am | 1. 8.1893 |
| München Isartalbahnhof | München Thalkirchen | am | 10. 4.1892 |
| München | München Großhesselohe | am | 24. 6.1854 |
| Großhesselohe | Holzkirchen | am | 31.10.1857 |
| München Thalkirchen | Schäftlarn | am | 10. 6.1891 |
| Schäftlarn | Wolfratshausen | am | 27. 7.1891 |
| München Ost | Deisenhofen | am | 10.10.1898 |
| München Giesing | Aying | am | 6. 6.1904 |
| Aying | Kreuzstraße | am | 25.11.1912 |
| München Hauptbahnhof | München Ostbahnhof | am | 15. 3.1871 |
| München | Grafing | am | 15.10.1871 |
| Grafing | Glonn | am | 27. 5.1894 |
| Grafing | Ebersberg | am | 12.11.1899 |
| München | Markt Schwaben | am | 1. 5.1871 |
| Markt Schwaben | Erding | am | 16.11.1872 |
| München | Freising | am | 3.11.1858 |

**Wohin kann man auch kleinere Kinder mitnehmen?**
(4 — 8 Jahre)

Je nach körperlicher Konstitution können auch Kinder an vielen der vorgeschlagenen S-Bahn-Wanderungen teilnehmen. Die Angaben stellen Richtwerte dar; im allgemeinen wandern Kinder sehr gerne und halten gut durch. Folgende Touren können auch die Kleineren mitmachen:

| | | Seite | | | Seite |
|---|---|---|---|---|---|
| 1 | Holzkirchen | 17 | 27 | Maisach | 153 |
| 7 | Icking | 49 | 28 | Gernlinden | 159 |
| 18 | Geisenbrunn | 105 | 29 | Olching | 165 |
| 19 | Unterpfaffenhf. | 109 | 30 | Olching | 171 |
| 20 | Freiham | 115 | 33 | Unterföhring | 185 |
| 22 | Geltendorf | 125 | 38 | Ottenhofen | 211 |
| 24 | Schöngeising | 135 | 39 | Ebersberg | 215 |

**Wohin kann man ältere Kinder mitnehmen?**
(8 — 12 Jahre)

In dieser Altersstufe sind die Anforderungen, die man an Kinder stellen kann, sehr verschieden. Deshalb können auch hier keine allgemein gültigen Angaben gemacht werden. Über die im vorherigen Abschnitt genannten Touren hinaus können jedoch ältere Kinder bei normaler Verfassung die folgenden Touren gut mitgehen:

| | | Seite | | | Seite |
|---|---|---|---|---|---|
| 2 | Holzkirchen | 23 | 21 | Landsberg | 119 |
| 3 | Otterfing | 27 | 23 | Türkenfeld | 131 |
| 4 | Deisenhofen | 33 | 25 | Buchenau | 141 |
| 5 | Deisenhofen | 39 | 31 | Lochhausen | 175 |
| 6 | Icking | 43 | 37 | St. Koloman | 205 |
| 8 | Possenhofen | 53 | 40 | Ebersberg | 221 |
| 9 | Starnberg | 59 | 42 | Ebersberg | 229 |
| 10 | Starnberg | 65 | 43 | Kirchseeon | 233 |
| 11 | Mühltal | 69 | 44 | Zorneding | 239 |
| 13 | Weßling | 81 | 45 | Eglharting | 243 |
| 16 | Gilching | 97 | 46 | Aying | 247 |
| 17 | Gilching | 101 | | | |

## Trimm-Dich-Touren für geübte Wanderer

Keiner der in diesem Buch aufgeführten Wandervorschläge erfordert übermäßige Strapazen. Einige Touren jedoch sind so angelegt, daß man das Wandern in der freien Natur schon gewöhnt sein sollte, bevor man sie antritt. Dann wird man doppelt so viel Freude daran haben. Das sind sie:

| | | Seite | | | Seite |
|---|---|---|---|---|---|
| 11 | Mühltal | 69 | 34 | Ismaning | 189 |
| 12 | Planegg | 75 | 35 | Altenerding | 195 |
| 15 | Steinebach | 91 | 36 | Altenerding | 201 |
| 26 | Maisach/Nannhf. | 147 | 41 | Ebersberg | 229 |
| 32 | Dachau | 179 | 46 | Aying | 247 |

## Wo ist es im Frühjahr besonders schön?

Wandern kann und soll man zu allen Jahreszeiten. Hier ein paar Tips für Touren, die besonders im Frühjahr zu empfehlen sind:

| | | Seite | | | Seite |
|---|---|---|---|---|---|
| 5 | Deisenhofen | 39 | 29 | Olching | 165 |
| 6 | Icking | 43 | 33 | Unterföhring | 185 |
| 7 | Icking | 49 | 35 | Altenerding | 195 |
| 10 | Starnberg | 65 | 36 | Altenerding | 201 |
| 12 | Planegg | 75 | 37 | St. Koloman | 205 |
| 21 | Landsberg | 119 | 39 | Ebersberg | 215 |
| 26 | Maisach/Nannhf. | 147 | 46 | Aying | 247 |

## Welche Touren kann man auch im Sommer gut machen?

Im Sommer kann man, je nach Witterung, alle Touren unternehmen. Hier sind einige vermerkt, die sich für den Sommer besonders gut eignen:

| | | Seite | | | Seite |
|---|---|---|---|---|---|
| 9 | Starnberg | 59 | 4 | Deisenhofen | 33 |
| 11 | Mühltal | 69 | 5 | Deisenhofen | 39 |

| | | | | | |
|---|---|---|---|---|---|
| 14 | Weßling | 87 | 41 | Ebersberg | 225 |
| 21 | Landsberg | 119 | 42 | Ebersberg | 229 |
| 28 | Gernlinden | 159 | 43 | Kirchseeon | 233 |
| 29 | Olching | 165 | 44 | Zorneding | 239 |
| 30 | Olching | 171 | 45 | Eglharting | 243 |
| 33 | Unterföhring | 185 | 46 | Aying | 247 |

## Wo ist es im Herbst besonders schön?

Alle Touren, die man im Frühjahr und im Sommer machen kann, sind auch im Herbst, der idealen Wanderzeit, besonders schön. Darüber hinaus noch ein paar Hinweise auf typische Herbstwanderungen:

| | | Seite | | | Seite |
|---|---|---|---|---|---|
| 2 | Holzkirchen | 23 | 27 | Maisach | 153 |
| 4 | Deisenhofen | 33 | 31 | Lochhausen | 175 |
| 8 | Possenhofen | 53 | 32 | Dachau | 179 |
| 9 | Starnberg | 59 | 38 | Ottenhofen | 211 |
| 11 | Mühltal | 69 | 40 | Ebersberg | 221 |
| 14 | Weßling | 87 | 42 | Ebersberg | 229 |
| 17 | Gilching | 101 | 43 | Kirchseeon | 233 |
| 24 | Schöngeising | 135 | | | |

## Wo kann man auch im Winter wandern?

Hier ein paar Tips für Wanderungen, die man bei normaler Witterung auch im Winter machen kann:

| | | Seite | | | Seite |
|---|---|---|---|---|---|
| 1 | Holzkirchen | 17 | 25 | Buchenau | 141 |
| 3 | Otterfing | 27 | 28 | Gernlinden | 159 |
| 18 | Geisenbrunn | 105 | 29 | Olching | 165 |
| 19 | Unterpfaffenhf. | 109 | 31 | Lochhausen | 175 |
| 20 | Freiham | 115 | 33 | Unterföhring | 185 |
| 22 | Geltendorf | 125 | 38 | Ottenhofen | 211 |
| 23 | Türkenfeld | 131 | 39 | Ebersberg | 215 |

# Mit der S 2 nach Holzkirchen 1

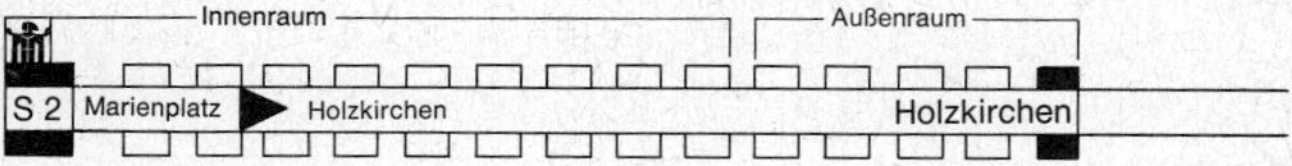


**Abfahrt**

in München, Marienplatz

| Marienplatz | Deishf. an | Deishf. ab | Holzkirchen |
|---|---|---|---|
| 6.33 | 6.59 | 7.03 | 7.16 |
| 7.13 | 7.39 | 7.43 | 7.56 |
| 7.53 | 8.19 | 8.23 | 8.36 |
| 8.33 | 8.59 | 9.03 | 9.16 |
| 9.13 | 9.39 | 9.43 | 9.56 |

**Rückfahrt**
in Holzkirchen

| Holzkirchen | Deishf. an | Deishf. ab | Marienplatz |
|---|---|---|---|
| 19.29 | 19.44 | 19.48 | 20.15 |
| 20.09 | 20.24 | 20.28 | 20.55 |
| 20.49 | 21.04 | 21.08 | 21.35 |
| 21.29 | 21.44 | 21.48 | 22.15 |
| 22.09 | 22.24 | 22.28 | 22.55 |

Der Fahrplan gilt Samstag, Sonntag und Feiertag. Weitere Fahrzeiten im amtlichen Fahrplan.
Hin- und Rückfahrt: Umsteigen in Deisenhofen.
Fahrzeit: einfache Fahrt ca. 45 Minuten.
Zonen: München — Holzkirchen und zurück = zweimal 5 Zonen.

## In eine bayerische Brotzeit-Oase

Nur noch mit drastischen Strafen konnte man im Holzkirchen von einst die Moral des rauhen und rauflustigen Volkes einigermaßen aufrechterhalten. Noch um das Jahr 1800 gab es empfindliche Strafen, wenn einer unbeherrscht fluchte oder wenn er sich beim Fensterln erwischen ließ. Wenn man einen Knecht beispielsweise zur Nachtzeit in der Kammer einer »Dirn« antraf, so mußte er zur Strafe ein Pfund Pfennige berappen — und die weibliche Person bekam die gleiche Strafe dazu. Wer nicht zahlen konnte, wurde zwei Tage in Eisen gelegt. »Das Mensch« sperrte man Tag und Nacht in die Halsgeige.

Bei Ohrfeigen waren die Strafen recht unterschiedlich. Man urteilte hier »je nach Umständen«. Fluchte einer beim Raufen, so wurde der Raufer außerdem noch an die Schandsäule gestellt.

Mußte ein Vater seinen Sohn aus dem Wirtshaus holen und wollte dieser mit ihm darob eine Rauferei beginnen, so gab es acht Stunden Gefängnis für den Mißratenen. Übrigens mußte man damals für die Gefängniskosten, für Verpflegung und Unterkunft, selbst aufkommen. Mehr noch: Man mußte außerdem auch ein »Eisengeld« für den unfreiwilligen Aufenthalt bezahlen.

Jener Zeit, in der man sich genötigt sah, so hart durchzugreifen, gingen jahre- und jahrzehntelange Kriege voraus — mit allen ihren verderblichen Nebenwirkungen.

Wenn wir heute nach Holzkirchen hinausfahren, empfängt uns eine gastliche voralpenländische Kleinstadt. Vier Brauereien gab es einst, von denen heute noch zwei weithin bekannt sind.

Holzkirchen ist eine Brotzeit-Oase, sie ist es schon seit eh und je. Der einladende Marktflecken liegt ziemlich genau auf halbem Weg zwischen München und Tegernsee an der alten Tegernseer Landstraße. Auf dieser Route transportierten einst die Mönche vom Kloster am Tegernsee das Bier nach München. Und wo machten sie dabei Rast und wechselten ihre Pferde? Sie kehrten in Holzkirchen ein.

Alte Romantik wird man in dem Markt schwerlich finden. Dafür umgibt Holzkirchen eine Landschaft, die noch etwas urtümlich Oberbayerisches an sich hat: die Moorseen im Süden und Südwesten inmitten der Eiszerfallandschaft, die dunklen Wälder des Teufelsgraben im Westen und Norden, dazwischen die satten, grünen Weiden, das eindrucksvolle Gebiet der Mangfall mit dem Taubenberg im Osten — Holzkirchen ist schon einen Ausflug wert!

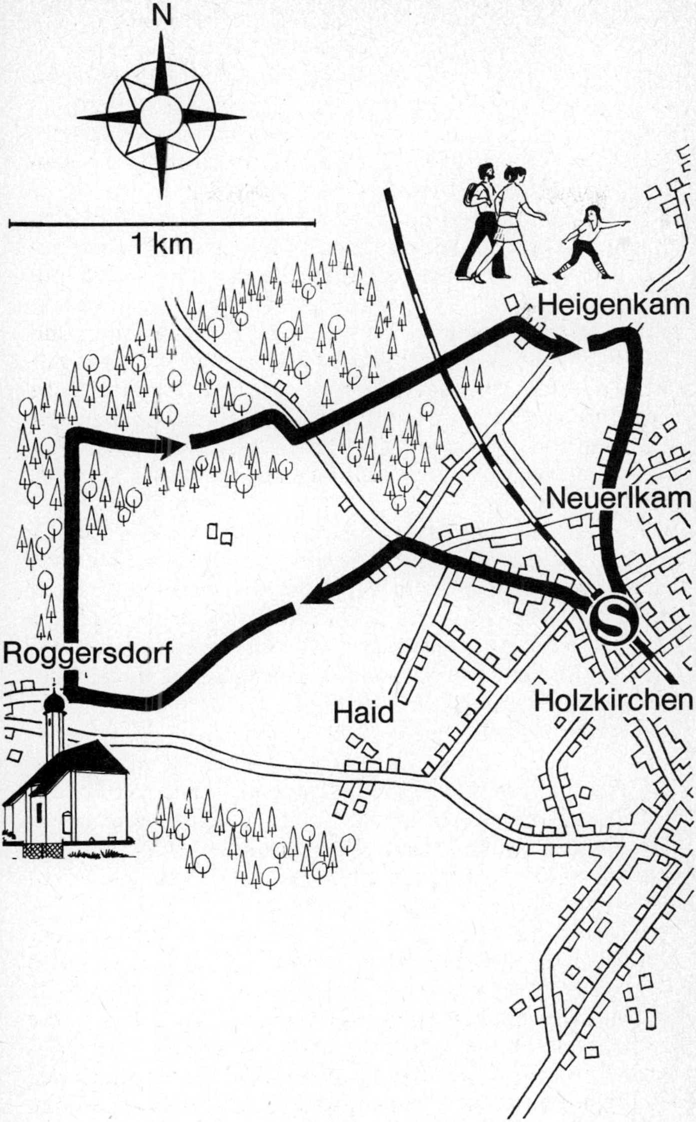
N
1 km
Heigenkam
Neuerlkam
Roggersdorf
Haid
Holzkirchen
S

## Wandern

Route: *Vom Bahnhof Holzkirchen über Roggersdorf, Haid nach Holzkirchen zurück — 8 km.*

Nach dem Verlassen des Bahnhofs in Holzkirchen gehen wir vor zur Münchner Straße und folgen dieser in nördlicher Richtung bis zum Ortsende. Dort wo der Radweg nach Otterfing beginnt, finden wir einen Wegweiser nach Roggersdorf. Die schmale, kaum befahrene Straße führt uns aus der Kreisstadt hinaus in das saftig grüne Land. Wir wandern nach Roggersdorf hinein und biegen gleich nach dem ersten Bauernhof in den Weg links ab. Wir streben nun in südlicher Richtung auf den Wald vor uns zu. Am Waldrand schlagen wir den links abzweigenden Weg ein. Nach einer guten halben Stunde erreichen wir Haid. Von dort sind es noch etwa zwei Kilometer bis zum Bahnhof von Holzkirchen.
Wir erreichen den Markt über die Roggersdorfer Straße. Am Sportplatz vorbei kommen wir wenig später in die Hafnerstraße und stehen bald am Marktplatz von Holzkirchen mit dem großen Maibaum, dem Rathaus, dem Oberbräu und den einladenden Bürgerhäusern. Wir überqueren den Platz und folgen nun der Münchner Straße stadtauswärts in nördlicher Richtung. Nach wenigen Minuten schon sehen wir rechts den Bahnhof liegen.

**Hinweise:** Diese Wanderung können auch kleinere Kinder mitmachen. Meist verläuft dieser Sonntagnachmittagspaziergang auf festen Wegen. Man kann hier zu allen Jahreszeiten wandern; besonders schön ist es im Winter.

## Holzkirchner Stadtbummel

Ein sauberer Markt mit fröhlich bunten Häusern in einer sattgrünen Voralpenlandschaft, das ist Holzkirchen. Vom alten Ort ist nicht viel übriggeblieben, nach geschichtsträchtiger Romantik wird man also vergeblich suchen. Dennoch lohnt sich ein Rundgang durch das Städtchen. Wir entdecken offene und versteckte Schönheiten und lernen schnell den Markt liebgewinnen.

Schon beim Gang zur Stadtmitte sind uns die farbenfrohen Freskenmalereien an den Bürgerhäusern aufgefallen. Am Friedhof, ebenfalls nicht zu übersehen, berichtet die »Pestkapelle« von schlimmen Zeiten. Errichtet wurde sie im Jahre 1639. Ursprünglich hieß sie »Frauenkapelle«. Und dann stehen wir unvermittelt am Marktplatz von Holzkirchen mit seinem riesigen Maibaum. Hier quirlt der Verkehr; doch auch die Beschaulichkeit hat unter schattigen Bäumen bei der Laurentiuskirche aus dem Jahre 1711 (spätgotische Anna Selbdritt auf dem linken Seitenaltar) noch Raum. Bänke laden hier zum Verweilen ein. Plötzlich stört der Verkehr nicht mehr. Beginnen wir mit unserem Rundblick beim Rathaus, dem zwar nicht größten, aber wohl auffallendsten Bau am Platz. Er steht an der Stelle des früheren Zehentstadels. In seinem Innern erzählen alte Lithographien vom ehemaligen Holzkirchen. Eine Tafel an der vorderen Außenwand berichtet: »Von diesem Hause gen Süden, 16 1/2 m entfernt, befindet sich ein Brunnen, welchen im Jahre 1430 Abt Kaspar von Tegernsee um den Betrag von 300 Pfd. Pfennigen graben ließ. Der Brunnen wurde nach dreijähriger Arbeit in einer Tiefe von 270 Fuß vollendet.« Einst spendete eine Linde vor dem Brunnen willkommenen Schatten. Wasser kann man heute aus ihm nicht mehr entnehmen. Er wird ebenerdig von einer eisernen Platte verschlossen. Darüber rollt der Verkehr.

Beherrschendes Gebäude am Marktplatz ist der »Oberbräu«, wo eines der bekannten Holzkirchner Biere gebraut und gleich an Ort und Stelle ausprobiert wird. »Gasthaus zum Wirt im Bau« hieß früher einmal die »Neue Post«, die auf einem geschichtsträchtigen Flecken Holzkirchens steht. Im Jahre 1841 brannte der alte Bau ab, in dem — so wird berichtet — Ludwig das Kind Hof gehalten haben soll. Das Gebäude sah denn auch einer Burg ähnlich. Die Giebel waren so hoch gezogen, daß sie fast die Höhe des Kirchturms erreichten. Ein Erker mit drei Türmchen zierte die Vorderseite des Hauses. Mitten in der Gaststube befand sich ein alter Ziehbrunnen.

Nicht weniger traditionsreich ist das Gebäude der »Alten Post«. So wie sie dasteht, erinnert sie mit der Freskenmalerei an der Fassade an die »gute alte Zeit« — die Zeit der Postkutsche. Der letzte Postillon, ein gewisser Lorenz Bernlochner, beförderte hier die Post des Reichspräsidenten Hindenburg, wenn dieser gerade in Dietramszell seinen Urlaub verbrachte.
Mit der Eisenbahn — die Bauarbeiten begannen 1857 — brach auch für Holzkirchen eine neue Zeit an. Schwimmbad und Eisstadion zeugen heute neben vielen anderen Einrichtungen dafür, daß man die Zeichen der Zeit erkannt hat und zugleich einer alten Tradition treu bleibt.
Wer viel Zeit hat, macht vom Marktplatz aus nach Süden zu — ein Stadtplan hilft zur Orientierung — einen Spaziergang zum Steindlweg und zum Kogel. Es lohnt sich. Seit 1966 steht die herrliche Lindenallee unter Naturschutz.

## Einkehr am Weg

**Holzkirchen** — »Oberbräu« am Marktplatz, Montag geschlossen. »Neue Post« am Marktplatz, Mittwoch geschlossen. »Café Franz«, Münchner Straße, Montag geschlossen. »Gasthof Oberland«, Münchner Straße, Mittwoch geschlossen. »Café Kraml«, Münchner Straße, Mittwoch geschlossen. »Gasthaus Thalbüchl«, Münchner Straße, Mittwoch geschlossen. »Bahnhofsgaststätte«, am Bahnhof, Donnerstag geschlossen.

# Mit der S 2 nach Holzkirchen **2**

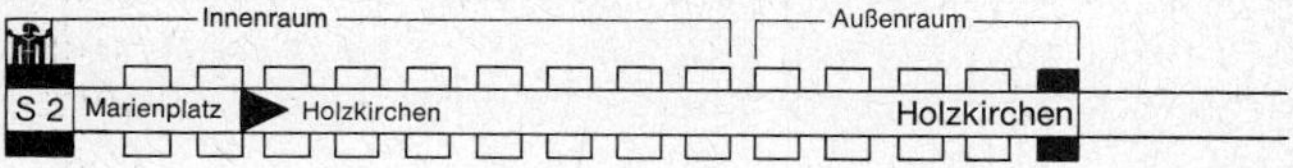


**Abfahrt**

in München, Marienplatz

| Marienplatz | Deishf. an | Deishf. ab | Holzkirchen |
|---|---|---|---|
| 6.33 | 6.59 | 7.03 | 7.16 |
| 7.13 | 7.39 | 7.43 | 7.56 |
| 7.53 | 8.19 | 8.23 | 8.36 |
| 8.33 | 8.59 | 9.03 | 9.16 |
| 9.13 | 9.39 | 9.43 | 9.56 |

**Rückfahrt**

in Kreuzstraße

| | | | |
|---|---|---|---|
| 13.17 | 13.57 (nur Sa) | 14.37 | 15.57 |
| 17.17 | 17.57 | 18.37 | 19.57 |
| 21.17 | | 22.37 | |

Der Fahrplan gilt Samstag, Sonntag und Feiertag.
Weitere Fahrzeiten im amtlichen Fahrplan.
Hinfahrt: Umsteigen in Deisenhofen.
Fahrzeit: München — Holzkirchen ca. 45 Minuten. Kreuzstraße — München ca. 50 Minuten.
Zonen: München — Holzkirchen = 5 Zonen. Kreuzstraße — München = 5 Zonen.

## Wo die Mangfall ins Knie geht

Wenn gerade Föhn herrscht, und das ist im bayerischen Voralpenland nicht selten der Fall, dann liegt Holzkirchen »im Gebirge«. Der Wendelstein ist zum Greifen nahe. Der weißblaue Himmel läßt dann das gastliche Städtchen mit seinen Bürgerhäusern noch einladender als sonst erscheinen.

Unsere Wandertour führt über freies Land, dann durch schattigen Forst in eines der schönsten Gebiete am Fuße der Voralpen: zum Tal der Mangfall. Wer viel Zeit hat, wandert von Kreuzstraße noch ein Stück weiter über Hohendilching ins Mangfalltal. Ein Spaziergang, zu dem man nach einer kräftigen Brotzeit aufbrechen kann, wenn man schon einmal hier ist.
Vor uns die Höhen des Taubenberges (800 m), von wo die Münchner den größten Teil ihres Trinkwassers beziehen, sehen wir von Hohendilching aus links unten die romantische Landschaft am Knie der Mangfall, eines verrückten Flusses: Nimmt er seinen Weg zuerst ganz normal aus dem Tegernsee dem natürlichen Gefälle folgend nach Norden, so wendet er sich hier, unweit Kreuzstraße, plötzlich nach Osten, um schon bald wieder Richtung Süden, »bergauf«, rückwärts zu fließen. Der Inngletscher von einst, so haben Geologen herausgefunden, war schuld an diesem interessanten Phänomen; denn ursprünglich floß die Mangfall ja nach Norden. Das »Knie« bildete sie vor etwa 30 000 Jahren. Übrigens: Bei Grub kann man noch heute, wenn man es weiß, das einstige, etwa 500 Meter breite Tal erkennen.

## Wandern

Route: *Vom Bahnhof Holzkirchen über Erlkam, Mölgg/Aberg, Aberg durch den Südteil des Hofoldinger Forstes nach Kreuzstraße — 7 km.*

Am Bahnhof Holzkirchen gehen wir über den Bahnhofsplatz nach links, ein kurzes Stück auf der Münchner Straße stadteinwärts und biegen dann links in die Erlkamer Straße ein. Auf ihr wandern wir (Gehwege), bald schon die letzten Häuser von Holzkirchen hinter uns lassend, jenseits der Bahnlinie entlang hinaus ins freie Land. Wo wir das Feldkreuz erreichen, biegen wir nach rechts ab und streben Erlkam zu. Wir gehen dort bei der Dorflinde rechts, kommen an einem Transformatorenhäuschen vorbei und folgen nun der Linkskurve des Weges, auf dem wir in wenigen Minuten das Dörfchen verlassen. Zwischen Wiesen und Feldern hin-

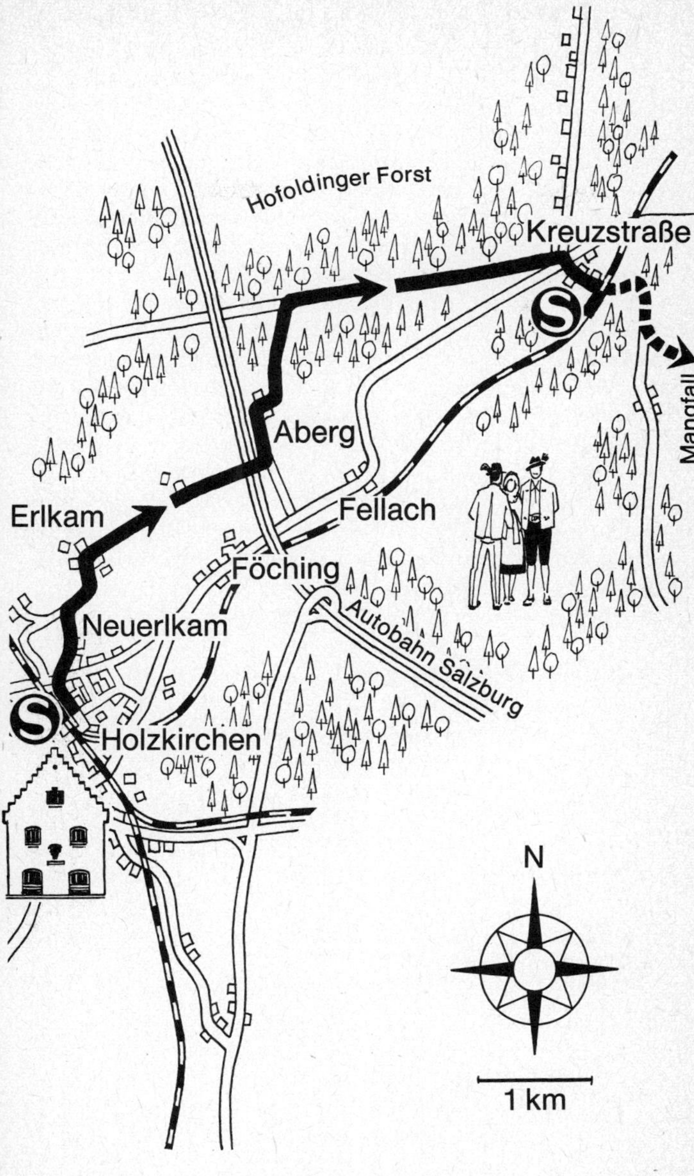
Hofoldinger Forst
Kreuzstraße
Mangfall
Aberg
Fellach
Erlkam
Föching
Neuerlkam
Autobahn Salzburg
Holzkirchen
N
1 km

durch halten wir nun auf die Salzburger Autobahn zu. Eine kleine Brücke führt uns über die vielbefahrene Schnellstraße.
Etwa 50 Meter nach der Autobahnüberquerung biegen wir links in den Weg nach Aberg ein. In Höhe der Raststätte kommen wir nach Aberg. Gleich am Ortsanfang stoßen wir auf einen rechts abzweigenden Weg, auf dem wir nun etwa eine halbe Stunde, von jetzt an durch den südlichen Ausläufer des Hofoldinger Forstes, bis zur Verbindungsstraße zwischen Otterfing und Kreuzstraße weiterwandern. Auf dem Weg oder auf einem Pfad daneben wandern wir nun in östlicher Richtung nach Kreuzstraße. Beim Gasthof Kreuzstraße kommen wir an eine Straßenkreuzung. Hier gehen wir geradeaus weiter zum Bahnhof, von wo wir die Rückfahrt mit der S-Bahn antreten (oder einen Abstecher zum Mangfalltal machen).

**Hinweise:** An dieser gemütlichen Zwei-Stunden-Wanderung können auch ältere Kinder teilnehmen. Wir gehen auf befestigten Wegen. Besondere Orientierungsschwierigkeiten gibt es nicht. Man kann die Tour zu allen Jahreszeiten wählen. Besonders schön ist sie im Herbst.

## Wissenswert — Sehenswert

Informationen über Holzkirchen siehe Tip 1, Seite 17.

## Einkehr am Weg

**Holzkirchen** — siehe Tip 1, Seite 22.

**Kreuzstraße** — »Gasthof Kreuzstraße«, an der Hauptstraße, Dienstag geschlossen.

# Mit der S 2 nach Otterfing 3

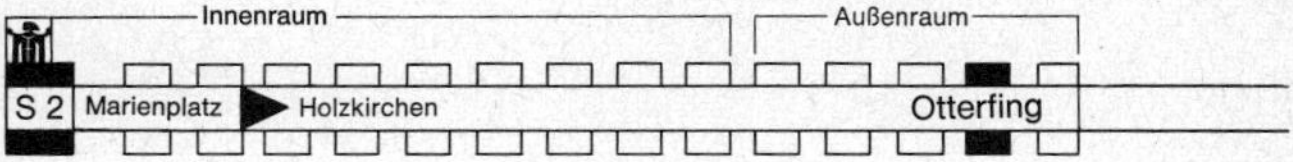


**Abfahrt**
in München, Marienplatz

| Marienplatz | Deishf. an | Deishf. ab | Otterfing |
|---|---|---|---|
| 6.33 | 6.59 | 7.03 | 7.13 |
| 7.13 | 7.39 | 7.43 | 7.53 |
| 7.53 | 8.19 | 8.23 | 8.33 |
| 8.33 | 8.59 | 9.03 | 9.13 |
| 9.13 | 9.39 | 9.43 | 9.53 |

**Rückfahrt**
in Otterfing

| Otterfing | Deishf. an | Deishf. ab | Marienplatz |
|---|---|---|---|
| 19.33 | 19.44 | 19.48 | 20.15 |
| 20.13 | 20.24 | 20.28 | 20.55 |
| 20.53 | 21.04 | 21.08 | 21.35 |
| 21.33 | 21.44 | 21.48 | 22.15 |
| 22.13 | 22.24 | 22.28 | 22.55 |

Der Fahrplan gilt Samstag, Sonntag und Feiertag. Weitere Fahrzeiten im amtlichen Fahrplan.
Hin- und Rückfahrt: Umsteigen in Deisenhofen.
Fahrzeit: einfache Fahrt ca. 45 Minuten.
Zonen: München — Otterfing und zurück = zweimal 5 Zonen.

## Den Teufel überlistet

Zum Greifen nahe erscheinen uns die Berge, wenn wir mit der S 2 an einem Föhntag hier herausfahren nach Otterfing, um südostwärts in eine der eindrucksvollsten Land-

schaften der Münchner Umgebung zu wandern. Aber es muß nicht Föhn sein. Schön sind die Hänge mit den malerischen Baumgruppen und den verschwiegenen Dörfern das ganze Jahr, und erholsam frisch und rein ist die würzige Luft.
Vor uns sehen wir bei dieser Tour die dunkle Waldfläche des »Teufelsgrabens«, über dessen Entstehung die Sage eine Erklärung hat: Der Teufel, so wird erzählt, hob hier einst einen tiefen und langen Graben aus, weil er die Isar umleiten wollte. Sie sollte nach seinem Willen nicht nordwärts, auf München zu, fließen, sondern geradewegs nach Osten in den Chiemsee.
Wie der Teufel so beim Werkeln war, kam der Mesner von Föching des Wegs und machte sich lustig über das dümmliche Unterfangen. Der Teufel geriet in Zorn und vereinbarte schließlich mit dem Mesner eine Wette: Bis der Kirchendiener die Frühglocke läuten würde, habe er sein Werk vollbracht, prahlte der Teufel. Dann werde er sich die Seele des Mesners holen. Dieser erklärte sich einverstanden. Aber er läutete schon in aller Früh um drei Uhr zum Gebet. Der Teufel war überlistet. Er konnte sein Vorhaben nicht zu Ende führen.
In Wirklichkeit freilich geht der Teufelsgraben auf die Zeit der großen Gletscher von Inn und Isar zurück. Damals, in der letzten Eiszeit, vor 30 000 Jahren etwa, schoß durch den Teufelsgraben das Wasser vom Isargletscher her ins Gebiet der Mangfall. Dabei wurden riesige Schottermassen mitgeführt, die den Feldkirchner Schwemmfächer aufbauten und der Mangfall schließlich den Weg wiesen.

## Wandern

Route: *Vom Bahnhof Otterfing über Palnkam, Erlach, Jasberg, Thalham zurück nach Otterfing — 10 km.*

Wenn wir den S-Bahnhof Otterfing verlassen haben, gehen wir zuerst links, an den Parkplätzen vorbei, bis zur nächsten Querstraße. Dort biegen wir rechts ab, überqueren nach ein paar Minuten die Hauptstraße und wandern bald, bei der

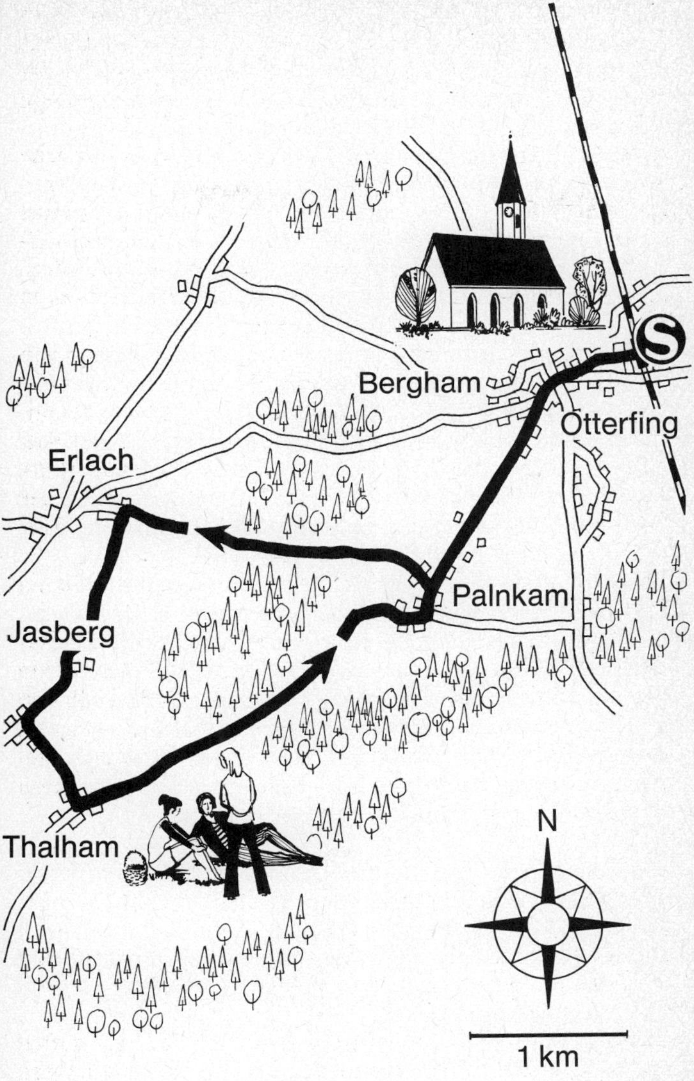
Bergham
Otterfing
Erlach
Palnkam
Jasberg
Thalham
N
1 km

Linde, links auf dem Gehweg entlang der Palnkamer Straße weiter. Am Ortsbeginn von Palnkam stoßen wir auf eine kleine Kapelle, daneben steht ein altes Steinmarterl. Hier zweigt rechts der Weg nach Erlach ab. Nach kurzer Wegstrecke erreichen wir einen lichten Laubwald, in den sich später auch kräftige Tannengehölze mischen.
Auf dem idyllischen Weg wandern wir westwärts und verlassen nach etwa 20 Minuten den Wald. Sattes Grün auf kuppigen Höhen empfängt uns und — eine himmlische Ruhe. Wir gehen geradeaus weiter, auf die Anhöhe vor uns zu. Noch ein paar Minuten und wir sind in Erlach. Bei der kleinen Dorfkapelle des hübsch gelegenen Ortes halten wir uns links und nehmen dann, vor dem letzten Bauernhof, links den Weg nach Jasberg. Ein gelbes Hinweisschild zeigt uns die Richtung.
Einen guten Kilometer wandern wir über freies Land nach Süden, Jasberg zu. Moderne Technik (ein Funkturm steht oben auf der Höhe) setzt sich hier in reizvollen Kontrast zur hübschen Dorfkirche und zu den behäbigen Bauerngehöften.
Den Ort haben wir bald erreicht. Wir wandern rechts weiter nach Thalham. Zwischen »Insberg zwei« und Thalham wandern wir wieder etwa einen halben Kilometer über freies Gelände, bevor wir schließlich nach den ersten Häusern von Thalham links dem kleinen Wegweiser nach Otterfing folgen. Das malerische Sträßchen führt uns bald in die angenehme Kühle eines Waldstreifens, nach dessen Durchquerung wir wieder Palnkam sehen. Auf dem schon bekannten Weg wandern wir zurück nach Otterfing.

**Hinweise:** Diese Wanderung, an der auch ältere wandergeübte Kinder teilnehmen können, erfordert keine besonderen körperlichen Voraussetzungen. Wir benützen fast durchwegs stille Landsträßchen. Die Route kann man sehr gut auch im Winter gehen, schön ist es in dieser Gegend das ganze Jahr hindurch.

## Unterricht in der Wohnstube

Mit dem Schulunterricht hatte man in früherer Zeit seine liebe Not in Otterfing. Nicht nur, daß noch im 18. Jahrhundert die Kinder in der Wohnstube des Dorflehrers unterrichtet wurden, auch mit der Bezahlung der Lehrer haperte es. Am meisten Kummer aber hatte man mit dem Schulbesuch überhaupt. In einem Heimatbuch aus dem Jahre 1925 lesen wir: »Der Schulbesuch war in früherer Zeit ein sehr mangelhafter«.
Die Schulbehörden beklagten sich: »laut« und regelmäßig mußte der Pfarrer von der Kanzel aus die Leute ermahnen, ihre Kinder fleißiger zur Schule zu schicken.
In einem Bericht des kurfürstlichen Generalschul-Studiendirektoriums vom 26. Februar 1806 heißt es: »Wer nicht auf dem Lande wohnt, kann sich schwer einen Begriff davon machen, wie abgeneigt das Landvolk ist, Schulen anzulegen. So gelang es nicht, auch nach Androhung harter Strafen, die Gemeinde Baiernrain zu bewegen, daß sich die sonst so braven Bewohner dieses Ortes zur Erbauung eines Schulhauses entschlossen. Vergeblich wird auch versucht, die Gemeinde zur Sicherstellung des Schullehrereinkommens zu bereden.«
Von gleichen Bildungschancen für alle wollte man damals offenbar nichts wissen. Heute ist das Bildungsgefälle Stadt—Land aufgeholt. Höhere Schulen liegen in erreichbarer Nähe.

## Kapellen für die »Privatandacht«

Vor Palnkam, unter hohen Bäumen hübsch gelegen, und in Thalham treffen wir auf unserer Wanderung kleine Kapellen an, über die um die Jahrhundertwende ein Kunsthistoriker schrieb: »Es zeugt von der Frömmigkeit unseres Volkes, daß seit alten Zeiten bei Weilern und Einzelhöfen, besonders wenn sie von der Kirche entfernt liegen, Kapellen errichtet sind, die der Privatandacht dienen. Befriedigen sie auch ein künstlerisches Auge wenig, so sind sie doch Andachtsstätten, die, den Ahnen heilig, auch der jüngeren

Generation nicht ganz gleichgültig sein sollten. Schau, ein alter Vater, ein altes Mutterl kann nimmer den weiten Weg zur Kirche machen, die wenigen Schritte zur Kapelle jedoch können sie leisten. Da suchen sie Trost und finden ihn im Gebet, da haben sie ein Ruheplätzchen nach einem oft mühevollen und sorgenreichen Leben. Und auch den ganz Kleinen, die noch nicht zur Schule, zur Kirche gehen, gibt das Kapellchen häufig die ersten frommen Anregungen ins junge Herz.
Da sehen sie den lieben Heiland blutüberströmt an der Geißelsäule, dort die Gottesmutter mit dem Jesukinde . . . Die Kapelle steht nicht umsonst da . . . Drum, liebe Leute, achtet eure Kapellen, pfleget sie, laßt sie nicht verfallen, es lohnt sich!«

## Jasberg in Stichworten

Jasberg ist schon sehr alt. Um das Jahr 1100 wird es urkundlich zum erstenmal genannt. Ein Priester Chuonrad von Jaubesperc, auch Juubesperc (vielleicht Berg des Job), Bruder des Grafen Berchthold des Älteren von Andechs, schenkte dem Kloster Tegernsee einen Hof in Jasberg mitsamt den Hörigen.
Die kleine gotische Kirche von Jasberg geht auf das Jahr 1546 zurück. An der südlichen Außenseite kann man die Jahreszahl 1680 erkennen. Diese Zahl dürfte auf ein Jahr hinweisen, in dem an der Kirche ein Umbau vorgenommen wurde. Um die Jahrhundertwende schreibt ein Münchner Kunstkenner: »Nach außen macht sich das Gebäude gar nicht übel, aber auch das Innere ist recht nett.«

## Einkehr am Weg

**Otterfing** — »Gasthof Moser«, in der Ortsmitte, Mittwoch geschlossen.

# Mit der S 2/22 nach Deisenhofen **4**

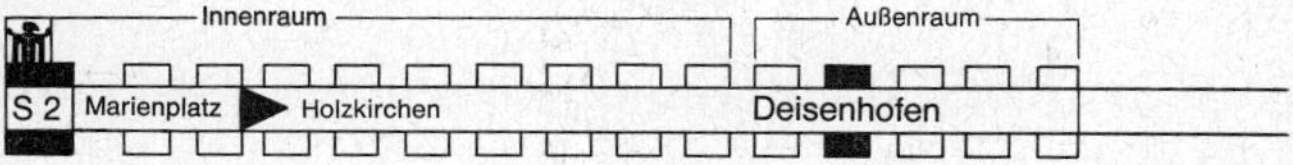


| **Abfahrt** S 2 in München Marienplatz | | **Rückfahrt** S 2 in Deisenhofen | |
|---|---|---|---|
| 6.23 | 6.53(nur Sa) | 15.48 | 16.28 |
| 7.13 | 7.33 | 17.08 | 17.48 |
| 7.53 | — | 18.28 | 19.08 |
| 8.33 | — | 19.48 | 20.28 |
| 9.13 | — | 21.08 | 21.48 |
| 9.53 | — | 22.28 | 23.08 |

**Abfahrt** S 22
in München, Holzkirchner Bahnhof

| | | | | | |
|---|---|---|---|---|---|
| 6.38 | 6.51 | 7.15 | 7.28 | 7.58 | 8.13 |
| 8.38 | 8.51 | 9.17 | 9.28 | 9.58 | — |

**Rückfahrt** S 22
in Deisenhofen

| | | | | |
|---|---|---|---|---|
| 18.15 | 18.24 | 18.57 | 19.04 | 19.44 |
| 20.15 | 20.24 | 20.57 | 21.04 | 21.44 |

Der Fahrplan gilt Samstag, Sonntag und Feiertag. Weitere Fahrzeiten im amtlichen Fahrplan.
Fahrzeit: Marienplatz — Deisenhofen ca. 27 Minuten.
Holzkirchner Bahnhof — Deisenhofen ca. 25 Minuten.
Zonen: Marienplatz — Deisenhofen und Holzkirchner Bahnhof — Deisenhofen und zurück: jeweils zweimal 3 Zonen.

## Auf den Spuren der Vorzeit

Vom Gleißental gibt es Interessantes zu berichten. So zum Beispiel, daß das »Tal« eigentlich kein Tal, sondern eine

Schlucht ist. Einen Bach oder gar einen Fluß wird man vergeblich suchen. Die Entstehung dieses »Trockentales« gab den Geologen vergangener Jahrhunderte Rätsel auf. Erst seit neuerer Zeit hat man eine plausible Erklärung für seine Entstehung. Danach hatte sich einst das Schmelzwasser des Isargletschers nach der Günzeiszeit die Schlucht als Abflußrinne in den mächtigen Moränenwall gegraben.
Bis 20 Meter dick sind die Geröllager, die man in der tiefen Talfurche vorfindet. Sie gehören zu den ältesten Schottern der Münchner Umgebung. Im Laufe der Zeit haben sich diese Lager zu festen Nagelfluhbänken zusammengekittet. Bindemittel: der Kalk.
Das felsenartige Gestein wurde früher zu Bauzwecken gebrochen. Der Sockel der Frauenkirche in München besteht beispielsweise aus diesem Material. Heute bilden die aufgelassenen Steinbrüche ein ideales Übungsgelände für Berg-Kletterer. Manch einer der bekannten Alpinisten ist hier in seiner Jugend herumgekraxelt.
Und dann gibt es im Gleißental die sogenannten »Geologischen Orgeln«. Das sind, meist halbzylindrisch geöffnete Röhren mit einem Durchmesser von 30 bis 50 Zentimetern und einer Länge zwischen drei und 15 Metern. Trichterartig greifen sie in den Schotterkörper ein, mit Lehm und Feinmaterial sind sie aufgefüllt. Früher glaubte man, diese eigenartigen Gebilde seien lange Strudeltrichter gewesen oder im Geröll versunkene Bäume. Da sie jedoch zwischen verschiedenartigen Schotterdecken liegen und außerdem mit stark zersetztem und entkalktem steinigem Lehm gefüllt sind, deutet man sie heute als Dokumente einer einstigen eisfreien Landoberfläche, die damals während einer Warmzeit tief hinab verwitterte. Am besten ausgeprägt sind diese »Geologischen Orgeln« am westlichen Steilhang des Gleißentales im Ortsbereich von Deisenhofen.
Am Beginn des Gleißentales schließlich und damit am Beginn unserer Wandertour fallen dem Kenner die riesigen Viereckschanzen auf. Man ist sich heute in Fachkreisen einig, daß diese Werke einst umfriedete Kultstätten waren, die auf die Latènezeit zurückgehen, als hierzulande die Kelten siedelten.

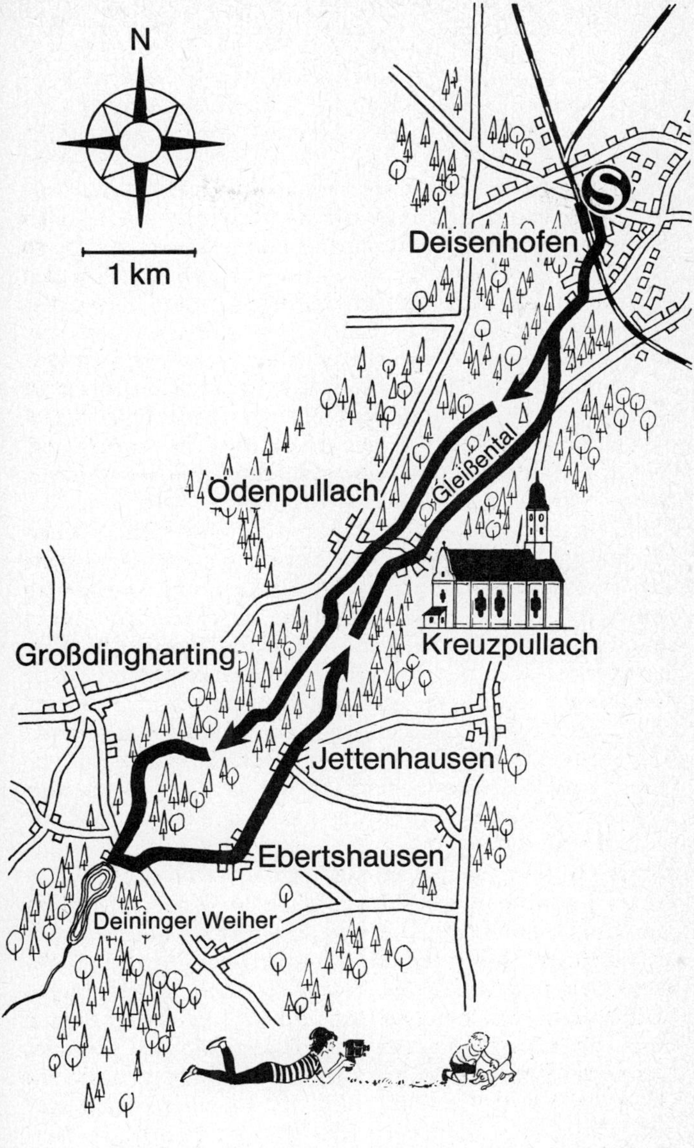
N
1 km
Deisenhofen
Gleißental
Ödenpullach
Kreuzpullach
Großdingharting
Jettenhausen
Ebertshausen
Deininger Weiher

## Wandern

Route: *Von Deisenhofen durch das Gleißental zum Deininger Weiher. Über Ebertshausen, Jettenhausen, Kreuzpullach zurück nach Deisenhofen — 17 km.*

Am Bahnhof von Deisenhofen gehen wir zuerst links, folgen der Bahnunterführung und biegen gleich wieder links in die Sauerlacher Straße ein. An der Jägerstraße (beim nächsten Bahnübergang) gehen wir ein paar Meter rechts und folgen dann links der Waldstraße. Sie mündet in einen Fußgängerweg, der uns direkt an den Zugang zum Gleißental führt. Zwischen zwei Keltenschanzen hindurch wandern wir im Sauerlacher Holz südwestwärts. Bald kommen wir an eine Weggabelung (an dieser Stelle treffen wir beim Rückweg auf die alte Route). Hier gehen wir rechts weiter und folgen stets dem Waldweg unten auf der Sohle des Gleißentales.
Nach gut einer Stunde Gehzeit kommt eine kleine Unterbrechung: Wir müssen die Verbindungsstraße Kreuzpullach — Ödenpullach überqueren. Drüben folgen wir weiter dem Weg in der bisherigen Richtung. Etwa zwei Kilometer sind es von hier bis zur nächsten »Kreuzung«: Auf dem Schotterweg, der hier, von Jettenhausen kommend, nach Großdingharting führt, gehen wir ein paar Schritte rechts und biegen vor der großen Rechtskurve links in den Forstweg ein. Nach einer Viertelstunde Gehzeit stoßen wir auf einen Bach. An seinem Ufer führt uns der Weg direkt zum Deininger Weiher. See und Gasthaus laden uns zu verdienter Rast ein.
Für den Rückweg gehen wir zunächst auf der Teerstraße ein kurzes Stück den Berg hinauf, bis zu dem Weg, der links in den Wald hineinführt. Hier wandern wir nun hinüber nach Ebertshausen. Wir durchqueren den Ort und nehmen am Ende den links abzweigenden Weg nach Jettenhausen. Etwa eineinhalb Kilometer wandern wir hier auf einem ruhigen geteerten Landsträßchen bis Jettenhausen. Bei der Querstraße gehen wir dort rechts weiter und biegen erst am Ortsende, bei der Ortstafel, links ab. An einer kleinen Kapelle vorbei (bei der Weggabelung kurz vorher rechts blei-

ben) führt uns der Weg auf weichem Waldboden nach Kreuzpullach. An der Kirche wandern wir geradeaus weiter, dem Ausgangspunkt unserer Tour zu.

**Hinweise:** Nur ältere, wandergeübte Kinder können diese Tour mitmachen. Die Route verläuft fast durchwegs auf Feld- und Waldwegen. Besonders zu empfehlen ist die Wanderung im Sommer und im Frühherbst.

## Ein malerischer See

Im Sommer herrscht reger Badebetrieb am Deininger Weiher. Dann ist vielleicht nicht die richtige Zeit für diese Wanderung, es sei denn, wir wollen sie zu einem Badeausflug machen. Wir brauchen uns ja nicht um die verstopften Straßen und die überfüllten Parkplätze zu kümmern. Auf einsamen Wegen wandern wir zum See.

Der Deininger Weiher ist ein kleiner, besonders warmer Moorsee, an dem sich von Mai bis September an sonnigen Wochenenden vor allem die Münchner einfinden. Wie wenn sie sich abgesprochen hätten, kommen dann hierher besonders viele hübsche Bikinimädchen. Auf den Liegewiesen zwischen Wald und See tummeln sie sich mit mehr als 2000 anderen Badegästen. Das Strandbad ist schon ab 7 Uhr früh offen. Auch Frühaufsteher finden also schon Einlaß. Wer will, kann sich ein Ruderboot mieten. Der Gastwirt hat außerdem eine Federballanlage und einen Kinderspielplatz eingerichtet. (In jüngster Zeit ist es fraglich geworden, ob der See weiterhin zum Baden freigegeben werden kann).

Von der idyllischen Lage des Sees freilich wird man während der Badesaison nicht viel erleben können. Tatsächlich liegt er, rundum von Wald gesäumt, einzigartig schön.

Auf dem Parkplatz vor dem See sieht man auf einer großen Tafel mehrere Wanderwege eingezeichnet. Wer sich in diesen hübschen Flecken verliebt, der kann hier zu allen Jahreszeiten, auch im Winter, erholsame Spaziergänge und Wanderungen unternehmen.

## Wissenswert — Sehenswert

Aus der späteren Latènezeit stammen die keltischen Viereckschanzen, die man bei Deisenhofen ausfindig gemacht hat. Es handelt sich hierbei um 90 mal 90 Meter große umfriedete ehemalige Kultstätten mit nur einem einzigen Eingangstor. Bei Ausgrabungen entdeckte man drei verschieden tiefe Schächte (6,50 Meter, 18,40 Meter und 36,50 Meter), in denen, wie man vermutet, Opfer für die Gottheiten der Unterwelt dargebracht wurden.
Das älteste schriftliche Zeugnis aus dem Hachinger Tal ist eine Freisinger Bischofsurkunde vom 7. August des Jahres 778. Sie berichtet von Kreuzpullach und von Oberbiberg: »Husina und Irminpald haben die Kirche zu Pohloh gebaut, ebenso Richeri und Wolfhart eine Kirche zu Pipurg. Die Erbauer übergeben beide Kirchen dem Bischof von Freising, der sie an ein und demselben Tag weihte. Geschehen im 31. Jahr der Regierung des glorreichen Herzogs Tassilo.«
Der Ortsname von Kreuzpullach geht auf Pohloh = Buchenwald zurück und kündet noch heute von der einstigen landschaftlichen Gestalt des Deisenhofener Gebietes. Vor allem Eichen- und Buchenwälder gab es hier zu dieser Zeit.
Die heutige Kreuzpullacher Barockkirche, eine der schönsten Landkirchen in der Münchner Umgebung, geht auf das Jahr 1710 zurück. Ihr Erbauer soll der Münchner Baumeister Philipp Kögelsperger gewesen sein. Die Innenausstattung schuf der bekannte Wessobrunner Meister Johann Georg Baader.
(Mehr über Deisenhofen und Umgebung: Siehe Tip 5, Seite 39).

## Einkehr am Weg

**Deisenhofen** — »Gasthaus Festl«, am Bahnhof, Samstag geschlossen. »Rosenhof«, Freitag geschlossen.

**Deininger Weiher** — »Gasthof am See«, Dienstag geschlossen.

# Mit der S 2/22 nach Deisenhofen 5

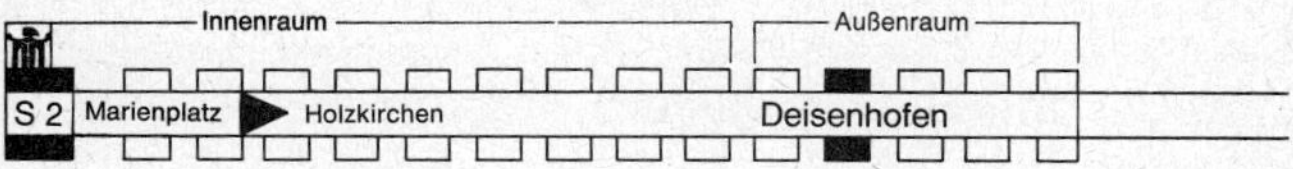


| Abfahrt S 2 in München, Marienplatz | | Abfahrt S 22 in München, Holzkirchner Bhf. | |
|---|---|---|---|
| 6.33 | 6.53(nur Sa) | 6.38 | 6.51 |
| 7.13 | 7.33 | 7.15 | 7.28 |
| 7.53 | — | 7.58 | 8.13 |
| 8.33 | — | 8.38 | 8.51 |
| 9.13 | — | 9.17 | 9.28 |
| 9.53 | — | 9.58 | — |

**Rückfahrt**
in Höllriegelskreuth nach München, Holzkirchner Bahnhof

| | | | | |
|---|---|---|---|---|
| 15.00 | 16.00 | 17.00 | 18.00 | alle 60 Minuten bis 0.00 Uhr |

Der Fahrplan gilt Samstag, Sonntag und Feiertag. Weitere Fahrzeiten im amtlichen Fahrplan.
Fahrzeit: Marienplatz — Deisenhofen ca. 27 Minuten.
Holzkirchner Bahnhof — Deisenhofen ca. 25 Minuten.
Höllriegelskreuth — Holzkirchner Bahnhof ca. 23 Minuten.
Zonen: München — Deisenhofen = 3 Zonen. Höllriegelskreuth — München = 2 Zonen (Innenraum).

## Zu einem gastlichen Forsthaus

Ein Jagdschloß aus dem Jahre 1550 und ein gastliches Forsthaus liegen bei dieser Wanderung am Weg. Wir durchstreifen den südlichen Teil des Grünwalder Forstes, der mit seinen 2400 Hektar Größe im Eigentum des Staates ist. Hätten die Landesherren einst nicht die Wälder im Süden Münchens für sich als Jagd- und Holzreservate in Anspruch genommen und damit vor Zugriffen aller Art bewahrt, wer weiß, ob sie uns noch in diesem Umfang erhalten wären! Heute sind die Münchner froh, die grünen Oasen mit würziger sauberer Luft nahe der lärmenden und stinkenden Großstadt aufsuchen zu können, wann immer sie wollen. Und eben diese ihre Stadt gewinnt von dem höher gelegenen südlichen Waldgürtel. Werden die Straßenzüge am Tag durch die Sonneneinstrahlung und die vielen künstlichen Wärmequellen erhitzt, füllen sie sich an mit Abgasen und feinstem Staub, so schiebt sich in der Nacht die kühle und damit schwere Luft unter diesen »Smog« und läßt ihn nach oben entweichen. Ein Segen sind diese Wälder für unsere Münchner Stadt! Ein Segen auch deshalb, weil ihr Untergrund uns stets naturreines Trinkwasser beschert. Andere Städte beneiden uns um diese Gabe.

## Wandern

Route: *Vom Bahnhof Deisenhofen über Laufzorn, Forsthaus Wörnbrunn, Grünwald zum S-Bahnhof Höllriegelskreuth — 9 km.*

Am Bahnhofsvorplatz in Deisenhofen gehen wir zuerst links, unter der Bahn hindurch und folgen nun der Wörnbrunner Straße bis zur Laufzorner Straße. Hier biegen wir links ab und folgen dem Sträßchen bis zur Kreuzung mit der Alten Oberbiberger Straße. Wenn wir ein paar Schritte links gehen, treffen wir auf einen Weg, der uns, parallel zur Landstraße, direkt nach Laufzorn führt. Hier wandern wir nun in nördlicher Richtung weiter — bei der Weggabelung gehen wir links — und biegen dann nach einem halben Kilometer (am Waldrand) rechts in den Weg nach Wörnbrunn ab.
Wenn wir die Grünwalder Straße erreicht haben, ist es nicht mehr weit zum Forsthaus Wörnbrunn. Auf dem Verbindungssträßchen herrscht am Wochenende meist recht lebhafter Verkehr. Wir nehmen deshalb den halbrechts abgehenden Forstweg und dann den nächsten Weg links zum Forsthaus.
Vom Forsthaus Wörnbrunn — der einladende Platz bietet

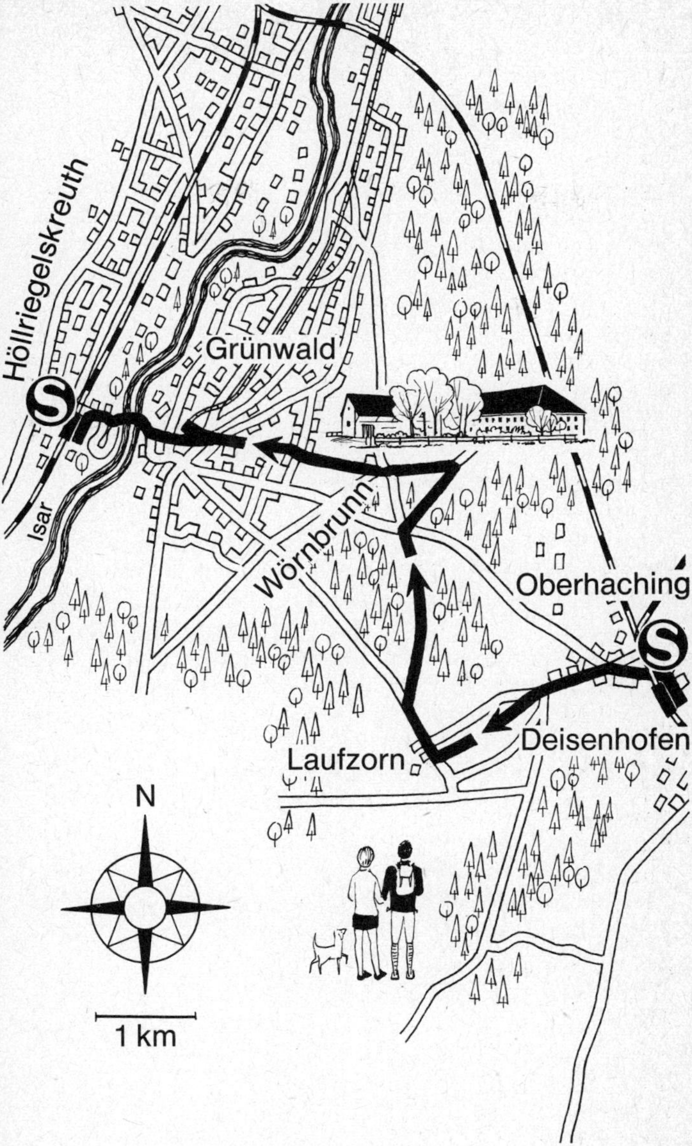
Höllriegelskreuth
Grünwald
Isar
Wörnbrunn
Oberhaching
Deisenhofen
Laufzorn
N
1 km

sich für eine Rast an — wandern wir auf dem Gehweg neben der Straße nach Grünwald hinein. Am Ende der Wörnbrunner Straße in Grünwald haben wir zwei Möglichkeiten: Wir können geradeaus zur Straßenbahn gehen oder durch das Isartal zum S-Bahn-Haltepunkt Höllriegelskreuth.
Der Weg nach Höllriegelskreuth: Links zum Marktplatz von Grünwald. Dort geradeaus auf die »Römerschanze« zu. Hier führt ein Fußweg hinunter ins Isartal. Nach der Isarbrücke geht rechts ein Weg hinauf nach Höllriegelskreuth.

**Hinweise:** Die Route ist nicht schwer zu gehen. Ältere Kinder können teilnehmen. Die Tour ist im späten Frühjahr und im Sommer besonders schön. Ein großer Teil der Strecke führt über Waldwege.

## Wissenswert — Sehenswert

Laufzorn, das nur aus ein paar Gehöften besteht, wird von dem unter Herzog Wilhelm IV. erbauten Jagdschloß beherrscht. Der schlichte Renaissancebau geht auf das Jahr 1550 zurück.
Grünwald ist international bekannt wegen seiner im Jahre 1950 errichteten Sportschule. Die Sportjugend aus aller Welt und die Sportprominenz geben sich hier das ganze Jahr über ein Stelldichein.
(Wissenswertes über Deisenhofen: Siehe Tip 4, Seite 33.)

## Einkehr am Weg

**Deisenhofen** — »Gasthaus Festl«, am Bahnhof, Samstag geschlossen. »Rosenhof«, Freitag geschlossen.

**Wörnbrunn** — »Forsthaus Wörnbrunn«, Dienstag geschlossen.

**Grünwald** — »Alter Wirt«, am Marktplatz, Montag geschlossen. »Römerschanze«, Dr.-Max-Straße, kein Ruhetag. »Brückenwirt«, an der Isarbrücke, Dienstag geschlossen.

# Mit der S 10 nach Icking **6**

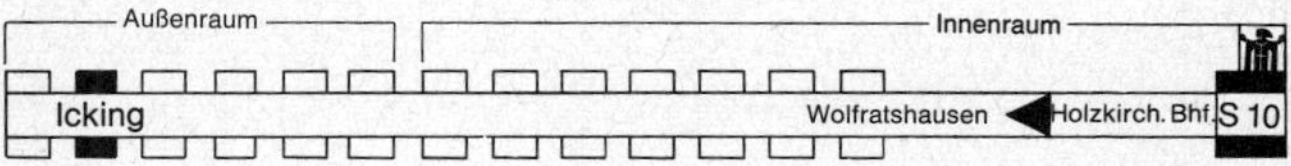


**Abfahrt**
in München, Holzkirchner Bahnhof

7.02 (nur Sa)
7.32
8.02 (nur Sa)
8.32 von da an alle 60 Minuten
bis 23.32 Uhr

**Rückfahrt**
in Wolfratshausen

15.35 alle 60 Minuten
bis 22.25 Uhr

Der Fahrplan gilt Samstag, Sonntag und Feiertag. Weitere Fahrzeiten im amtlichen Fahrplan.
Fahrzeit: München — Icking ca. 48 Minuten. Wolfratshausen — München ca. 48 Minuten.
Zonen: München — Icking = 4 Zonen. Wolfratshausen — München = 5 Zonen.

## Am Ufer der grünen Isar

Von den Kelten hat die Isar ihren Namen (Isara) einst bekommen. Sie bezeichneten damit einen Gebirgsfluß, der noch wild und ungezügelt durch das Voralpenland nach Norden strebte. Doch die »Reißende« ist heute gebändigt. Der Wanderer und Naturfreund erlebt südlich von München in einer einmalig schönen Landschaft einen fröhlichen, jugendlichen Fluß.
Und das ist der kurze Lebenslauf unserer »grünen Isar«: Geboren ist sie in Tirol, hoch oben im Karwendel. Lafatscher-

bach nennt sich zuerst das noch ungeordnete Gerinne von Wassern und Wässerchen im Bereich von Überschalljoch und Spekkarspitze. Doch dann stürzt sich das Wasser 900 Meter in die Tiefe — die Isar ist geboren. Flüsse und Bäche schließen sich ihr von rechts und links an, bei Scharnitz ist sie schon recht vital geworden. Und dann betritt sie, bei Mittenwald, bayerischen Boden. Bei Bad Tölz erreicht sie die Hochebene und schlängelt sich nun auf Bayerns Metropole zu. Der Mensch unserer Tage hat ihr die ungestüme Kraft von einst genommen und sie in elektrische Energie umgesetzt. Schon ein bißchen »alt« geworden, fließt die Isar schließlich bei Deggendorf in die Donau. Ihr nur 283 Kilometer langer Weg erst durch österreichisches, dann durch bayerisches Land ist dort zu Ende. Immerhin: 1500 Meter Gefälle überwindet sie auf ihrem kurzen Lauf.
Nicht vergessen sei der Sylvensteinspeicher bei dem durch Ludwig Ganghofer bekanntgewordenen Gebirgsdorf Fall, der zwischen 1950 und 1958 gebaut wurde. Dieser Speicher bessert seitdem die Niederwasser kräftig auf. Außerdem treten seit dem Stau am Sylvenstein nicht mehr die früher bis nach München gefürchteten Hochwasser auf. Die Isar ist erst in unseren Tagen ein gesitteter Fluß geworden, aber die Landschaft hat dennoch viel von ihrem ursprünglichen Reiz behalten.

## Wandern

Route: *Vom S-Bahnhof Icking über den »Mettin-Platz« zur Dorfner-Höhe und nach Wolfratshausen — 8 km.*

Vom Bahnhof Icking aus gehen wir entlang der Bundesstraße in südlicher Richtung, bis links ein Weg abzweigt, an dem wir eine Tafel des Isartal-Vereins sehen. Wir wandern neben der Bundesstraße 11 etwa 600 Meter zur »Professor-Edelmann-Linde«. Hier beginnt unsere eigentliche Wanderroute.
Bei einer größeren Wegtafel »Mettin-Weg« des Isartalvereins neben der ebenfalls durch eine Tafel gekennzeichneten »Professor-Edelmann-Linde« zweigt von der Bundes-

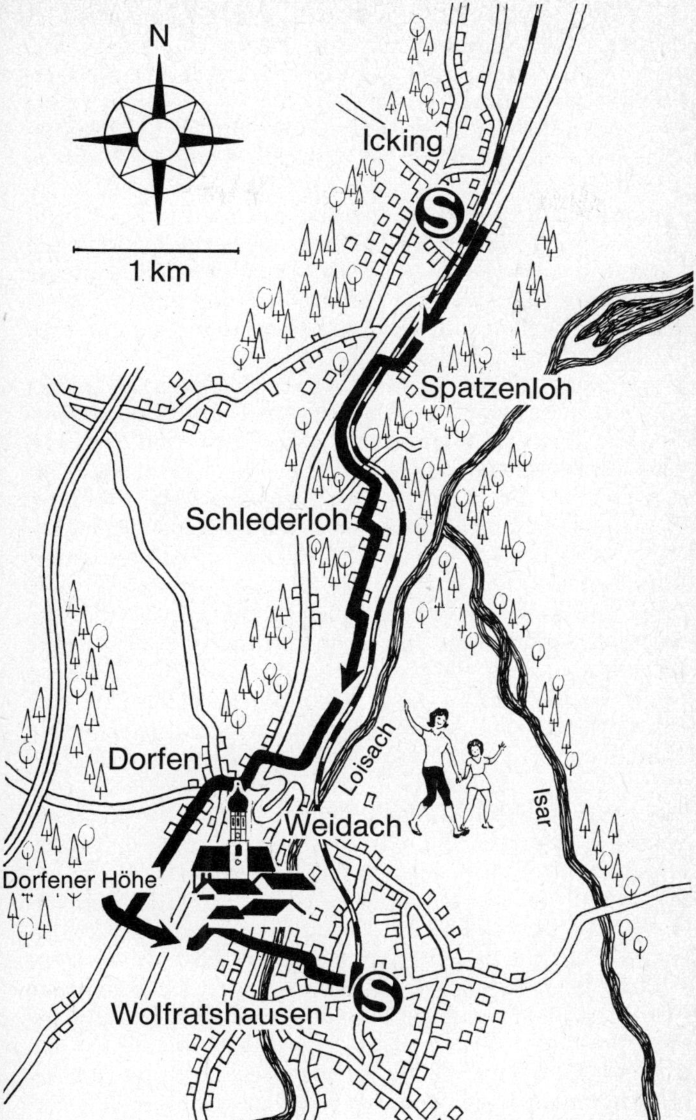
N
1 km
Icking
Spatzenloh
Schlederloh
Loisach
Dorfen
Isar
Weidach
Dorfener Höhe
Wolfratshausen

straße 11 nach links ein Fußweg ab, der an einer Ruhebank vorüber dicht neben dem Bahngleis weiterführt und dann auf das »Höllgrabensträßl« trifft, zu dem wir auf unbequemen Stufen hinuntersteigen müssen.

Wir gehen hier nicht durch die Unterführung, sondern unterqueren nur das Sträßchen und steigen jenseits desselben auf dem dort weiterführenden Weglein neben der Bahnböschung durch Jungwald hinauf bis zu einem Staketenzaun. Hier wenden wir uns nach rechts in die Siedlung »Schlederloh« und gehen längs des Zaunes — an einem Einfahrtstor vorüber — in gerader Richtung auf der nun geteerten Straße zwischen Villengrundstücken weiter bis zu einer Straßenkreuzung.

An dieser Stelle biegen wir links ab und folgen der Straße, mit der diese Siedlung erschlossen wird, bis zum südlichen Ortsende, wo die offene Feldflur beginnt. Nach dem letzten Villengrundstück auf der linken Straßenseite steigen wir neben einer Hecke scharf links über den kurzen Wiesenhang hinauf zu einer schon von unten sichtbaren Ruhebank (mit herrlicher Aussicht) an der hier jäh nach Osten abbrechenden Hochuferkante, längs der unser »Mettin-Weg« in südlicher Richtung weiterführt. Wir kommen an weiteren Bänken vorbei; dann sehen wir unterhalb des bewaldeten Steilhanges die Bahnstrecke und die Loisach. Nach etwa 900 Metern schwenkt unser Weg nach rechts in eine dem Isartalverein gehörende Wiese mit mehreren Ruhebänken und einem schirmförmigen Unterstandsdach, den »Mettin-Platz«, ein.

Wir verlassen den »Mettin-Platz« in westlicher Richtung und gehen durch eine hölzerne Schranke zur nahen Bundesstraße 11 hinaus. Nach dem Überqueren der Straße folgen wir dem Gehsteig ein kurzes Stück nach links bis zu der Stelle, wo nach halbrechts die Straße Dorfen-Aufkirchen-Starnberg abzweigt. Auf letzterer gehen wir nun durch die Ortschaft Dorfen, lassen dabei die Kirche zur Linken liegen und biegen weiter oben bei einer Wegtafel des Isartalvereins nach links in das Meilenberger Sträßchen ein. Auf diesem wandern wir etwa 500 Meter weit bis zu einem mit drei Bäumen umpflanzten großen Feldkreuz. Eine Wegtafel weist uns nach rechts hinauf zur »Dorfner-Höhe«. Von dort

oben hat man einen umfassenden Rundblick auf das Alpenvorland und auf die Gebirgskette. Dieser herrliche Aussichtspunkt ist im Eigentum des Isartalvereins, der auch einige Ruhebänke aufstellen ließ.
Nach unserer Rast gehen wir wieder hinunter zu dem erwähnten Feldkreuz und folgen nach dem Überqueren des Meilenberger Straßls in östlicher Richtung einem Wiesenpfad, der längs eines Weidezaunes hinunterführt zu einem weiteren, mit dem Meilenberger Sträßchen etwa parallel verlaufenden Feldweg. Diesen überqueren wir bei der Wegtafel des Isartalvereins und gehen geradeaus auf einem Fahrweg weiter, der sich nach einigen Metern als Hohlweg zur Sohle des bewaldeten, tiefen Geländeeinschnittes, den Rauschergraben, hinabsenkt.
Wir überschreiten das meistens spärliche Wassergerinne auf einem neuen, solid gebauten Steg und steigen auf einem versicherten Weg den jenseitigen Grabenhang hinauf bis zur Höhe eines abgezäunten schmalen Wiesenstreifens, den wir auf dem deutlich sichtbaren Pfad überqueren. Beiderseits des Wiesenstreifens sind Personen-Durchlässe angebracht.
Unser Weg führt dann durch Gebüsch kurz abwärts zum Rand des Hochwaldes, der hier die obere Kante des steil nach Wolfratshausen abfallenden bewaldeten Hanges (Kalvarienberg) bietet. Von dieser Stelle aus können wir bereits die Stadt Wolfratshausen und den nördlichen Teil ihrer Hauptstraße tief unten liegen sehen. Ein gut unterhaltener Steg leitet uns nun rechts abwärts, bis wir — vorbei an Kreuzwegstationen und dem Dreifaltigkeitskirchlein — zu breiteren bequemen Anlagewegen gelangen. Auf ihnen erreichen wir die Hauptstraße etwas nördlich der Pfarrkirche St. Andreas bei einer Wegtafel des Isartalvereins. Von hier beträgt die Entfernung zum S-Bahnhof Wolfratshausen nur noch etwa 800 Meter. (Ein Wandervorschlag des Isartalvereins.)
**Hinweise**: Bei dieser Tour sind größere Gefällstrecken und Steigungen zu überwinden. Dabei werden durchwegs Wege und Pfade benützt. Ältere wandergeübte Kinder können teilnehmen. Besonders schön ist die Route im Frühjahr und im Herbst.

## Wissenswert — Sehenswert

Die Kirche Heilig-Kreuz in Icking wurde um 1500 erbaut. Im 18. Jahrhundert erhielt sie ihre heutige Gestalt. Schon im Jahre 1180 stand an dieser Stelle eine Kapelle.
Zum Bau der Münchner Frauenkirche (1468 — 1488) wurden 1400 Flöße mit 7000 Festmetern Holz benötigt. Das Baumaterial wurde auf der Isar nach München transportiert. Auch für den Wiener Stephansdom wurde Isarwinkler Holz verwendet, das ebenfalls auf dem Wasserweg dorthin gebracht wurde.
Wann die erste Wolfratshauser Pfarrkirche erbaut wurde, weiß man heute nicht mehr genau. Im Jahre 1248 jedenfalls stand sie bereits am heutigen Platz. Eine erste, in Stein gehauene Urkunde über die Baugeschichte der Kirche findet man über dem Eingang zur Sakristei, an der Südseite des Kirchturms. Man liest hier die Jahreszahlen 1484, 1619 und 1631. Der Text ist für den Laien kaum zu entziffern. Aus ihm geht hervor, daß im Jahr 1484 die Kirche neu gebaut wurde. Im Jahre 1619 brannte sie zusammen mit neun Höfen ab. Es dauerte Jahrzehnte, bis die Kirche wieder aufgebaut worden war.

## Einkehr am Weg

**Icking** — »Alpenblick«, am Bahnhof, Mittwoch geschlossen. »Zur Post«, an der Hauptstraße.

**Weidach** — »Grüner Baum«, Donnerstag geschlossen.

**Wolfratshausen** — »Haderbräu«, Untermarkt, kein Ruhetag. »Löwenbräu«, Untermarkt, kein Ruhetag. »Schererbräu«, am Marienplatz, Sonntag geschlossen. »Humplbräu«, am Marienplatz, kein Ruhetag. »Alte Post«, am Obermarkt, Mittwoch geschlossen. »Café Wirth«, am Obermarkt, Mittwoch geschlossen. »Bahnhofsgaststätte«, am Bahnhofsplatz, Samstag ab 15 Uhr sowie Sonntag und Feiertag geschlossen.

# Mit der S 10 nach Icking **7**

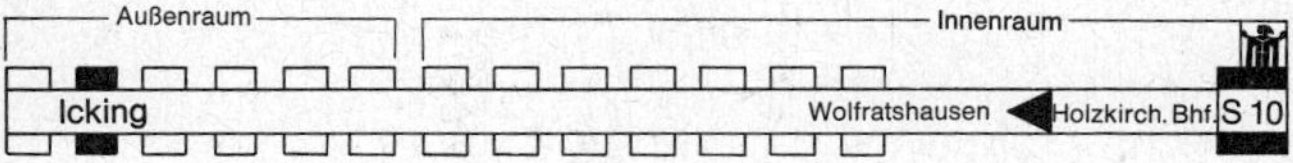


**Abfahrt**
in München, Holzkirchner Bahnhof

7.02 (nur Sa)
7.32
8.02 (nur Sa)
8.32 von da an alle 60 Minuten
bis 23.32

**Rückfahrt**
in Wolfratshausen

15.35 alle 60 Minuten bis 22.35

Der Fahrplan gilt Samstag, Sonntag und Feiertag.
Weitere Fahrzeiten im amtlichen Fahrplan.
Fahrzeit: München — Icking ca. 48 Minuten. Wolfratshausen — München ca. 48 Minuten.
Zonen: München — Icking = 4 Zonen. Wolfratshausen — München = 5 Zonen.

## Wo die Münchner Schotterebene entstand

In der Umgebung von Wolfratshausen lag vor 20 000 Jahren noch das Ende eines alpinen Isargletschers. Er hatte einen Durchmesser von etwa 100 Metern. Immer wieder stieß diese riesige Eiszunge vor und baute aus dem Geröll und dem Schutt der Alpen mächtige Moränenwälle auf. Aus dem Rand der Eiszunge quollen Schmelzwasser, die ihrerseits wieder Schotter in großen Mengen auf den weiten Feldern südlich von München ablagerten. So entstand in der Würmeiszeit die Münchner Schotterebene. Erst später schaffte es die noch ungestüme Isar, den Endmoränenwall zwischen Wolfratshausen und Schäftlarn zu durchbrechen und ein tiefes, kanonartiges Tal einzuschneiden.

## Wandern

Route: *Vom S-Bahnhof Icking über Weidach nach Wolfratshausen — 4,5 km.*

Vom Bahnhof Icking gehen wir in südlicher Richtung zur Ortsdurchfahrt (Bundesstraße 11) und verlassen diese an der Stelle nach links, wo die frühere Straße abzweigt. Hier beginnt bei einer größeren Wegtafel des Isartalvereins der »Andreas-Stumpf-Weg«, der in seinem ganzen Verlauf bis nach Weidach auf der östlichen Seite der Bahn bleibt.
Ohne von dem starken Fahrverkehr auf der Bundesstraße belästigt zu werden, gehen wir auf der alten Straße bis zu ihrem Ende am Waldrand weiter. Einige Wohnhäuser bilden hier die Siedlung »Spatzenlohe«.
Bei den Siedlungshäusern wandern wir neben der Bahn auf einem Waldweg weiter, bis er nach etwa 500 Metern in einen Fußpfad übergeht. Dieser beschreibt durch dichten Jungwald einen leichten Bogen nach links und erreicht bald darauf den Bahneinschnitt, auf dessen oberem Böschungsrand er zu einem querverlaufenden Fahrweg leitet, zu dem mehrere Stufen hinunterführen.
Wir überqueren den Fahrweg und gehen links am Bahndamm entlang bis zu einer Wegtafel des Isartalvereins, die uns über Stufen wieder zum oberen Böschungsrand des Bahneinschnittes hinaufweist. An einigen Bänken gehen wir vorüber, dann senkt sich unser Weg langsam, passiert zur Linken einen herrlichen Aussichtspunkt mit einem Gedenkstein und zwei Ruhebänken, die »Lechner-Ruh«, und befindet sich gleich danach auf derselben Höhe wie das Bahngleis. Hier geht es über einige Stufen scharf links abwärts und dann fast horizontal längs des Hanges unterhalb der Bahn zu einem alten Waldbestand, dem »Riemerschmid-Park«, der sich von der Bahn bis zur Isar und Loisach hinunter erstreckt.
Durch einen jüngeren Waldbestand gehen wir dann geradeaus weiter und kommen in einem besonders schönen, alten Mischwald zu einigen Wegtafeln. Wieder folgen wir den gelben Dreiecken nach links fast eben durch den bewaldeten Hang, steigen ein kurzes Stück hinauf und treten

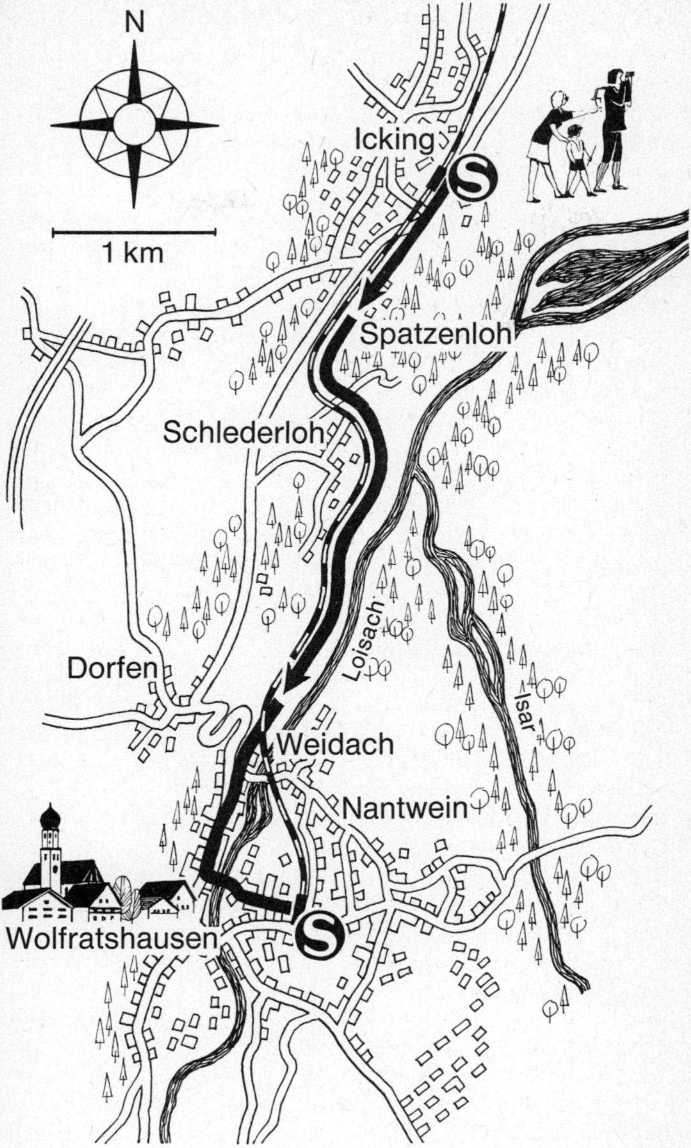
N
1 km
Icking
Spatzenloh
Schlederloh
Dorfen
Loisach
Isar
Weidach
Nantwein
Wolfratshausen

bei einer Garage und bei einem einzelstehenden Wohnhaus auf den offenen Hang unterhalb der Bahnstrecke hinaus.
Der hier beginnende Fahrweg senkt sich längs eines Gartenzaunes auf der linken Wegseite allmählich hinunter zur Loisach, unterquert die schräg zum Fluß geführte Eisenbahnbrücke und erreicht gleich darauf die ersten Häuser der Ortschaft Weidach. Vorbei an einer kleinen Kapelle (bei der Abzweigung der Straße nach Nantwein) gehen wir unmittelbar neben der von rechts oben kommenden, umgebauten Bundesstraße 11 auf dem Gehsteig weiter, lassen das auffallende Gebäude der Kunstmühle Weidach zur Linken liegen und erreichen kurz darauf unser Ziel, die Stadt Wolfratshausen.
(Ein Wandervorschlag des Isartalvereins)

**Hinweise:** An dieser Wanderung können auch kleinere Kinder, die das Wandern gewöhnt sind, teilnehmen. Es werden fast durchwegs stille Wege und Pfade benützt. Besonders schön ist es hier im Frühjahr und im Herbst.

## Wissenswert — Sehenswert

In Icking gab es früher viele Köhlereien und Kalkbrennereien. Die Produkte aus diesem Gewerbe wurden nach Wolfratshausen gebracht und von dort mittels Flößen verschickt.
Der Ortsname Weidach deutet auf Weidengebüsche hin. Einst verlief hier das Flußbett der Isar.
(Mehr über Icking und Wolfratshausen: siehe Tip 6, Seite 43).

## Einkehr am Weg

Siehe Tip 6, Seite 48.

# Mit der S 6 nach Possenhofen 8

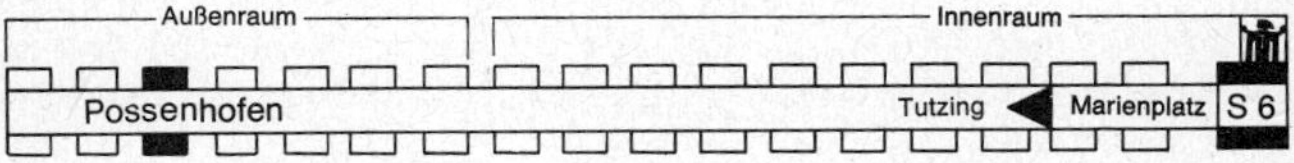


| Abfahrt in München, Marienplatz | | | Rückfahrt in Starnberg | | |
|---|---|---|---|---|---|
| 5.49 | 6.29 | 7.09 | 16.43 | 17.23 | 18.03 |
| 7.49 | 8.09 | 8.49 | 18.43 | 19.23 | 20.03 |
| 9.29 | 10.09 | 10.49 | 20.43 | 21.23 | 22.03 |
| 11.29 | 12.09 | 12.49 | 22.43 | 23.23 | 0.03 |

Der Fahrplan gilt Samstag, Sonntag und Feiertag.
Weitere Fahrzeiten im amtlichen Fahrplan. (Im Sommerfahrplan werden an Samstagen, Sonn- und Feiertagen weitere Züge eingesetzt.)
Fahrzeit: München — Possenhofen ca. 39 Minuten. Starnberg — München ca. 38 Minuten.
Zonen: München — Possenhofen = 5 Zonen. Starnberg — München = 4 Zonen.

## Zum »Sissy«-Schloß am See

Ein berühmt gewordener Film brachte das schon fast vergessene ehemals herzoglich-bayerische Schloß Possenhofen am Starnberger See wieder in die Erinnerung. Doch hier, wo die Bayernprinzessin Elisabeth, »Sissy«, die spätere Kaiserin von Österreich, ihre Jugendjahre verbrachte, wo der romantische Bayern-König Ludwig II. in prächtigen Equipagen vorfuhr, um seine Cousine und Herzensfreundin Elisabeth zu besuchen, wo der Liebling der Bayern Elisabeths Schwester, Sophie, kennenlernte, sich mit ihr im Januar 1867 verlobte und sich schon nach zehn Monaten wieder von ihr trennnte, hier im Wittelsbacher Schloßsitz von einst sollen künftig Leute wohnen, die mehrstellige Hotelrechnungen begleichen oder entsprechend hohe Monatsmieten bezahlen können.
Das Schloß geriet 1950 in Privatbesitz, und alle späteren

Bemühungen, es wieder der Öffentlichkeit zuzuführen, blieben bis jetzt ergebnislos. (Vielleicht bringt das neue Bundesbaugesetz noch eine Änderung).
»Sissys« Vater, Herzog Maximilian von Bayern, hatte das Schloß im Jahre 1834 erworben. Auch als Kaiserin von Österreich, im Jahre 1854 mit Kaiser Franz Joseph I. vermählt, kam Elisabeth immer wieder hierher an den Starnberger See zurück. Man wußte in eingeweihten Kreisen, daß die schöne Kaiserin in ihrer Ehe mit Franz Joseph nicht glücklich war. Immer einsamer wurde sie, und es befiel sie die quälende Angst, daß sie, wie ihr kranker Vetter Ludwig, ein schweres Lebensschicksal zu tragen hätte. Sie reiste weit umher, weil sie vergessen wollte. Von einer Reise kam sie nicht mehr zurück: Am 10. September des Jahres 1898 wurde sie in Genf von einem italienischen Anarchisten erstochen.
Wenn wir an einem sonnig-bunten Herbsttag vielleicht diese Wanderung unternehmen, tut sich beim Betrachten der malerischen Landschaft wieder ein Stück bayerischer Geschichte vor uns auf. Nur etwas mehr als 100 Jahre müssen wir zurückblättern . . .

## Wandern

Route: *Vom S-Bahnhof Possenhofen über Pöcking, am Maisinger See vorbei nach Jägersbrunn, Maising, durch die Maisinger Schlucht nach Starnberg — 12 km.*

Am S-Bahnhof Possenhofen gehen wir durch die neue Unterführung auf die andere Seite der Bahnlinie zum »Schafflergraben«. Dort, bei den P+R-Parkplätzen der Deutschen Bundesbahn, gehen wir rechts bis zur Hindenburgstraße. Wir wandern nun links weiter (nach etwa 100 Metern links das neue Hallenbad) hinauf nach Pöcking.
An der Hauptstraße von Pöcking gehen wir ein kurzes Stück links und biegen dann, kurz vor der Ampel (gegenüber steht das Lagerhaus) in den Ascheringer Weg ein. (Wanderwegweiser »Maisinger See — Aschering«). Nach den letzten Häusern des Ortes kommen wir bald an eine Wegabzwei-

N
1 km
Söcking
Starnberg
Maisinger Schlucht
Jägersbrunn
Maising
Maisinger See
Pöcking
Starnberger See
Possenhofen
Feldafing

gung. Hier wandern wir geradeaus weiter, folgen der Linkskurve des Weges und biegen nach etwa 200 Metern, auf der Anhöhe, nach rechts ein. Wir wandern durch einen lichten Mischwald, an einem versteckten Weiler vorbei, zur Südspitze des Maisinger Sees. Der Weg wird nach den Wohnhäusern bald zum Pfad. Wenn wir den Wald verlassen, halten wir uns links — im Hintergrund sehen wir die Häuser von Aschering —, bis wir auf den rechts abzweigenden Weg nach Jägersbrunn kommen (der gelbe Wegweiser ist aus unserer Richtung von der Rückseite zu sehen).
An der Jugendherberge Jägersbrunn wandern wir vorbei und schwenken an der Wegkreuzung in das schmale Teersträßchen nach Maising ein. In Maising können wir in der Kurve bei der Gastwirtschaft Ludwig rechts zum Maisinger See hinüber einen Abstecher machen.
Unsere Route führt weiter durch den Ort, am Ortsende links in den Schluchtweg und hier rechts auf dem markierten Weg in die Maisinger Schlucht. In der Söckinger Straße in Starnberg verlassen wir den romantischen Wanderweg und gehen nun rechts hinunter zum S-Bahnhof Starnberg.

**Hinweise:** Ältere wandergeübte Kinder können diese Tour mitgehen. Es werden fast im gesamten Verlauf der Route befestigte Wege benützt. Besonders schön ist die Wanderung im Herbst.

## Am Maisinger See

Nur einen schmalen Zugang hat der Maisinger See beim Gasthaus »Seehof« für die Badelustigen offengelassen. Im Winter sind es die Eisstockschützen und die Schlittschuhläufer, die sich von hier aus aufs Eis begeben. Der restliche Teil des Sees wird schützend von einem dichten Schilfgürtel eingeschlossen. In seinem Schutz nisten viele selten gewordene Vogelarten. Der See wurde deshalb unter Naturschutz gestellt.
Die schwarzköpfige Lachmöve, die man hier noch zu tausenden antreffen kann, hat sich vom Wörthsee vor der fortschreitenden Zivilisation hierher geflüchtet. Wildenten,

Zwergtaucher, Bläß- und Teichhühner nisten in dem dichten Schilfgewirr. Von hier kommt auch der dumpfe Ruf der »Mooskuh«, wie die einheimischen die Rohrdommel nennen. Fischreiher spazieren im sumpfigen Gelände. Auch Graugänse halten sich hier des öfteren auf. Ihr heimatliches Revier ist allerdings der nahe Eßsee.
Der Maisinger See ist der kleine Rest eines einst mächtigen Moränensees. Am Nordostufer ist auf dem Damm ein eichenumsäumter Spazierweg angelegt worden. Im Herbst und den ganzen Winter über ist ein Ausflug in diese natürliche Parklandschaft ein Erlebnis.

## Die älteste bayerische Jugendherberge

Von März bis Oktober ist die kleine unscheinbare Behausung im abseits gelegenen Jägersbrunn nicht selten bis unters Dach belegt. Dann wird es lebendig im sonst recht einsamen Gehöft. Aus dem Rheinland und aus dem Ruhrgebiet und oft genug auch von »noch weiter oben« kommen die Buben und Mädchen, die hier, in der ältesten Jugendherberge Bayerns, ihre Ferien verbringen. Es sind für sie Ferien auf dem Lande inmitten einer oberbayerischen Bilderbuchlandschaft mit dunklen Wäldern, sattgrünen Wiesen, Hügeln, Tälern und Seen, mit friedlich weidenden Kühen und einem weiß-blauen Föhnhimmel darüber.
Im Jahre 1921 als Bauernhof errichtet, wurde das Haus schon drei Jahre später, 1924, zur ersten Jugendherberge Bayerns umgestaltet. Von hier aus nahm der Siegeszug dieser Einrichtung in den folgenden Jahren südlich und nördlich der Donau seinen Anfang. Heute gibt es modernere Jugendherbergen in Bayern, aber keine kommt der von Jägersbrunn gleich. Hier gibt es zwar keinen Komfort, aber welche Jugendherberge kann schon mit so vielen Attraktionen aufwarten: Ammersee, Kloster Andechs, Starnberger See, nur einen Steinwurf weg der Maisinger See, die Landeshauptstadt München mit ihren vielen Sehenswürdigkeiten, Museen und Ferieneinrichtungen.
Richtige Wanderer finden nicht mehr oft ihren Weg hierher nach Jägersbrunn. Jugendgruppen und Organisationen

füllen das kleine Haus während der Saison. Die beiden »Herbergsmütter« haben dann alle Hände voll zu tun, die vielen hungrigen Mäuler zu stopfen und für Ordnung im Haus zu sorgen. Ihnen täte ein wenig mehr technischer Komfort ganz gut, eine Waschmaschine, ein Elektroherd, Warmwasser. Aber wer weiß, vielleicht hätte die kleine heimelige Herberge in Jägersbrunn dann ihren Reiz verloren. (Mehr über Starnberg und Umgebung: Siehe die Tips 9 und 10, Seiten 59 und 65.)

## Einkehr am Weg

**Possenhofen** — »Park-Café«, Hindenburgstraße, Montag geschlossen.

**Pöcking** — »Gasthof zur Post«, Mittwoch geschlossen.

**Maising** — »Seehof«, am See, Montag geschlossen. »Gastwirtschaft Ludwig«, in der Dorfmitte, Montag geschlossen, warme Küche nur am Sonntag.

**Starnberg** — »Bayerischer Hof«, am Bahnhofsplatz, Donnerstag geschlossen.
»Deutsches Haus«, Kaiser-Wilhelm-Straße, Dienstag geschlossen.
»Münchner Hof«, Maximilianstraße, Montag geschlossen.
»Zur Sonne«, Hanfelder Straße, Samstag ab 14 Uhr und Sonntag geschlossen.
»Staltacher Hof«, Josef-Jägerhuber-Straße, Samstag geschlossen.
»Starnberger Alm«, Schloßbergstraße, Mittwoch geschlossen. »Tutzinger Hof«, Tutzinger-Hof-Platz, Freitag gegeschlossen.

# Mit der S 6 nach Starnberg 9

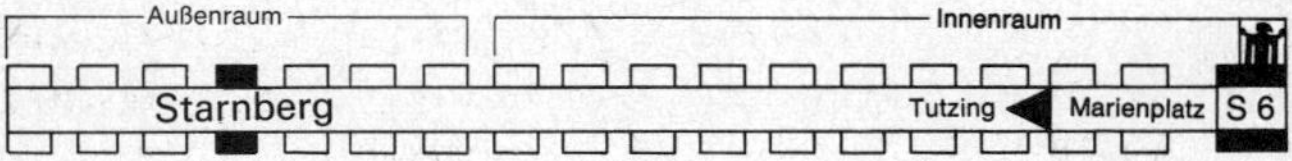


| Abfahrt in München, Marienplatz | | | Rückfahrt in Starnberg | | |
|---|---|---|---|---|---|
| 5.49 | 6.29 | 7.09 | 16.43 | 17.23 | 18.03 |
| 7.49 | 8.09 | 8.49 | 18.43 | 19.23 | 20.03 |
| 9.29 | 10.09 | 10.49 | 20.43 | 21.23 | 22.03 |
| 11.29 | 12.09 | 12.49 | 22.43 | 23.23 | 0.03 |

Der Fahrplan gilt Samstag, Sonntag und Feiertag.
Weitere Fahrzeiten im amtlichen Fahrplan. (Im Sommerfahrplan werden an Samstagen, Sonn- und Feiertagen weitere Züge eingesetzt.)
Fahrzeit: einfache Fahrt ca. 38 Minuten.
Zonen: München—Starnberg und zurück = zweimal 4 Zonen.

## Durch die Maisinger Schlucht

Der Bach, der aus der Maisinger Schlucht herunter zum Starnberger See fließt, hat viele Namen. Am Beginn unserer Wanderung, in Starnberg, nennt man ihn Georgenbach. Wenig später, wenn wir die Söckinger Straße verlassen haben, heißt er dann Fallbach, bald darauf Maisinger Bach. Und schließlich, am Maisinger See, ist er der »Ascheringer Bach«. Weil er die Schlucht oft überschwemmte, wurde der Bach vor Jahren reguliert.
Einst schleppte das Wasser Schutt und Geröll hinunter zum See und ließ auf diese Weise jenen Schuttkegel entstehen, auf dem später ein Teil von Starnberg errichtet wurde.
Zuerst folgen wir dem Bach in einem freundlichen Wald- und Wiesental. Bald überqueren wir eine grüne Mulde: hier holt Starnberg einen Teil seines Wassers. Das Tal rückt nun enger zusammen, es wird zusehends zur Schlucht. Wir wandern nun unter schattigen Laubbäumen, fast durch-

wegs Buchenbeständen, auf bequemem Weg sanft bergan, begleitet vom vielstimmigen Gezwitscher der heimischen Vogelwelt. Seltene Pflanzen entdecken wir am Weg. An den Steilhängen rechts und links tritt uraltes Gestein zutage: Nagelfluh aus dem Tertiär. Am Talgrund haben sich malerische Höhlen gebildet. Und dann sind wir ganz plötzlich oben in Maising und wenig später am Maisinger See, einem typischen Moorsee. Er steht heute unter Naturschutz. Unzählige Vogelarten nisten hier in friedlicher Umgebung: Lachmöven und Wildenten, Zwergtaucher, Bläß- und Teichhühner. Und natürlich die »Mooskuh«, wie man hierzulande die Rohrdommel nennt. Wenn wir dieses schöne Fleckchen Erde, nahe dem lauten Betrieb der Großstadt, auf uns einwirken lassen wollen, müssen wir kommen, wenn wir sicher sein können, Ruhe zu haben. Im Sommer herrscht am Wochenende reger Badebetrieb. Dann verliert der See am Nordende seinen natürlichen Reiz . . .

## Wandern

Route: *Vom Bahnhof Starnberg durch die Maisinger Schlucht zum Maisinger See. Über Pöcking, Maising nach Starnberg zurück — 15 km.*

Vom Bahnhof in Starnberg gehen wir zuerst hinunter zum See. An der Strandpromenade entlang wandern wir in Richtung Undosabad bis zur nächsten Bahnunterführung. Über die Bahnhofstraße gehen wir nun weiter in die Söckinger Straße. Von dort biegen wir schließlich links in die Maisinger-Schlucht-Straße ab. Am Wasserwerk vorbei wandern wir, begleitet vom Maisinger Bach, auf die Schlucht zu. Wir überqueren dabei die von Neusöcking kommende Mozartstraße und erreichen schließlich den romantischen Teil des engen Tales. Wir wandern durch Maising, bis wir gegenüber der Gastwirtschaft Ludwig, an der großen Kurve vor dem Ortsende, links den Fußweg zum Maisinger See finden.

Am Seehaus folgen wir dem Wanderwegweiser nach Pöcking. Noch bevor wir in den Ort Pöcking kommen

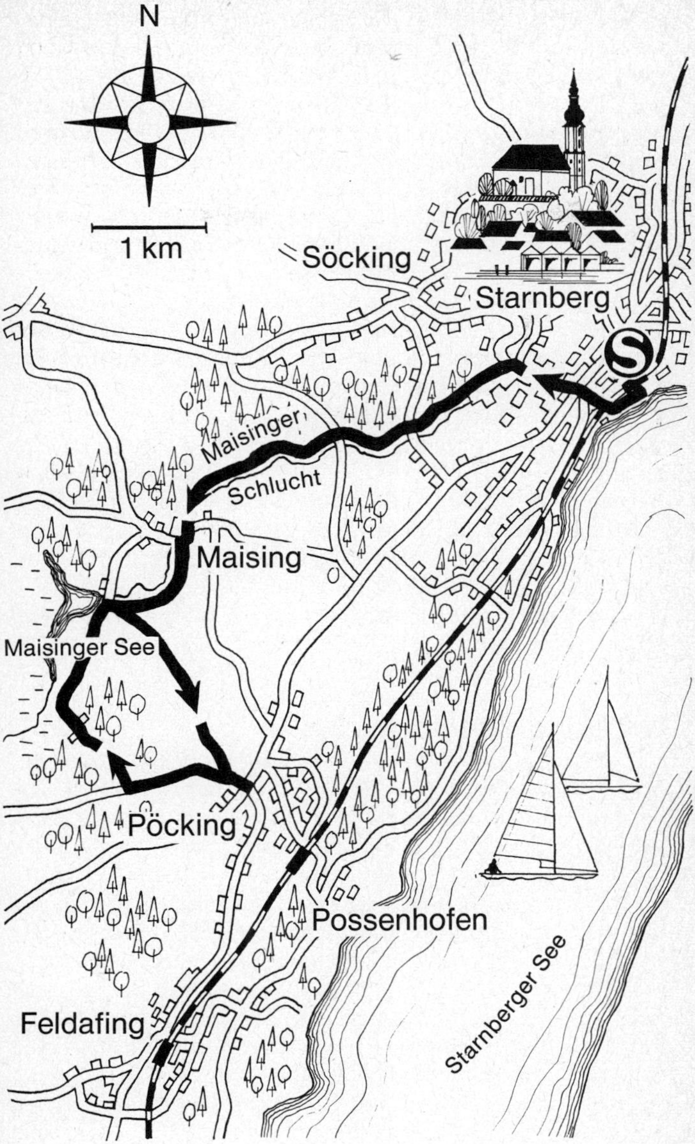
N
1 km
Söcking
Starnberg
Maisinger
Schlucht
Maising
Maisinger See
Pöcking
Possenhofen
Feldafing
Starnberger See

(wenn wir einkehren wollen, gehen wir weiter und dann wieder hierher zurück), biegen wir rechts in das Sträßchen nach Aschering ab. Bei der Kurve halten wir uns links, nach etwa 200 Metern wechseln wir in den Weg rechts (zweiter Weg). Nachdem wir einen lichten Wald mit einem kleinen Weiler durchquert haben, stoßen wir auf den Maisinger Bach. Hier biegen wir rechts ab und wandern, am Ostufer des Sees entlang, zur Gaststätte Seehof zurück. Wir nehmen den schon bekannten Fußweg nach Maising und gehen im Ort ein kurzes Stück links weiter bis zur Straßenkreuzung fast am westlichen Ortsende. Hier zeigt ein Wanderwegweiser den Rückweg nach Starnberg an. Oberhalb der Schlucht erreichen wir bald wieder Söcking. Dort gehen wir an der Söckinger Straße entlang hinunter zum See, wo wir in wenigen Minuten am Bahnhof von Starnberg ankommen.

**Hinweise:** Bei dieser Wanderung können auch ältere Kinder mitgehen. Die Route ist nicht sehr anstrengend und verläuft abseits der Autostraßen auf angenehmen Wald- und Feldwegen. Im Herbst ist es hier besonders schön. Wer die Tour im Sommer macht, kann am Maisinger See ein Bad mit einplanen.

## Das Volk vom Starnberger See

Sehr treffend beschrieb Lorenz Westenrieder am Ende des 18. Jahrhunderts das Volk der Einheimischen am Starnberger See: »Sie sind von der Hoffnung, jemals zu großen Reichthümern zu gelangen, und von der Furcht, in schmutzige Armuth zu verfallen, gleichweit entfernt. Sie leben gewöhnlich bei einer guten Gleichmüthigkeit in einer fast beneidenswerten Ruhe. Sie erreichen meist ein hohes Alter und sterben, wenn ich so sagen darf, wie die Bäume, zur Zeit, wenn die Natur ausgebraucht ist. Zu Pöcking lebte im Jahre 1783 ein Mann von 106 Jahren und es ist ganz gewöhnlich, Leute von 80, 90 Jahren und darüber zu sehen.«
Köstlich liest sich die Schilderung von Hermann Wagner aus dem Jahre 1865. Der reiselustige Sachse hatte das Volk

vom Starnberger See in der Eisenbahn von München nach Starnberg erlebt und seine Eindrücke niedergeschrieben. Es muß für ihn eine recht lustige Fahrt gewesen sein; denn er vermerkt in seiner »Alpenreise«, daß auf der letzten Station eine Musikkapelle, gemeinsam mit einer Gruppe Bauern zugestiegen ist. Ein Pudel »begleitete die schmetternden Töne mit wehleidigem Gesang«. Wagner: »Einige Bauern mit scharlachroten Westen, halbe Guldenstücke statt Knöpfe daran, lassen eine kurze Tabakspfeife feierlich von Mund zu Mund gehen. Jeder thut einige Züge und giebt sie dem Nachbar. Es ist die Friedenspfeife der Alpen. Ein verwetterter Alter zieht ein fingerlanges Glasfläschchen aus der rechten Westentasche. Ist er etwa ein Medizinmann? Enthält das Fläschchen ein Lebenselixier, aus Alpenkräutern gebraut? Bedächtig nimmt er den hölzernen Stöpsel ab, der unten in eine lange Spitze ausläuft, und klopft aus der geheimnisvollen Phiole ein Häufchen Schnupftabak auf den Rücken der Hand! Im Wirtshaus Kaffee aus Weingläsern, Wein aus Biergläsern, Bier aus thönernen Krügen — hier Schnupftabak aus Glasflaschen. Manches ist anders im Alpenland!« Neben Wagner sitzt bei dieser Eisenbahnfahrt eine Bauernfrau, deren »förmlicher Goldpanzer über Brust und Rücken« seine Aufmerksamkeit und Verwunderung erregt: »Die Bandenden bilden bauschige silberne Epauletten dazu. Die Spitzen der Hauben verdecken ziemlich das ganze Gesicht gleich dem Visier eines Ritterhelmes. Das Meisterstück ihres Anzuges ist aber der Rock. Dicht unter dem Arm beginnt schon die Taille, Falte reiht sich an Falte, so daß eine bombenfeste Wand von mehr als Handbreit Dicke entsteht — eine prächtige Schutzwehr in Kriegszeiten.«

Aus dem Jahre 1860 stammt die Beschreibung eines Landwirtschaftsfestes in Starnberg von dem Kulturhistoriker und Schriftsteller Ludwig Steub. Er schildert in farbenfroher Sprache die Bauern, die da alle aus der Umgebung zusammenkamen und mit herzhaftem Appetit aßen und tranken, unter ihnen auch die »Glücklichen, die um den heiligen Berg Andechs wohnen dürfen, die Seefelder, die Pöckinger, Söckinger, Perchtinger, Drößlinger, Uneringer. Auch die Traubinger hatten sich in stattlichen Haufen eingefunden,

diese hervorragende Gemeinde mit ihren guten Sitten und ihrem großen Wollen, so hervorstechend in dem Gau, daß ein angehender Historiker behauptete, sie müßten fast von einem edleren Stamme als die übrigen Bajuwaren abzuleiten sein, vielleicht von den königlichen Goten oder einem anderen halbgöttlichen Urvolke.«
Das Volk vom Starnberger See — Könige und Prinzen, Künstler und Gelehrte hatten sich schon von jeher darunter gemischt. Daran hat sich bis heute nicht viel geändert. In Starnberg, in Pöcking, in Leoni, in Possenhofen, in Feldafing und Berg, überall haben sich Schriftsteller, Maler und Schauspieler niedergelassen. Der königliche See hat seine Anziehungskraft bis heute behalten.
(Mehr über Starnberg und Umgebung: Siehe die Tips 8 und 10, Seiten 53 und 65.)

## Einkehr am Weg

**Starnberg** — »Bayerischer Hof«, am Bahnhofsplatz, Donnerstag geschlossen.
»Deutsches Haus«, Kaiser-Wilhelm-Straße, Dienstag geschlossen.
»Münchner Hof«, Maximilianstraße, Montag geschlossen.
»Zur Sonne«, Hanfelder Straße, Samstag ab 14 Uhr und Sonntag geschlossen.
»Staltacher Hof«, Josef-Jägerhuber-Straße, Samstag geschlossen.
»Starnberger Alm«, Schloßbergstraße, Mittwoch geschlossen.
»Tutzinger Hof«, Tutzinger-Hof-Platz, Freitag geschlossen.

**Maising** — »Seehof«, am See, Montag geschlossen. »Gastwirtschaft Ludwig«, in der Dorfmitte, Montag geschlossen, warme Küche nur am Sonntag.

**Pöcking** — »Gasthaus zur Post«, Mittwoch geschlossen.

# Mit der S 6 nach Starnberg **10**

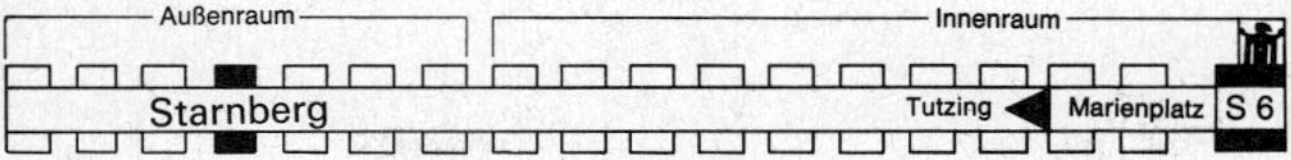


| **Abfahrt** in München, Marienplatz | | | **Rückfahrt** in Starnberg | | |
|---|---|---|---|---|---|
| 5.49 | 6.29 | 7.09 | 16.43 | 17.23 | 18.03 |
| 7.49 | 8.09 | 8.49 | 18.43 | 19.23 | 20.03 |
| 9.29 | 10.09 | 10.49 | 20.43 | 21.23 | 22.03 |
| 11.29 | 12.09 | 12.49 | 22.43 | 23.23 | 0.03 |

Der Fahrplan gilt Samstag, Sonntag und Feiertag.
Weitere Fahrzeiten im amtlichen Fahrplan. (Im Sommerfahrplan werden an Samstagen, Sonn- und Feiertagen weitere Züge eingesetzt).
Fahrzeit: einfache Fahrt ca. 38 Minuten.
Zonen: München — Starnberg und zurück = zweimal 4 Zonen.

## Vorbei am Paradies

Im Sommer kommen die Münchner zu Tausenden hierher an das nordwestliche Ufer des Starnberger Sees mit dem klangvollen Namen »Paradies«. Dann ist vielleicht nicht die richtige Zeit für diese Wandertour, es sei denn, ein erfrischendes Bad unterwegs soll mit eingeplant werden.
Im Jahr 1958 kaufte die Stadt München das Gelände und schuf ein vorbildliches Freizeitdorado. 10 000 Badegäste finden hier leicht Platz. Kilometerlange Gehwege machen das »Paradies« außerdem zu einem ganzjährigen Erholungsgebiet.
Wir wandern bei dieser Tour durch wahrhaft königliches Land. Ludwig II., der Liebling der Bayern, weilte oft hier. Er mag den gleichen Weg zum »Sissy«-Schloß Possenhofen hin gegangen sein, wo er seine Herzensfreundin Elisabeth, die spätere Kaiserin von Österreich, besuchte.

## Wandern

Route: *Vom Bahnhof Starnberg durch den Possenhofener Wald zum Freibadestrand »Paradies«. Über Possenhofen und Pöcking auf dem Prinzenweg zurück nach Starnberg — 12 km.*

Vom S-Bahnhof Starnberg wandern wir am Seeufer entlang in südlicher Richtung bis zur Kreuzung zwischen Bahn und Tutzinger Straße. Wir gehen durch die Bahnunterführung und folgen etwa 200 Meter nach der Kurve links dem Wanderwegweiser mit der Aufschrift »Possenhofen«. Die Wilhelmshöhenstraße, auf der wir nun südwärts wandern, mündet in die Obere Seestraße. Hier gehen wir links weiter, überqueren die Bahn und schwenken gleich wieder nach rechts ab. Hier zeigt wiederum ein Wanderwegweiser die Richtung Possenhofen an. Auf einem ruhigen Teersträßchen folgen wir der Richtung ins Landschaftsschutzgebiet. Ein sehr schöner Buchenwald empfängt uns. Bei einer kleinen Lichtung mit einer Weggabelung gehen wir geradeaus weiter. Bald kommen wir nochmals an eine Lichtung. Hier schlagen wir den Weg nach links ein und erreichen schließlich über die Parkplätze des Freibadestrandes das »Paradies«.
Am See entlang wandern wir nun nach Possenhofen mit seinem malerischen Schloß. Am Landungssteg der Segelschule gehen wir auf das Schloß zu. Über den Schloßberg (Gehweg) erreichen wir schließlich den Bahnhof Possenhofen. Wir überqueren die Bahn und folgen der Hindenburgstraße bis zur Pixisstraße. 50 Meter weiter biegen wir rechts in den Weg nach Starnberg ab (Wanderwegweiser). Auf der Alten Bahnhofstraße gehen wir ein kurzes Stück rechts und dann links auf dem Prinzenweg zurück nach Starnberg.

**Hinweise:** Diese Wanderung können auch Kinder mitmachen, wenn ihnen drei Stunden Gehzeit nicht zuviel sind. Wer im Sommer kommt, muß wissen, daß am Seeufer die Route mitten durch den Strandbetrieb führt. Freilich läßt sich hierbei gleich ein erfrischendes Bad mit einplanen. Am schönsten ist die Tour im Frühjahr und im Herbst.

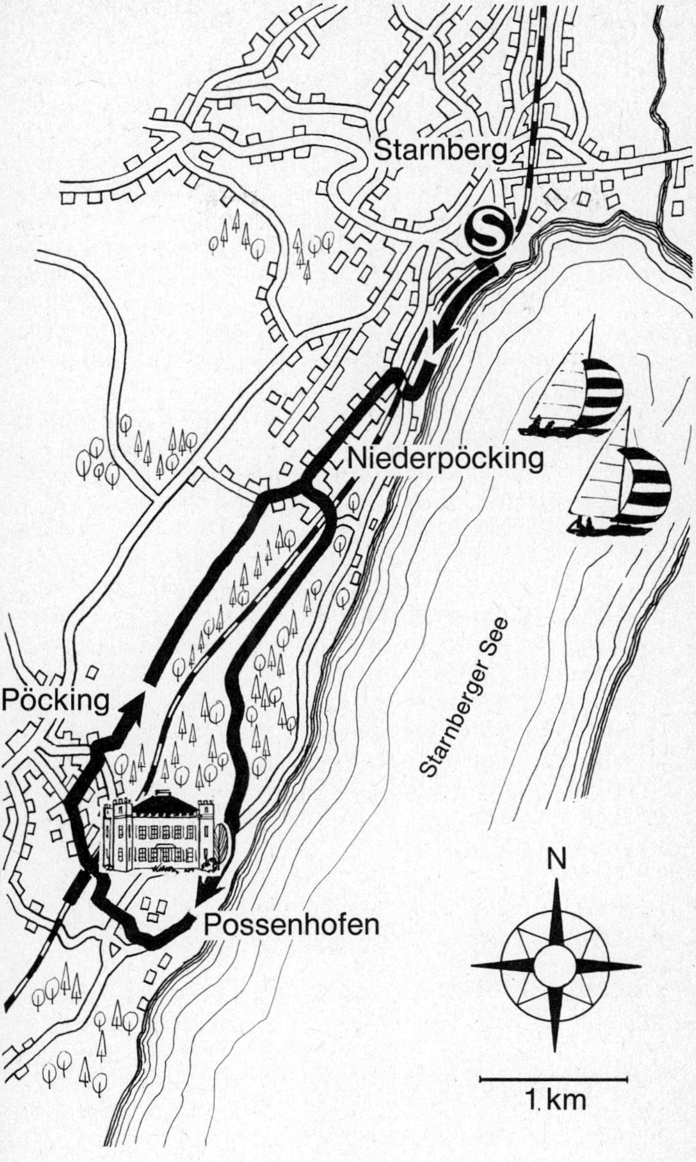
Starnberg
S
Niederpöcking
Pöcking
Starnberger See
Possenhofen
N
1 km

## Starnberg am See

Aus dem kleinen Fischerdorf von einst ist eine Fremdenverkehrsstadt geworden. Kaufleute, Industrielle, Schauspieler, Maler und Schriftsteller haben sich hier niedergelassen. Im Jahre 1244 hört man zum erstenmal in einer Urkunde von einer Burg in Starnberg. Hier residierten die »Ritter und Herren von Starenberg«. Im 14. Jahrhundert verarmten die Burgherren so sehr, daß sie ihren Starnberger Sitz schließlich an die bayerischen Herzöge verkaufen mußten. Diesen diente in der Folgezeit die Burg teils als Sommersitz, teils auch als Gerichtsstätte. Herzog Wilhelm IV. baute im Jahre 1514 die noch wehrhaft wirkende Anlage zu einem freundlichen Schloß um.
Heute ist das Schloß nicht mehr so ansehnlich. Im 19. Jahrhundert wurde es zu einem Amtsgebäude umgestaltet.
Unweit vom Schloß steht die alte Pfarrkirche Sankt Josef, ein einzigartiges Zeugnis aus der Zeit des Rokoko (1770) — heute das Wahrzeichen von Starnberg. Die Kirche ist nicht groß, sie wirkt aber weiträumig. Man wird sich schwer tun, im Alpenländischen eine noch bessere Dorfkirchenlösung zu finden. Namhafte Künstler ihrer Zeit haben im Inneren mitgewirkt. Großartig und alles überstrahlend glänzt der architektonisch aufgebaute Hochaltar von Ignaz Günther.
Über Starnberg ließe sich noch viel berichten. Am besten besucht man das Heimatmuseum, das nur wenige Schritte vom Bahnhof entfernt in einem Blockhaus aus dem 16. Jahrhundert untergebracht ist.
(Mehr über Starnberg und Umgebung: siehe die Tips 8 und 9, Seiten 53 und 59.)

## Einkehr am Weg

**Possenhofen** — »Park-Café«, Hindenburgstraße, Montag geschlossen.

**Pöcking** — »Gasthaus zur Post«, Mittwoch geschlossen.

**Starnberg** — Siehe Tip 9, Seite 64.

# Mit der S 6 nach Mühltal **11**

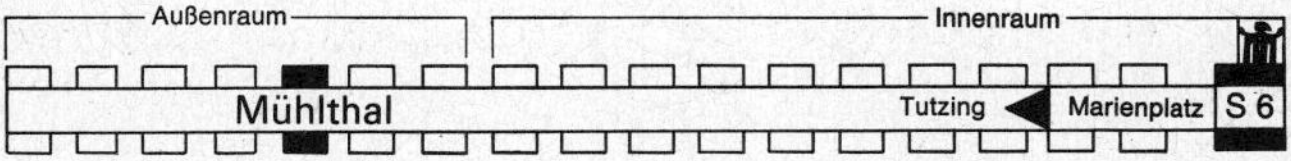


| Abfahrt in München, Marienplatz | | | Rückfahrt in Gauting | | |
|---|---|---|---|---|---|
| 5.49 | 6.29 | 7.09 | 17.51 | 18.11 | 18.31 |
| 7.49 | 8.09 | 8.49 | 18.51 | 19.11 | 19.31 |
| 9.29 | 10.09 | 10.49 | 19.51 | 20.11 | — |
| 11.29 | 12.09 | 12.49 | 20.51 | — | 21.31 |

Der Fahrplan gilt Samstag, Sonntag und Feiertag.
Weitere Fahrzeiten im amtlichen Fahrplan. (Im Sommerfahrplan werden an Samstagen, Sonn- und Feiertagen weitere Züge eingesetzt)
Fahrzeit: München—Mühltal ca. 32 Minuten. Gauting—München ca. 30 Minuten.
Zonen: München—Mühltal = 4 Zonen. Gauting—München = 3 Zonen.

## An der Wiege Karls des Großen

Ein schändlicher Plan steht am Beginn der legendären Geburt von Karl dem Großen. Man schrieb das Jahr 740, als sich der Frankenkönig Pippin auf einem Schloß bei Weihenstephan aufhielt. Der König der Bretagne, der von dessen Heiratsabsichten wußte, ließ ihm dorthin ein Bild von seiner Tochter Berta bringen. Pippin fand Gefallen daran und schickte sogleich eine Gesandtschaft los, die junge Prinzessin zu holen. Der Anführer dieser Gesandtschaft aber, Pippins Haushofmeister, wollte, daß seine eigene Tochter Gemahlin des Königs wird. Er beschloß deshalb kaltblütig, die Nebenbuhlerin töten zu lassen. Doch seine Knechte scheuten vor dem Mord zurück und erfanden eine List. Im Königswieser Forst erschlugen sie einen Hund und brachten dem Hofmeister ein blutiges Tuch als Beweis dafür, daß sie seinen Befehl ausgeführt hatten. Die schöne Prinzessin ließen sie in der Wildnis zurück. In der Einöde

Reismühl fand Berta schließlich nach langem Umherirren eine Unterkunft. Sie half bei den Arbeiten in Haus und Hof und webte Leinen, um sich ihren Lebensunterhalt zu verdienen.
Sieben Jahre später schickte es sich, daß Pippin nach einer Jagd in der Reismühle einkehrte. Er sah Berta und entdeckte an ihrem Arm jenen Reif, den er ihr einst geschickt hatte. In dieser Nacht empfing sie von Pippin den Sohn Karl, von dem der Arzt des Königs sagte, daß er einst sehr mächtig werde.
So erzählt die Legende. In Wirklichkeit weiß man heute nicht genau, wo Karl der Große geboren wurde. Im Jahre 1805 kam Napoleon während seines Münchner Aufenthaltes zur Reismühle, um an der Geburtsstätte Karls des Großen zu sein.
An den großen deutschen Kaiser werden wir bei dieser Wanderung erinnert; denn der Berg von Leutstetten, der Karlsberg, trägt seinen Namen. Hier stand früher die Karlsburg, eine recht stattliche Anlage. Ihr Bauherr soll Karl der Große gewesen sein. Für eine andere Version spricht der Vater der bayerischen Geschichtsschreibung, Aventinus (1477—1534). Er berichtet in seiner Chronik, daß Karl der Große im Jahre 742 auf dem Karlsberg das Licht der Welt erblickt habe. Der Geburtsort des großen deutschen Kaisers bleibt weiterhin Legende.
Aus den Quadersteinen der alten Burg — das ist überliefert — wurde im Jahre 1565 das Schloß Leutstetten errichtet.

## Wandern

Route: *Vom S-Bahn-Haltepunkt Obermühltal über Mühltal, Leutstetten, Wildmoos, Wangen, Buchendorf nach Gauting — 15 km.*

Vom Bahnhof Obermühltal gehen wir auf einem Fußweg hinunter ins Tal. Vor der Würmbrücke biegen wir in den Weg nach rechts ab und wandern nun, am Ufer der Würm entlang, vorbei an der ehemaligen Mühle, auf einem romantischen Weg bis zur Brücke vor Leutstetten. Hier gehen

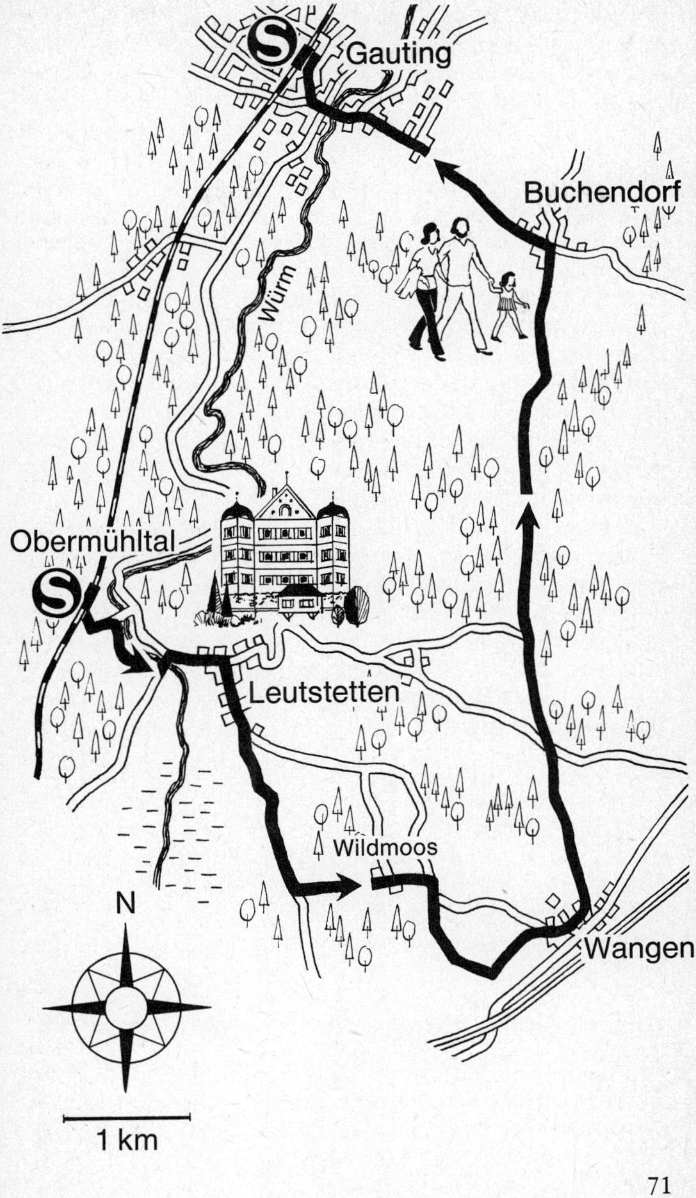
Gauting
Buchendorf
Würm
Obermühltal
Leutstetten
Wildmoos
Wangen
N
1 km

wir über die Straße in das Dorf. Nach dem Schloß biegen wir rechts ab in die Wangener Straße. Hier sehen wir schon einen Wanderwegweiser. Wenig später kommen wir an eine Gabelung. Hier ist wiederum ein Wanderwegweiser angebracht. Wir folgen dem, der uns den Weg rechts nach Wildmoos anzeigt.
Nach gut drei Kilometern kommen wir an eine Wegkreuzung. Hier gehen wir nun links weiter nach Wildmoos. Kurz nach der Waldgaststätte kommen wir an eine Wegabzweigung. Hier gehen wir rechts auf den Wald zu. Am Beginn des Waldes gehen wir links an einem kleinen Bachlauf entlang querfeldein auf einen einzelstehenden Baum mit Hochstand zu und dort weiter auf die linke Waldspitze. Am Waldrand entlang kommen wir nun auf einen Weg, der uns nach Wangen hinein führt. Wir durchqueren den Ort und gehen bis zur Olympiastraße. Dort biegen wir links in die Buchendorfer Straße ein. An der Weggabelung gehen wir rechts, an der nächsten links weiter. Hier endet die Teerstraße und setzt sich in einem Weg fort. Wir wandern nun immer geradeaus durch den Forstenrieder Park, bis wir nach etwa zwei Stunden den Wald verlassen und Buchendorf vor uns sehen. Wir erreichen den Ort über den Leutstettener Weg. An der Hauptstraße biegen wir links ab und wandern nun auf einem Gehweg entlang der Straße nach Gauting. Über die Bahnhofstraße kommen wir dort zum Bahnhof, von wo wir die Rückfahrt antreten können.

**Hinweise:** Für diese Tour muß man gut zu Fuß sein. Wandergeübte ältere Kinder können mitgehen. Große Anstrengungen werden nicht abverlangt. Am schönsten ist es auf dieser Strecke im Herbst. Man kann allerdings auch im Frühjahr und Sommer hier wandern. Waldwege, Feldwege und Pfade werden benutzt. Nur im letzten Teil, von Buchendorf nach Gauting, wird ein Gehweg entlang einer Straße gewählt.

## Wissenswert — Sehenswert

**Mühltal** — Der Würmdurchbruch bei Mühltal gilt als der schönste Teil des Würmtales. Bis hierher reichte einst der Starnberger See.

An der Brücke im Tal sieht man rechts ein Gebäude am Ufer. Es war früher eine der beiden Mühlen, die schon zu Zeiten Ludwigs des Bayern bestanden. Die zweite Mühle ist noch heute in Betrieb. Sie liegt, unübersehbar, an der Straße beim Forsthaus.

**Leutstetten** — Der Ort Leutstetten wird schon im Jahre 800 urkundlich erwähnt. Er war ehemals agilolfingischer Besitz. Auf dem Karlsberg stand früher eine Burg, die nur über Zugbrücken erreichbar war. Mauern und Türme bewehrten sie. Heute sind nur noch ein paar Steintrümmer und Erdwälle erhalten. Die Burg, auf der Karl der Große geboren sein soll, war karolingischer Besitz.
Die Kirche Sankt Alto in Leutstetten wurde zwischen 1480 und 1490 erbaut. Sie enthält ein wertvolles Hochrelief von Erasmus Grasser. Es stellt das Pfingstwunder dar.
Das Gasthaus von Leutstetten hat ein interessantes Wirtshausschild. Man sieht darauf einen drachentötenden Ritter in einem Kahn, darunter den Wirtshausstern mit Putten. Moritz von Schwind hat einst das Schild in sein Bild »Die Hochzeitsreise« komponiert. Es befindet sich heute in der Schackgalerie in München.

**Buchendorf** — Der Ort liegt mitten im Altmoränengebiet und geht auf einen Edelsitz aus dem 12. Jahrhundert zurück. An der »Biberschanze« am Nordrand des Dorfes führte einst die Römerstraße vorbei. Zwischen ihr und dem Forsthaus Kasten weisen Gräberfunde aus der Bronzezeit auf eine sehr frühe Besiedelung dieser Gegend hin. Besonders auffällig ist in Buchendorf der Wasserturm am Ortsende nach Gauting zu.
In der Buchendorfer Kirche wurden im Jahre 1962 anläßlich der Restaurierung von Pfarrer Josef Winklmeier wertvolle alte Fresken entdeckt.

**Gauting** — Der Ort ist eine der ältesten Siedlungen im Würmtal. Gegründet wurde er von den Römern, die sich hier am Schnittpunkt der beiden wichtigen Handelsstraßen Salzburg—Augsburg und Augsburg—Partenkirchen niedergelassen hatten. Zahlreiche Funde weisen auf diese rö-

mische Vergangenheit hin. Nach den Römern kamen die Bajuwaren und gründeten eine neue Ansiedlung. Erstmals im Jahre 763 wird in einer Urkunde davon berichtet.
Die Frauenkirche in Gauting — sie wird auch die Obere Kirche genannt — stammt aus dem Jahre 1489. Im Jahre 1963 wurde sie renoviert. Dabei fand man im Gewölbe Malereien aus dem 15. Jahrhundert. Im Chor wurden Wandgemälde aus dem 16. Jahrhundert freigelegt. Von dem Hofbildhauer Johann Baptist Straub wurden der südliche Seitenaltar, die Figur des heiligen Judas Thaddäus und der nördliche Seitenaltar geschaffen.
Die Pfarrkirche Sankt Benedikt wurde in den Jahren 1934 und 1935 erbaut. An der gleichen Stelle stand vorher ein Kirchenbau aus dem Jahre 1500. Der Satteldachturm und neun farbige Glasfenster im Langhaus und in der Taufkapelle sind von der alten Kirche übernommen worden.

## Einkehr am Weg

**Mühltal** — »Gasthaus Obermühltal«, Mittwoch geschlossen.
»Forsthaus Mühltal«, Donnerstag geschlossen.

**Leutstetten** — »Gasthaus Kaltenberg«, Dienstag geschlossen.
»Moosschwaige« (Waldgasthaus), im Wildmoos, nur von 1. April bis 1. November jeweils an Sonntagen geöffnet.

**Wangen** — »Gasthaus Holzeder«, Dienstag geschlossen.

**Buchendorf** — »Gasthaus Haller«, Montag geschlossen.

**Gauting** — »Bahnhofsgaststätte«, Mittwoch geschlossen.
»Zum Bären«, Pippinplatz, Montag geschlossen.
»Café Krapf«, Bahnhofstraße, Mittwoch geschlossen.
»Gasthaus Würmbad«, Grubmühlerfeldstraße, Montag geschlossen.
»Zur Post«, Münchner Straße, Dienstag geschlossen.
»Bei Mario«, Starnberger Straße, Donnerstag bis 18 Uhr geschlossen.
»La Tavernetta«, Münchner Straße, Montag geschlossen.

# Mit der S 6 nach Planegg **12**

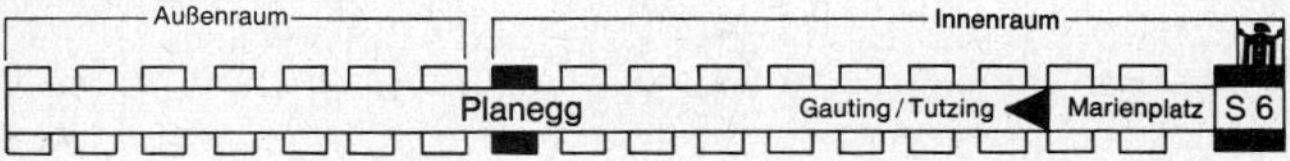


| Abfahrt in München, Marienplatz | | | Rückfahrt in München, Großhadern |
|---|---|---|---|
| 5.29 | 6.09 | 6.49 | ab Lorettoplatz mit |
| 7.49 | 8.09 | 8.49 | den Straßenbahnlinien |
| 9.29 | 10.09 | 10.49 | 19 und 29 |
| 11.29 | 12.09 | 12.49 | |

Der Fahrplan gilt Samstag, Sonntag und Feiertag.
Weitere Fahrzeiten im amtlichen Fahrplan. (Im Sommerfahrplan werden an Samstagen, Sonn- und Feiertagen weitere Züge eingesetzt.)
Fahrzeit: München—Planegg ca. 23 Minuten.
Zonen: München—Planegg = 2 Zonen (Innenraum). Ab Großhadern = Innenraumtarif.

## Wo Napoleon die erste Gulaschkanone sah

Im Jahre 1308 verkaufte Heinrich von Schmiechen aus dem heutigen Forstenrieder Park 32 Tagwerk Wiesenmahd und einen gepflegten Wald an das Heiliggeistspital in München. Inmitten dieser Waldrodung steht das Forsthaus Kasten, ein Wirtshaus, ganz nahe bei München. Die kleine Erholungsoase ist noch heute »ausmärkisches« Gebiet.
Der Forstenrieder Park war einst ein vielbesuchtes Jagdgebiet der bayerischen Fürsten und deren Gäste. Von 1399 bis 1918 wurden hier regelmäßig Treibjagden veranstaltet. Nicht selten brachte man dabei mehr als 100 Wildschweine zur Strecke, was jedesmal tüchtig gefeiert wurde. Im Jahre 1806 hielt sich Napoleon im Forstenrieder Park auf. In seiner Begleitung befanden sich König Max Joseph und dessen Sohn Ludwig. Der Münchner Polizeidirektor Baumgartner stellte Napoleon bei dieser Gelegenheit die von ihm konstruierte Gulaschkanone vor.

Einen Begriff vom Wildbestand gibt eine Liste, die man vor 100 Jahren aufstellte. Danach wurden zu dieser Zeit gezählt: 700 Stück Edelwild, 600 Stück Damwild, 50 bis 70 Rehe und 1000 Stück Wildschweine.
Heute ist der Wildbestand im Forstenrieder Park stark zurückgegangen, auch die Forstwirtschaft spielt nicht mehr die Rolle von einst. Der Park wird mehr und mehr für Erholungszwecke eingerichtet.

## Wandern

Route: *Vom S-Bahnhof Planegg über Krailling, Forst Kasten nach Großhadern — 12 km.*

Wir verlassen den S-Bahnhof Planegg und wenden uns zunächst über die Bahnhofstraße ortseinwärts. (Die Wanderung kann auch mit einem kurzen Besuch von Maria Eich beginnen. Hierzu müssen wir vom Bahnhof aus zum Wald hinaufgehen. Maria Eich erreichen wir in ein paar Minuten). Beim Pfarrzentrum biegen wir rechts ab in die Bräuhaus- und Margaretenstraße. Am Schloß vorbei kommen wir zum Kirchlein Sankt Margareth in Krailling. Etwa 100 Meter weiter sind wir an einem kleinen Platz. Wir gehen hier links, überqueren die Würm und folgen der Hauptstraße nach links ein kurzes Stück bis zur rechts abzweigenden Forst-Kasten-Straße. Am Ortsende, oben am Hang, biegen wir rechts ab zum Forst Kasten (geteerte Straße).
Vor dem Forsthaus Kasten finden wir zur Orientierung einen Plan mit dem Wegenetz, darunter auch den Weg nach Großhadern. Gehzeit von hier: rund zwei Stunden.
Vom Forsthaus aus gehen wir an den Parkplätzen vorbei vor zum geteerten Sträßchen (gesperrt für Fahrzeuge). Hier halten wir nun links auf die Waldspitze zu. Am Ende der Lichtung gehen wir auf dem Weg rechts in den Forst weiter und folgen nun dem »Klaußnergeräumt« etwa eineinhalb Stunden, bis wir zu einer Stelle kommen, wo sich mehrere Wege treffen. Hier halten wir uns links, bei der Gabelung rechts und wandern nun geradeaus etwa einen Kilometer bis zu einer Wegkreuzung. Hier biegen wir rechts ab, nach etwa

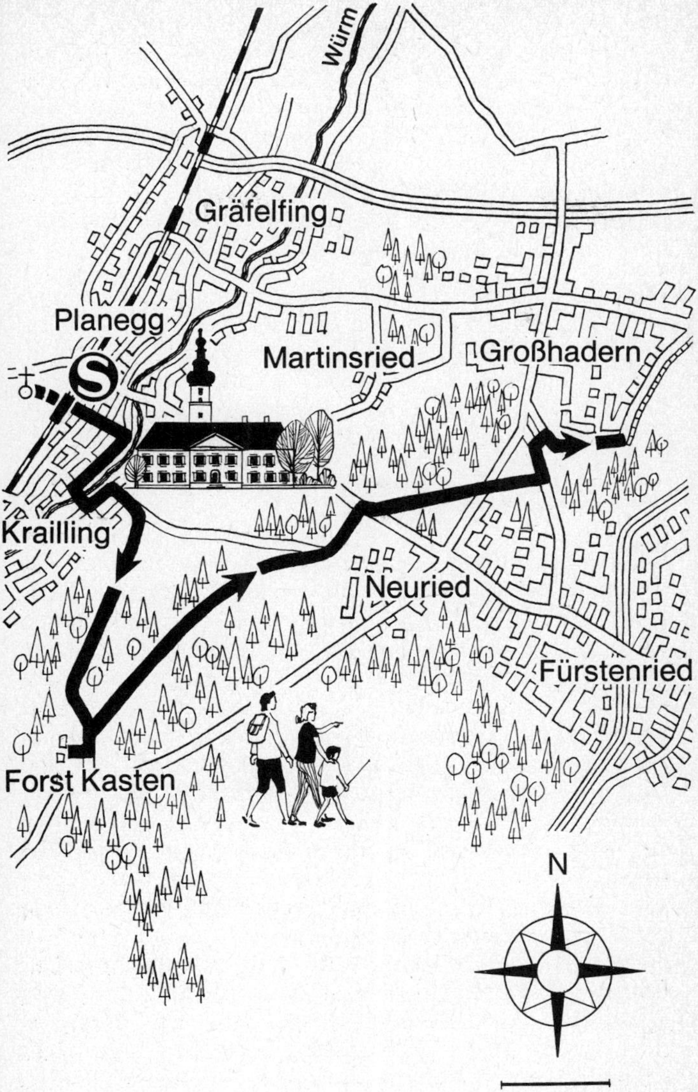
Würm
Gräfelfing
Planegg
Martinsried
Großhadern
Krailling
Neuried
Fürstenried
Forst Kasten
N
1 km

400 Metern links. Wir stoßen bald auf die Straße von Planegg nach Neuried, überqueren diese und folgen nun auf der anderen Seite dem halbrechts in den Fürstenrieder Wald führenden Weg. Bald überqueren wir den Neurieder Weg und wandern auch hier geradaus weiter durch den Weichselgarten bis zur Tischlerstraße. Dort ein kurzes Stück links bis zur Zöllnerstraße. Auf dieser rechts bis zum Lorettoplatz, wo wir in die Straßenbahn einsteigen und zum Ausgangspunkt zurückfahren können.

**Hinweise:** Eine Trimm-Dich-Wanderung, die für Kinder zu anstrengend ist. Bis nach Forst Kasten werden geteerte Straßen und Wege benützt, von dort führt die Tour dann auf Forstwegen nach München. Die Route kann man zu allen Jahreszeiten gehen, besonders schön ist sie im Frühjahr und Herbst.

## Planegg an der Würm

Die Muttersiedlung des aufstrebenden Würmtalortes Planegg ist heute eine kleine idyllische Ansiedlung am malerischen Ufer der Würm: Steinkirchen mit seiner alten Kirche. Dieses Steinkirchen wird urkundlich schon im Jahre 954 erwähnt. Von Planegg hören wir erst in einem Kaufbrief aus dem Jahre 1409. Darin wird bescheinigt, daß der Münchner Jörg Tömlinger in jenem Jahre seine Behausung, genannt »Planegk«, den Sedelhof (Steinkirchen) und die dortige Mühle an den Herzog Wilhelm III. von Bayern verkaufte.
Seit 1732 schreibt sich der Ort in der heutigen Weise »Planegg«. Vorher hatte er seinen Namen immer wieder geändert. 1409 hieß die Siedlung Planegk, 1441 Planeck, 1524 Blaneck oder Blanegg und 1574 Planeckh.
Herzog Wilhelm III. baute nach dem Grunderwerb dort, wo heute das Schloß steht, die »Vesst Planegk«. Auf einem Stich von Apian kann man sich ein Bild vom Schloß Planegg um das Jahr 1560 machen. Es war danach ein recht massives Bauwerk mit einem behäbig wirkenden Satteltum. Davor sieht man einen Hof mit zwei schlanken Eingangstüren.

Anfang des 17. Jahrhunderts wurde das Schloß umgebaut. Im Dreißigjährigen Krieg mußte es schweren Schaden hinnehmen. Es wurde wieder aufgebaut, schöner als vorher, und erhielt nun auch den charakteristischen Zwiebelturm. So hielt zu Beginn des 18. Jahrhunderts Michael Wening das Planegger Schloß in einem Stich fest. Der Schloßturm ist heute das Wahrzeichen von Planegg.
Die Familie von Hirsch ist seit dem Jahre 1825 bis heute ununterbrochen Besitzer des Schlosses, zu dem auch umfangreiche Ländereien gehören. Vorher waren die Familien Thürheim, Ruffin, Hörwarth, Villinger, Lung und Egenhofen Besitzer. (Mehr über Planegg siehe Tip 19, Seite 109.)

## Wissenswert — Sehenswert

**Planegg** — Die neue Pfarrkirche Sankt Elisabeth, eine moderne Anlage, wurde im Jahre 1973 von Kardinal Döpfner eingeweiht. Von der alten Kirche, die im Jahre 1921 errichtet worden war, steht heute nur noch der Turm. Sie war übrigens ursprünglich eine Reithalle, die von Eurasburg hierher gebracht worden war und als Notkirche dienen sollte. 50 Jahre lang erfüllte sie gute Dienste.
Die Schloßkapelle in Planegg erhielt ihre heutige Gestalt unter Baron Ruffin im Jahre 1737. Lange Zeit diente sie den Planeggern als Kirche.

**Krailling** — Das Wahrzeichen von Krailling ist das erst jüngst renovierte Margaretenkirchlein. Die Apsis stammt noch aus gotischer Zeit, das Langhaus wurde 1580 gebaut. Seine heutige Gestalt erhielt der Turm im 18. Jahrhundert. Auf dem Altar steht eine spätgotische Madonna. In überschwenglichem Barock ausgeführt thront die Patronin der Kirche zur Linken. An der Südseite des Kirchenschiffes entdeckt man eine weitere spätgotische Madonna. Alljährlich beim Margaretenfest wird sie in der Prozession mitgetragen.

## Das Forsthaus Kasten

Beim Forsthaus Kasten können wir eine verdiente Ruhepause in friedlicher Waldesstille einlegen. Umgeben von Laub- und Tannenwald tut sich vor uns eine sattgrüne Weidefläche auf. Alles ist sauber und gepflegt; selbst die Rinder, die hier weiden, scheinen besonders herausgeputzt. Der Forst Kasten ist Münchens bürgerlicher Forst. Leicht zu erreichen, kommen die Münchner am Wochenende hierher, um spazierenzugehen, zu wandern, zu radeln oder einfach Brotzeit zu machen im wirtlichen Forsthaus. Für die Kinder wurde ein hübscher Spielplatz angelegt. Naturfreunde können den Waldlehrpfad aufsuchen. Das Forsthaus Kasten steht inmitten einer 32 Tagwerk umfassenden Wiesenmahd und eines kleinen Forstes gleichen Namens. Im Jahre 1308 verkaufte Heinrich von Schmiechen das Gelände an das Heiliggeistspital von München, dem es auch heute noch gehört. Lange wohnte hier ein wirklicher Förster. In der Wirtsstube erinnern Jagdtrophäen und Gewehre an die noch gar nicht so lang vergangenen Zeiten.
Von früh acht bis abends zehn kann man im Wirtshaus einkehren — die beiden Ruhetage ausgenommen. Im Sommer kann man unter schattigen Kastanienbäumen im Freien sitzen.

## Einkehr am Weg

**Planegg** — »Heide-Volm«, am Bahnhof, Donnerstag geschlossen.
»Zur Deutschen Eiche«, am Bahnhof, Dienstag geschlossen.
»Café Richter«, Bahnhofstraße, Montag geschlossen.
»Café Macher«, Bahnhofstraße, Dienstag geschlossen.
»Café Furtner«, Bahnhofstraße, Dienstag geschlossen.
»Pschorr-Bräustüberl«, Bahnhofstraße/Bräustraße, Donnerstag geschlossen.

**Kasten** — »Forsthaus Kasten«, Mittwoch und Donnerstag geschlossen.

**Großhadern** — »Waldheim«, Zöllerstraße, Montag geschlossen.
»Café Schneider«, Lorettoplatz, kein Ruhetag.

# Mit der S 5 nach Weßling **13**

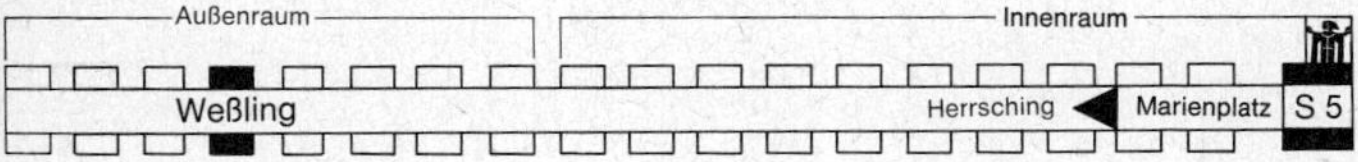


| Abfahrt in München, Marienplatz | | | Rückfahrt in Schöngeising | | |
|---|---|---|---|---|---|
| 6.59 | 7.39 | 8.19 | 11.11 | 11.51 | 12.31 |
| 8.59 | 9.39 | 10.19 | 13.11 | 13.51 | 14.31 |
| 10.59 | 11.39 | 12.19 | 15.11 | 15.51 | 16.31 |
| 12.59 | 13.39 | 14.19 | 17.11 | 17.51 | 18.31 |
| 14.59 | 15.39 | 16.19 | 19.11 | 19.51 | 20.31 |
| 16.59 | 17.39 | 18.19 | 21.11 | 21.51 | 22.31 |

Der Fahrplan gilt Samstag, Sonntag und Feiertag.
Weitere Fahrzeiten im amtlichen Fahrplan.
Fahrzeit: München—Weßling ca. 44 Minuten. Schöngeising—München ca. 36 Minuten.
Zonen: München—Weßling = 4 Zonen. Schöngeising—München = 5 Zonen.

## Im Revier des Räuber Hiasl

In dem Forst, den wir von Weßling aus bei dieser Wanderung anstreben, soll einst — so wird erzählt — der »Bayerische Hiasl« Unterschlupf nach seinen räuberischen Ausflügen in der Umgebung gefunden haben. Im Herbst des Jahres 1771, vor 200 Jahren also, wurde der berühmt-berüchtigte Wildschütz und Räuberhauptmann Mathäus Klostermaier (wie der Hiasl mit bürgerlichem Namen hieß) gefangengenommen und nach einem langwierigen Prozeß schließlich »vom Leben zum Tod befördert«. Die Legende berichtet davon, daß im Schöngeisinger Forst noch heute geraubte Schätze liegen sollen, die sich nach Hiasls Flucht der Teufel aneignete. Und was der einmal hat, das gibt er nicht mehr heraus . . .
Am Beginn dieser Wanderung liegt malerisch, von Villen und Wiesen umrandet, im Osten von einem Waldgürtel

geschützt, ein kleiner See, der einst aus einem Toteisblock entstand. Und am Ende dieser Tour kommen wir in jene beglückende Amperlandschaft von Schöngeising, die schon die Römer beeindruckte. Sie ließen sich hier an der Straße Augsburg—Salzburg nieder, bauten ein Thermalbad (die Amper war ihnen zu kalt) und führten ein angenehmes Leben.

## Wandern

Route: *Vom Bahnhof Weßling über Mischenried, Jexhof nach Schöngeising — 12 km.*

Vom Bahnhof in Weßling wandern wir ein kurzes Stück entlang der Hauptstraße ortsauswärts in Richtung München. Schon nach wenigen Minuten Gehzeit kommen wir an den Mischenrieder Weg, der links abzweigt. Der Weg führt uns hinauf zum Schloßgut mit Reitschule. Edle Pferde können wir unterwegs in den weitflächigen Koppeln zur Rechten bewundern. Vor dem Eingang zum Gut gehen wir auf dem Weg links weiter. Wir folgen ihm bis zur Bundesstraße 12. Ein paar Meter gehen wir hier links weiter, bevor wir die Straße überqueren und auf dem jenseitigen Weg in der bisherigen Richtung weiterziehen.
Am Fuße des Hirschberges vorbei erreichen wir nach etwa einer Stunde das Gut Jexhof. Wir biegen nach rechts ab und wandern schließlich nach den letzten Häusern links am Kellerbach entlang, bis wir auf einen querverlaufenden Weg treffen. Hier gehen wir nun rechts weiter. Nach einem halben Kilometer folgen wir der Linksabzweigung. Dann gehen wir rechts ein kurzes Stück, um gleich wieder links in den Weg zum Ampertal hin abzubiegen.
Wo wir auf die Straße treffen, müssen wir ein kurzes Stück nach Schöngeising zu gehen. Wir folgen dann aber rechts dem Weg, der uns über zwei malerische Fußgängerbrücken die Amper überqueren läßt. An der Kirche vorbei kommen wir schließlich zum Bahnhof Schöngeising.

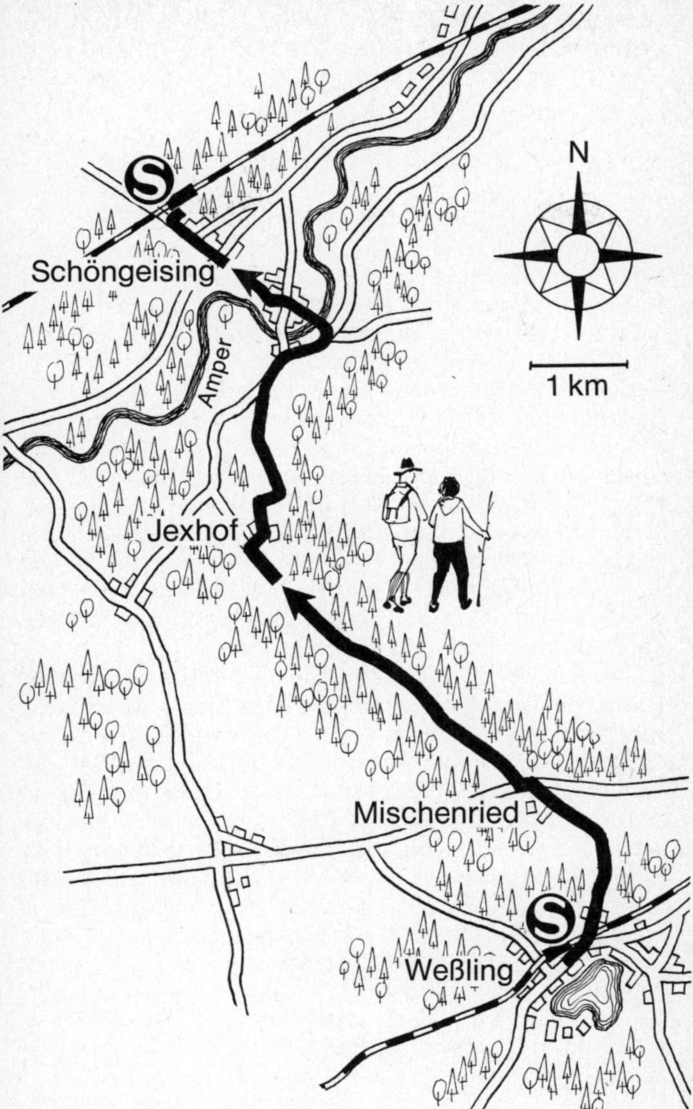
Schöngeising
Amper
N
1 km
Jexhof
Mischenried
Weßling

**Hinweise:** Ältere Kinder, die das Wandern gewöhnt sind, können die Tour mitmachen. Sie führt auf festen Wegen zum Zielort.

## Das Landhaus von Orlando di Lasso

Nahe der Schöngeisinger Pfarrkirche entdecken wir bei dieser Wanderung an einem unscheinbaren Bauernhaus eine Tafel, die an den großen Musiker Orlando di Lasso erinnert. Wir lesen: »Alhier bewohnte 1587 bis 1594 der Herzoglich-bayerische Hofkapellmeister Orlando di Lasso ein von Herzog Wilhelm V. geschenktes Landhaus«.
Der Meister erholte sich hier draußen in der malerischen Amperlandschaft von seiner musikalischen Arbeit. Er war zu seiner Zeit einer der fleißigsten Künstler. Von Herkunft Niederländer, hielt er sich zuerst als Sängerknabe im Gefolge des Vizekönigs von Sizilien, Ferdinand Gonzaga, auf. In jungen Jahren schon wurde er dann Kapellmeister am Lateran in Rom. Im Jahre 1556 kam er im Alter von 24 Jahren nach München, wo er zunächst als Tenorist in der Hofkapelle wirkte. Im Jahre 1564 schließlich wurde er, 32 Jahre alt, Kapellmeister am Hofe in München.
Er stand in der Blüte seiner Jahre und er nützte die Zeit. Orlando di Lasso gilt als einer der genialsten Musiker überhaupt. Er beherrschte nicht nur die virtuosen Kompositionsformen, er vertiefte sie durch Dramatisierung und psychologische Feinheiten. Über 2 000 Kompositionen schuf er im Verlaufe seines Lebens, darunter italienische Viranellen, französische Chansons, deutsche Lieder, Motetten, Madrigale, Hymnen, Litaneien, Psalmen, Messen, Passionen. Ein begnadeter Künstler, der wohl hier draußen in Schöngeising zu seinen Werken angeregt wurde. Im Jahre 1594 starb er im Alter von 62 Jahren.

## Schöngeising in Stichworten

Das moderne Wahrzeichen von Schöngeising ist der Fernsehturm der Deutschen Bundespost am »Langen Berg«.

Die geschichtliche Zeit von Schöngeising beginnt mit der Römerstraße von Salzburg nach Augsburg, die hier die Amper überquerte. Die Römer hatten einen Stützpunkt, »statio ad ambras« (Amper!), errichtet.
Seit dem Jahre 1603 gab es in Schöngeising eine klösterliche Schule. Als im Jahre 1824 ein neues Schulhaus gebaut worden war, bekam sie dort ihren Sitz. Als einer der ersten Schulmeister von Schöngeising war im Jahre 1628 Michael Parth im Dienst. Er war nebenbei auch noch Bäckermeister, Weber und Mesner.
In der Kriegergedenkkapelle an der neuen Amperbrücke steht eine sehr schöne barocke Madonna aus dem Jahre 1691.
Die Pfarrkirche Sankt Johannes, nahe dem Amperufer, wurde im Jahre 1699 neu gebaut. Die Innenausstattung ist barock. Der klassizistische Hochaltar wurde im Jahre 1861 aus dem Augustinerbarfüßerkloster Taxa hierher gebracht. Die Pfarrei besteht erst seit dem Jahre 1891.
Die Römer hatten in ihrer Schöngeisinger Niederlassung ein Thermalbad eingerichtet. Ihnen war das Amperwasser zu kalt.
Der Name Schöngeising leitet sich vom Geschlecht der Geisinger ab. Die Vorsilbe »Schön« fügte die Verwaltung der Fürstenfelder Hofmark zum Unterschied von Kottgeisering hinzu.
Anläßlich der 1200-Jahr-Feier 1963 wurde vor dem Schöngeisinger Schulhaus ein mächtiger Findling mit der Jahreszahl 763 enthüllt. Er wurde aus der Umgebung der Sunderburg hierhergebracht.
Von 1917 bis 1937 lebte in Schöngeising Heinrich Scherer, ein Wiedererwecker des deutschen Volksliedes und Herausgeber des bekannten »Zupfgeigenhansel«. Im ehemaligen Schererhaus, dem heutigen Rathaus, wurde eine Gedenktafel angebracht, die von seinem Wirken berichtet.

## Wissenswert — Sehenswert

An der Amperleiten zwischen Schöngeising und Fürstenfeldbruck liegt die Einöde Zellhof. Hier hatten früher die

Mönche vom Kloster Fürstenfeld einen Wirtschaftshof unterhalten. Die kleine Kirche ist dem heiligen Vitus geweiht. Die Einöde Jexhof am Langen Berg war einst der ständige Jagdhof im Kuchelschlag. Dort ging auch der Kohlenbrenner am Köhlerbach seinem Handwerk nach.
Das Gut Mischenried war Schwaige des Dießener Chorherrenstifts. Heute ist hier eine Reitschule mit Pferdegestüt untergebracht. Freunde dieser edlen Tiere werden beim Vorbeiwandern ihre wahre Freude haben. (Informationen über Weßling und Umgebung: Siehe Tip 14, Seite 87.)

## Einkehr am Weg

**Weßling** — »Zur Post«, kein Ruhetag.
»Gasthaus Gerz«, Montag geschlossen.
»Seehof«, Donnerstag geschlossen.
»Café am See«, Dienstag geschlossen.

**Schöngeising** — »Zur Post«, Dienstag geschlossen.
»Braumiller«, Donnerstag geschlossen.

# Mit der S 5 nach Weßling **14**

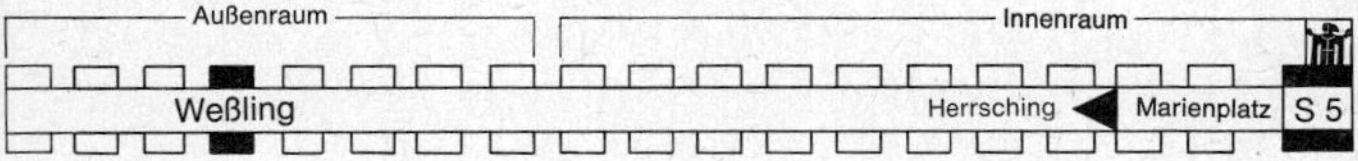


| Abfahrt in München, Marienplatz | | | Rückfahrt in Weßling | | |
|---|---|---|---|---|---|
| 6.59 | 7.39 | 8.19 | 12.07 | 12.47 | 13.27 |
| 8.59 | 9.39 | 10.19 | 14.07 | 14.47 | 15.27 |
| 10.59 | 11.39 | 12.19 | 16.07 | 16.47 | 17.27 |
| 12.59 | 13.39 | 14.19 | 18.07 | 18.47 | 19.27 |
| 14.59 | 15.39 | 16.19 | 20.07 | 20.47 | 21.27 |
| 16.59 | 17.39 | 18.19 | 22.07 | 22.47 | 23.27 |

Der Fahrplan gilt Samstag, Sonntag und Feiertag.
Weitere Fahrzeiten im amtlichen Fahrplan.
Fahrzeit: einfache Fahrt ca. 44 Minuten.
Zonen: München—Weßling und zurück = zweimal 4 Zonen.

## Durch eine uralte Moränenlandschaft

Ein unvergeßlicher Panoramablick — sofern das Wetter keinen Strich durch die Rechnung macht — ist das Ziel unserer Wanderung, die durch ein uraltes voralpenländisches Moränengebiet führt. Die Dellinger Höhe wurde im vergangenen Jahrhundert vor allem von Künstlern und Malern viel besucht. Die herrlichen Aussichten und landschaftlichen Impressionen haben sie in ihren Bildern festgehalten.
Das Land ist sehr abwechslungsreich, die Pflanzenwelt vielfältig. Im Süden des Weßlinger Sees wandern wir vorbei am Auerbachmoor, wir durchstreifen ausgedehnte Laub- und Nadelwälder und erholen uns in der reinen Seeluft, die uns hier umgibt.
Ruhe und Erholung beschert uns das landschaftliche Idyll in dem noch wenig besuchten Gebiet. Das Bild ändert sich immer wieder, der Amateurfotograf findet reizvolle Motive. Die Spuren der jüngsten Eiszeit sind deutlich zu sehen. Kantiggeschliffen und glattgeschoben, fein und weich

modelliert haben die Eisberge das Land hinterlassen. Hier finden wir noch die seltenen Moorpflanzen in der freien Natur. Hier begegnen wir einer Landschaft, die trotz Kultivierung durch des Menschen Hand kaum verändert worden ist. Dabei ist die Gegend uraltes Siedlungsland. Gräberfunde weisen darauf hin.

## Wandern

Route: *Vom Bahnhof Weßling über die Dellinger und Meilinger Höhe durch das Aubachtal zurück zum See — 8 km.*

Wir gehen vom Bahnhof Weßling vor zur Hauptstraße, wandern bei der Post den Seeweg hinunter zum See und halten uns nun rechts. Am Uferweg zweigen wenig siäter nach links der Uferweg und der Steinebacher Weg ab. An der aus dem Jahre 1778 stammenden Rokokokirche vorbei verlassen wir nun den Ort. Hier haben wir nun zwei Möglichkeiten: Wenn wir nur eine kurze Wanderung machen wollen, gehen wir gleich auf die Dellinger Höhe zu (Hinweisschild). Wenn wir jedoch länger wandern wollen, halten wir auf das nahe Wäldchen, das Dellinger Buchet, zu. Nach der Unterquerung der Hauptstraße folgen wir dem Weg, gehen kurz vor der Bahnunterführung links weiter und wandern nun, an der Dellinger und Meilinger Höhe vorbei (von oben bietet sich bei schönem Wetter ein herrlicher Ausblick auf den Ammersee, den Pilsensee, Kloster Andechs und die Alpenkette) über Meiling nach Delling (im Wald zweiter Weg links). Wir überqueren dabei die Straße und folgen dem Feldweg bis zu einem Steg. Dort gehen wir nach links weiter.
Wir wandern nun nach Delling hinein und verlassen das Dorf in Richtung Ettenkofen. Nach etwa 200 Metern zweigt links eine Eichenallee ab, durch die wir den Aubach aufwärts nach Weßling zurückwandern.

**Hinweise:** Eine wunderschöne Tour, bei der auch die Kinder mitgehen können. Benützt werden ausschließlich Feld- und Waldwege. Besonders schön ist es hier im Herbst. Man kann auch im Winter kommen.

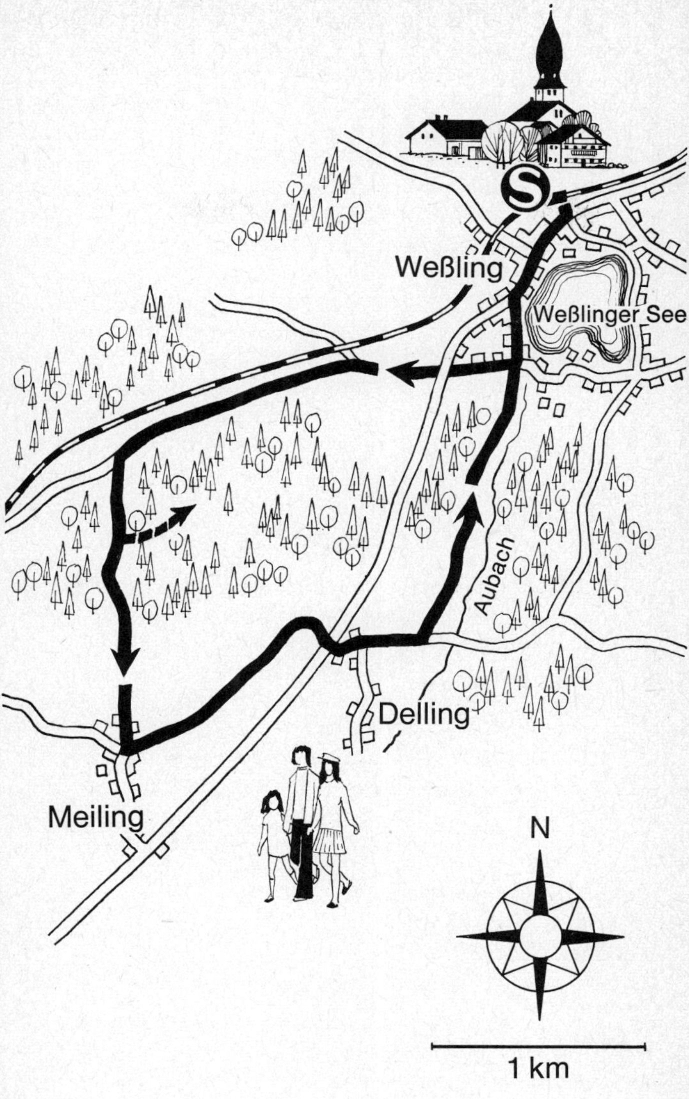
S
Weßling
Weßlinger See
Aubach
Delling
Meiling
N
1 km

## Wissenswert — Sehenswert

Die ursprüngliche Pfarrkirche von Weßling ist die Kirche Mariä Himmelfahrt aus dem Jahre 1778. Das Mauerwerk selbst ist gotisch. Der Innenraum wurde im Jahre 1860 vollkommen umgestaltet. Wertvolle Rokokoaltäre und die einstige Stuckkanzel wurden durch neuromanische Schreinerarbeiten ersetzt. Im Jahre 1897 wurden vom Turm die alten Glocken mit den Jahreszahlen 1492 und 1499 heruntergeholt.
Die neue Weßlinger Pfarrkirche wurde im Jahre 1939 eingeweiht. Sie fällt durch ihren ungewöhnlich hochgezogenen Zwiebelturm auf. In die Kuppel ist die Uhr eingebaut. Das Innere der Kirche birgt einen überlebensgroßen Christus aus dem 16. Jahrhundert. Sehenswert sind auch eine Anna selbdritt aus dem 16. und ein heiliger Georg aus dem 17. Jahrhundert. Die Madonna auf dem linken Seitenaltar stammt aus dem 15. Jahrhundert. Die meisten der wertvollen Ausstattungsgegenstände stammen aus der alten Pfarrkirche.
Bis zur Dellinger Höhe erstreckte sich einmal der Ammersee. Zu Füßen des Berges kann man noch heute die ausgedehnten Moore sehen.
Der Weßlinger See ist 600 Meter lang, an seiner breitesten Stelle mißt er rund 500 Meter. Er ist 16 Meter tief und liegt genau 582 Meter über dem Meeresspiegel.
21 Grad erreicht der Weßlinger See durchschnittlich in den Sommermonaten, die höchsten Wassertemperaturen liegen bei 25 Grad.

## Einkehr am Weg

**Weßling** — »Zur Post«, kein Ruhetag.
»Gasthaus Gerz«, Montag geschlossen.
»Seehof«, Donnerstag geschlossen.
»Café am See«, Dienstag geschlossen.

# Mit der S 5 nach Steinebach 15

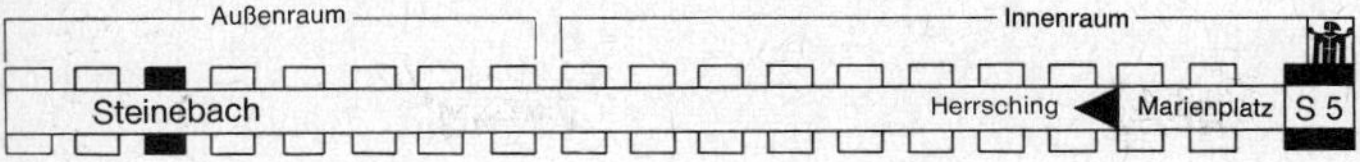


| Abfahrt in München, Marienplatz | | | Rückfahrt in Steinebach | | |
|---|---|---|---|---|---|
| 6.59 | 7.39 | 8.19 | 14.03 | 14.43 | 15.23 |
| 8.59 | 9.39 | 10.19 | 16.03 | 16.43 | 17.23 |
| 10.59 | 11.39 | 12.19 | 18.03 | 18.43 | 19.23 |
| 12.59 | 13.39 | 14.19 | 20.03 | 20.43 | 21.23 |
| 14.59 | 15.39 | 16.19 | 22.03 | 22.43 | 23.23 |

Der Fahrplan gilt Samstag, Sonntag und Feiertag.
Weitere Fahrzeiten im amtlichen Fahrplan.
Fahrzeit: einfache Fahrt ca. 37 Minuten.
Zonen: München—Steinebach und zurück = zweimal 5 Zonen.

## Rund um den Wörthsee

Der Wörthsee hat seinen Namen von der Insel Wörth. Diese hieß lange Zeit Mausinsel und so auch der See: Maussee. Wie es dazu kam, erzählt die Sage.
Auf Schloß Seefeld lebte einmal ein steinreicher, aber sehr geiziger Graf. Als eine große Hungersnot ausbrach, klopften die Armen und Notleidenden an seine Tür. Dies ärgerte ihn so sehr, daß er kurzerhand die Bettler in eine Scheune einsperren und diese dann anzünden ließ. Das Schreien und Jammern der armen Leute kümmerte ihn nicht. Vielmehr rief er aus: »Hört ihr das Weinen der Ratten und Mäuse!«
Die Menschen kamen um, doch den hartherzigen Schloßherrn traf die Vergeltung. Plötzlich war sein Schloß voller Mäuse. Sie kletterten auf den Tischen und Stühlen herum, sie krochen in die Betten und knabberten an seinem Kopf. Da floh der Bedrängte auf die Insel Wörth in sein Nebenschloß. Doch auch dorthin verfolgten ihn die Nagetiere. Da

endlich ging er in sich und rief Gott um Hilfe an. Er gelobte fromme Stiftungen für die Armen und tat Buße für seine Greueltat. Da erst ließen die Mäuse von ihm ab.
Die wirkliche Erklärung für den Namen dürfte allerdings sehr viel einfacher sein. Der See hieß früher einmal Ausee. Daraus hat der Volksmund wohl den »Maussee« gebildet.
Der Wörthsee ist, wie auch der Weßlinger See, ein typischer Moorsee. Sein Wasserspiegel liegt 27 Meter über dem des Pilsen- und Ammerseees. Er ist 3,5 Kilometer lang, bis zu 1,7 Kilometer breit, bis 33 Meter tief und hat eine Wasserfläche von 4,5 Quadratkilometern. Der See gilt als einer der wärmsten in ganz Bayern.

## Wandern

Route: *Vom Bahnhof Steinebach rund um den Wörthsee: Über Schlagenhofen, Bachern, Walchstadt zurück nach Steinebach — 10 km.*

Vom Bahnhof Steinebach gehen wir auf einem Fußweg hinunter in den Ort. Bei der Kirche bleiben wir links. Wir wandern die Dorfstraße hinab, biegen bei der Querstraße links ein und folgen in Höhe des Feuerwehrgerätehauses rechts dem Weg hinunter zum See, dann der Seepromenade bis zu ihrem Ende.
Wir steigen links die kleine Anhöhe hinauf und wandern nun gleich wieder beim Haus Seeleite Nummer 14 rechts weiter bis zum Ende des Weges. Auf einem Pfad gehen wir am Zaun entlang, an dessen Ende halten wir uns rechts und erreichen nun nach wenigen Schritten die Wörthseestraße. Auch ihr folgen wir, bis wir auf die Schlagenhofener Straße kommen. Nach dem »Paradieswinkel«, beim Haus Wörthseestraße 17 a, biegen wir rechts ab, beim Sperrschild gehen wir wieder links bis zur Schlagenhofener Straße und wandern bis zum Gasthaus Wörthsee weiter. Vor dem Gasthaus halten wir uns links und erreichen über eine Wiese die Hauptstraße. Ihr folgen wir nur ein kurzes Stück. Bei der ersten Kurve, an einem kleinen Parkplatz, biegen wir links auf einen Weg ab, dem wir bis nach Bachern folgen.

Walchstadt
Steinebach
Bachern
Wörthsee
Schlagenhofen
N
1 km

Am Ortsende von Bachern biegen wir nach etwa 500 Metern rechts auf einen Weg ab, folgen bald dem kleinen Bachlauf links auf die Niederwaldecke zu, wenden uns mit ihr im rechten Winkel und überqueren den Wasserlauf schließlich auf einem kleinen Steg. Wir kommen in eine von niedrigem Baum- und Buschwerk umgebene Lichtung. Hier folgen wir der Furt und streben die rechte vor uns liegende Waldecke an.
(Achtung: Das bisher beschriebene Wegstück hinter Bachern führt durch sumpfiges Gelände. Bei nasser Witterung auf der Straße weitergehen!)
Wir kommen nun auf die Hintere Seestraße von Walchstadt. Nach Verlassen des Wäldchens bei der Kurve gehen wir links, später rechts in die Mittlere Seestraße. Hier ist auch ein Zugang zum See möglich.
Wir wandern nun den Weg weiter hinauf nach Walchstadt. Beim Vorfahrtsschild gehen wir rechts weiter. Auch später, bei der Straßengabelung, bleiben wir rechts. Über die Dorfstraße kommen wir schließlich zurück zum Bahnhof von Steinebach.

**Hinweise:** Diese Tour ist etwas für Heimatfreunde, die sich den Spaß machen wollen, rund um einen See zu gehen und dabei manch Unentdecktes einmal aus der Perspektive des Fußgängers zu finden. Leider ist das Ufer streckenweise verbaut, so daß man auf Straßen ausweichen muß. Der Verkehr ist hier aber (außer im Sommer) kaum nennenswert. Besonders schön ist die Route im Herbst. Für Kinder ist die Tour nicht geeignet.

## Die Fresken von Sankt Martin in Steinebach

Schon bald nach dem Zweiten Weltkrieg wurden in der Sankt Martinskirche von Steinebach (1735 umgestaltet) unter mehrfacher Übermalung Fresken freigelegt. Sie zeigen an der Chordecke die Verehrung Mariens, umgeben von musizierenden Engeln; im Kirchenschiff und am Chorbogen sieht man Taten aus dem Leben des heiligen Martin. Die Fresken tragen die Jahreszahl 1738. In großen Spruchbändern wird der heilige Martin um Hilfe angerufen.

Auf dem Ölbild am Hauptaltar wird der Aufstieg des Kirchenpatrons in den Himmel dargestellt. Engel tragen die Gans und die Mitra, seine Insignien. Die Begegnung des heiligen Martin mit dem Bettler erkennt man auf einer Vignette links unten.
Eine gotische Madonna steht am linken Seitenaltar. Mittelpunkt des Gefallenenehrenmals ist eine Statue des heiligen Andreas in barocker Ausführung. Ebenfalls aus der Zeit des Barock stammt die Figur der heiligen Elisabeth mit Rosenkorb am rechten Seitenaltar.

## Das Schlößchen auf der Mausinsel

Mausinsel ist der volkstümliche Name für die Insel Wörth, die dem Wörthsee einst seinen Namen gab. Hier ließ die Münchner Patrizierfamilie Kazmair im Jahre 1446 ein Jagdschlößchen errichten. Die kleine Kapelle, die dazu gehört, ist dem heiligen Georg geweiht.
Heute zeigt sich das einfache spätbarocke Schlößchen mit fast quadratischem Grundriß und dem kleinen, in der Mitte des Dachfirsts aufgesetzten Zwiebeltürmchen verschwiegen und einsam hinter dichtem Baumbestand. Man kann es nur mit dem Boot erreichen. Besitzer der Insel und der Gebäude sind die Grafen von Toerring. Von Bachern aus führte früher ein langer Steg über beschilftes Moos zur Insel. Er ist inzwischen unbegehbar geworden.
Nur noch die Grundmauern des heutigen Gebäudes gehen auf das einstige Kazmair'sche Schlößchen zurück. Die Familie war damals durch den Salzhandel reich geworden. In der Münchner Stadtpolitik spielte sie eine wichtige Rolle. Sie stellte Ratsherren und Bürgermeister. Als im 14. Jahrhundert die von Kriegen und Kämpfen begleiteten Erbauseinandersetzungen der bayerischen Herzöge kein Ende nehmen wollten und schließlich auch noch die Bürger in den Aufstand gingen, geriet die Familie Kazmair zwischen die Interessen der Parteien. Ein Mitglied der Familie, Jörg Kazmair, hat die damaligen Ereignisse in einer Familienchronik niedergeschrieben.
In dem Dokument, von dem eine Abschrift in der Bayerischen Staatsbibliothek in München liegt, erfährt man so

manches von dem bewegten Leben dieser geachteten Patrizierfamilie. Erst der Sohn von Jörg Kazmair, Martin, konnte in Ruhe und Frieden leben und den Besitz der Familie genießen. Martin war es auch, der das Schlößchen auf der Mausinsel errichten ließ. Er liebte das Land und die Landschaft. Er ging hier zur Jagd und war ein gern gesehener Mann.

## Walchstadt in Stichworten

Die Kirche Sankt Martin in Walchstadt wurde im Jahre 1969 restauriert. Am Hochaltar sieht man den heiligen Martin auf dem Pferd, eine Darstellung aus der zweiten Hälfte des 17. Jahrhunderts. Sehenswert sind auch die Madonna im Strahlenkranz aus der Zeit des Spätbarock und die Figuren der zwölf Apostel, ebenfalls barock.
Die Römer hatten sich einst mit den noch in Walchstadt ansässigen Kelten vermischt. Dann kamen die Bajuwaren. Sie nannten jenen Teil der Bevölkerung die Walen oder Walchen (= Welsche). Daraus ist der Ortsname Walchstadt entstanden.

## Einkehr am Weg

**Steinebach** — »Bahnhofsgaststätte«, Montag geschlossen.
»Gasthof Raabe«, Mittwoch geschlossen.
»Hotel Fleischmann«, kein Ruhetag.
»Strandbad Raabe«, Sonntag und Montag geschlossen, von Mai bis September kein Ruhetag.

**Schlagenhofen** — »Paradieswinkel«.
»Wörthsee«, Gaststätte und Strandbad, Montag geschlossen.

**Bachern** — »Restaurant Mutz«, kein Ruhetag, von September bis Mai geschlossen.

**Walchstadt** — »Alte Post«, Donnerstag geschlossen.

# Mit der S 5 nach Gilching **16**

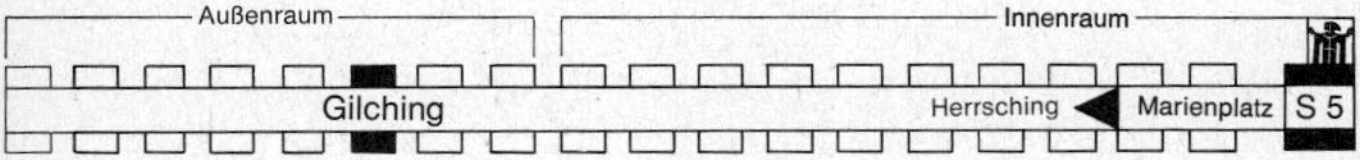


| Abfahrt in München, Marienplatz | | | Rückfahrt in Schöngeising | | |
|---|---|---|---|---|---|
| 6.59 | 7.39 | 8.19 | 11.11 | 11.51 | 12.31 |
| 8.59 | 9.39 | 10.19 | 13.11 | 13.51 | 14.31 |
| 10.59 | 11.39 | 12.19 | 15.11 | 15.51 | 16.31 |
| 12.59 | 13.39 | 14.19 | 17.11 | 17.51 | 18.31 |
| 14.59 | 15.39 | 16.19 | 19.11 | 19.51 | 20.31 |
| 16.59 | 17.39 | 18.19 | 21.11 | 21.51 | 22.31 |

Der Fahrplan gilt Samstag, Sonntag und Feiertag.
Weitere Fahrzeiten im amtlichen Fahrplan.
Fahrzeit: München—Gilching ca. 37 Minuten. Schöngeising—München ca. 36 Minuten.
Zonen: München—Gilching = 4 Zonen. Schöngeising—München = 5 Zonen.

## Zur römischen Amper-Station

Ziel dieser schönen Wanderung ist das Ampertal mit dem idyllisch gelegenen Schöngeising. »Statio ad ambras« oder kurz »ambre« (Amper) nannten die Römer diesen Ort. Hier an der Straße zwischen Salzburg und Augsburg hatten sie sich einst niedergelassen und eine Siedlung gegründet. Sogar ein Warmbad — das Wasser der Amper war ihnen zu kalt — hatten sie errichtet.
Bei Schöngeising hat die Amper schon einen langen, erlebnisreichen Weg hinter sich. Aus dem Gebirge kommend befördert sie als »Ammer« seit vielen tausend Jahren von Süden her Schutt und Geröll in den Ammersee, durchzieht ihn dann in einer tiefen Furche und verläßt ihn schließlich bei Stegen, jetzt als Amper, wieder. Bei Wildenroth leistete der romantische Fluß in frühen Zeiten ganze Arbeit, als er den mächtigen Moränenriegel durchbrach. Von da an

durchfließt er ein Tal von ungewöhnlicher Naturschönheit. Sein Wasser ist moorhaltig und gilt seit eh und je als heilkräftig. Wenn es die Temperaturen zulassen, kann man im Fluß auch baden. Nichtschwimmern, die ihn nicht gut kennen, sei davon allerdings abgeraten.

## Wandern

Route: *Vom Bahnhof Argelsried über Gilching, Rottenried, Steinlach, Holzhausen nach Schöngeising — 14 km.*

Am Bahnhof Argelsried gehen wir zunächst rechts bis zur Hauptstraße. Sie verläuft hier auf der Route der alten Römerstraße nach Augsburg und trägt deshalb auch den Namen »Römerstraße«. Von hier wandern wir links ortsauswärts nach Gilching zu. Bei der Straßengabelung gehen wir links auf der Römerstraße weiter. Bald kommen wir an eine Kreuzung. Hier zweigen links die Weßlinger- und die Thalbauerstraße ab. Wir folgen halblinks vor uns, hinter dem Kreuz, der Rottenrieder Straße. Auf dem ruhigen Sträßchen kommen wir zum Gutshof Rottenried. Wir durchqueren ihn und gehen nach dem letzten Gebäude auf dem Weg links nach Steinlach weiter. Vor dem Dorf treffen wir auf das Sträßchen, das uns nun durch die nördlichen Ausläufer des Bernrieder Waldes nach Holzhausen führt.
An dem kleinen Ort wandern wir vorbei, bleiben bei der nächsten Querstraße links und erreichen bald das Ampertal. Hier gehen wir ein kurzes Stück auf der Straße nach Schöngeising, bevor wir rechts über zwei Fußgängerbrücken die Amper überqueren. Wir sind bei der Schöngeisinger Pfarrkirche. Von hier sind es noch etwa zwei Kilometer bis zum Bahnhof von Schöngeising.

**Hinweise:** Diese Route können nur ältere wandergeübte Kinder mitgehen. Benützt werden feste Ortsverbindungswege. Besonders geeignete Jahreszeiten: Frühjahr und Herbst.

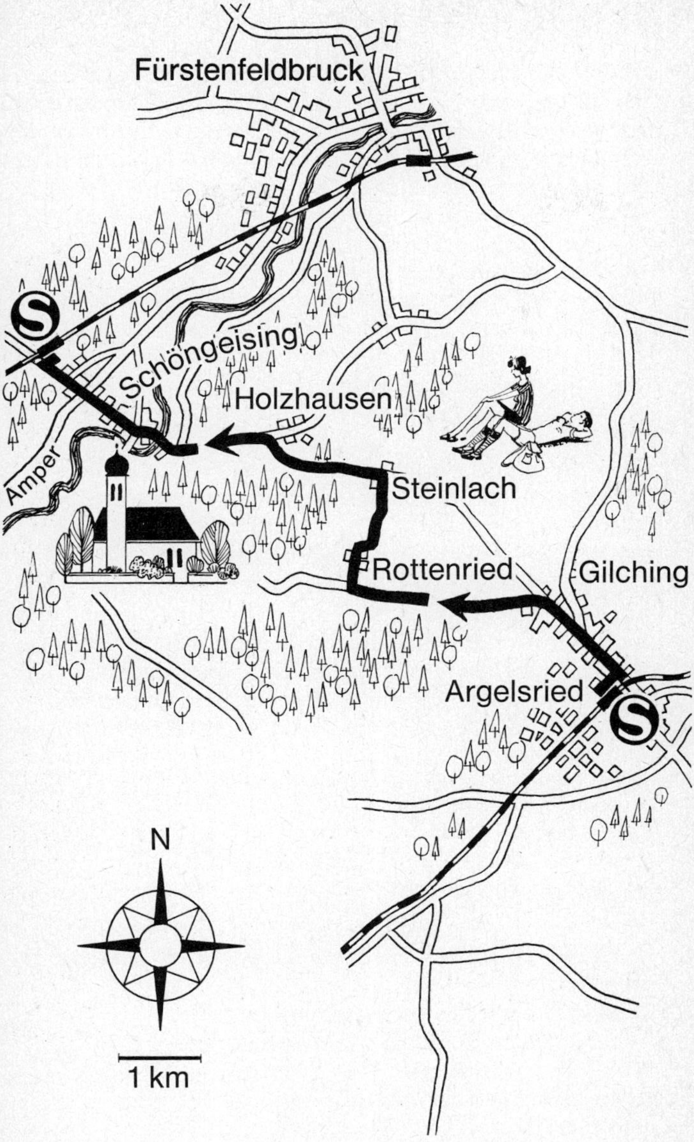
Fürstenfeldbruck
Schöngeising
Holzhausen
Amper
Steinlach
Rottenried
Gilching
Argelsried
S
S
N
1 km

## Wissenswert — Sehenswert

Die Vituskirche in Gilching wurde bei einem Bombenangriff im Jahre 1944 schwer beschädigt. Ein sakraler Bau stand an dieser Stelle schon im Jahre 804. Er gehörte damals zum Kloster Schlehdorf. — Am Eingang zur Sakristei hängt eine der ältesten Kirchenglocken Deutschlands. Sie geht auf die Zeit zwischen 1162 und 1194 zurück. (Mehr darüber: Siehe Tip 17, Seite 104).
Vom Simmerl, der einst in Rottenried (heute ein Gutshof) lebte, erzählt man sich, daß er mit dem Teufel im Bunde stand. Er sei kugelfest und er könne niemals sterben. Die Sage berichtet, daß er hochmütig war und die Jäger verspottete, indem er sie aufforderte, ihn doch zu erschießen, wenn sie könnten. Schließlich ging er sogar am hellen Tag im Wald jagen. Einmal wurde eine Treibjagd auf ihn veranstaltet. Er wurde gestellt und von einer Kugel tödlich getroffen. Der ihn erschoß, wurde wenige Tage später selbst tot im Wald gefunden.
Die Kirche Heilig-Kreuz in Holzhausen ließ die adelige Witwe Kepahild im Jahre 764 errichten. Sechs Jahre später wurde sie von Bischof Arbeo eingeweiht. Um das Jahr 1250 wurde der hölzerne Bau durch einen Steinbau ersetzt, um 1400 abgebrochen und in gotischem Stil neu aufgebaut. Im Jahre 1832 schließlich wurde die Kirche »romanisiert«. — Die Kreuzwallfahrt zählt zu den ältesten Wallfahrten der ganzen Umgebung.
(Mehr über Gilching und Umgebung: siehe Tip 17, Seite 101).

## Einkehr am Weg

**Argelsried / Gilching** — »Bahnhofsgaststätte«, Samstag geschlossen.
»Schützenhaus«, Dienstag geschlossen.
»Waldschänke Wiesmath«, kein Ruhetag.

**Schöngeising** — »Zur Post«, Dienstag geschlossen.
»Gasthaus Braumiller«, Donnerstag geschlossen.

# Mit der S 5 nach Gilching **17**

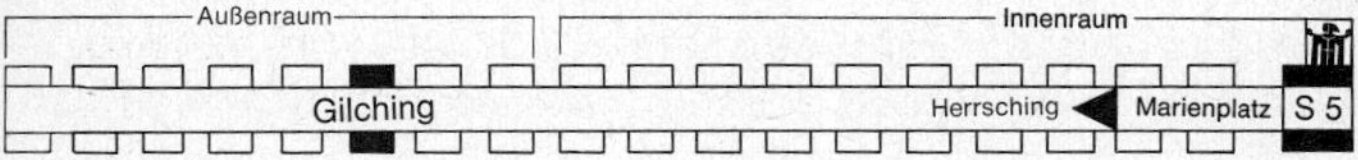


| **Abfahrt** in München, Marienplatz | | | **Rückfahrt** in Gilching | | |
|---|---|---|---|---|---|
| 6.59 | 7.39 | 8.19 | 12.14 | 12.54 | 13.34 |
| 8.59 | 9.39 | 10.19 | 14.14 | 14.54 | 15.35 |
| 10.59 | 11.39 | 12.19 | 16.14 | 16.54 | 17.34 |
| 12.59 | 13.39 | 14.19 | 18.14 | 18.54 | 19.34 |
| 14.59 | 15.39 | 16.19 | 20.14 | 20.54 | 21.34 |
| 16.59 | 17.39 | 18.19 | 22.14 | 22.54 | 23.34 |

Der Fahrplan gilt Samstag, Sonntag und Feiertag.
Weitere Fahrzeiten im amtlichen Fahrplan.
Fahrzeit: einfache Fahrt ca. 37 Minuten.
Zonen: München—Gilching und zurück = zweimal 4 Zonen.

## Für stille Wanderer

Das ist eine Tour für Wanderer, die sich an einem Stück unverfälschter, ursprünglicher Natur erfreuen wollen: Görbelmoos und Wildmoos bergen hinsichtlich der Pflanzen- und Tierwelt noch viele Geheimnisse. Hier kann der Naturfreund auf Entdeckungsreise gehen.
Helle Birken, Weiden- und Erlengestrüpp begegnen uns zuerst, dann erkennen wir die brettebene Moorfläche des Görbelmooses. Pflanzenteile sinken ab, Jahr für Jahr. Ganz langsam bildet sich eine Torfschicht heran.
Mulden, Wasser, Gräben — ein Gewirr von Inselchen, Wegen, Gestrüpp — am Wildmoos sind wir schon im Bereich des Hochmoores. Wir erkennen die typische Pflanzenwelt: das rote Torfmoos, Blaubeeren, Scheidenwollgras, rundblättrigen Sonnentau zuerst, Heidekraut, Wollgras wenig später. Wer Moore studieren will, hat hier gute Gelegenheit dazu. Aber Vorsicht, das Moor hat seine Tücken! Nicht von

den Wegen abweichen, vor allem im Bereich von Flach- und Zwischenmoor.
Auf dem Weg vor Rottenried, etwa 300 Meter nördlich der Straße, erkennen wir ein frisch-grünes Wäldchen: etwa 500 Eichen stehen hier, gepflanzt um die Wende des vergangenen Jahrhunderts. So mag einst die Landschaft ausgesehen haben.

## Wandern

Route: *Vom Bahnhof Argelsried/Gilching über die Römerstraße, an Rottenried vorbei zum Wildmoos und über Wiesmath zurück zum Bahnhof in Argelsried — 12 km.*

Am Bahnhof Argelsried gehen wir rechts vor bis zur Hauptstraße. Sie folgt hier der alten Römerstraße nach Augsburg und trägt deshalb auch den Namen »Römerstraße«. Wir gehen nach Gilching weiter und bleiben an der Straßengabelung links. Bald erreichen wir eine Kreuzung. Halblinks, nach dem Kreuz, zweigt hier die Rottenrieder Straße ab. Wir folgen ihr, und bald schon kommen wir auf dem einsamen Sträßchen an Rottenried vorbei. Noch einige hundert Meter, dann wird aus dem Teersträßchen ein Schotterweg (bei der Gabelung links bleiben). Wir folgen dem Weg durch den Wald, bis wir an eine Abzweigung kommen. Hier sind wir nun ganz nahe am Wildmoos. An dieser Stelle beginnt unser Rückweg. Wir halten uns links und wandern oberhalb des Mooses auf einem Waldweg weiter. Nach etwa einem Kilometer führt er auf das Sträßchen, das uns über Wiesmath nach Gilching/Argelsried bringt.

**Hinweise**: Diese Wanderung erfordert keine großen körperlichen Anstrengungen. Ältere Kinder können deshalb daran teilnehmen, wenn ihnen drei Stunden Gehzeit nicht zuviel werden. Der erste Teil der Route verläuft auf einem ruhigen Landsträßchen. Die Fahrbahn ist geteert. Von Autos wird man jedoch nicht gestört. Anschließend geht es auf geschottertem Weg weiter. Schließlich, etwa ab dem Wildmoos, werden fast nur noch Waldwege benützt. Die Tour ist im Herbst besonders schön.

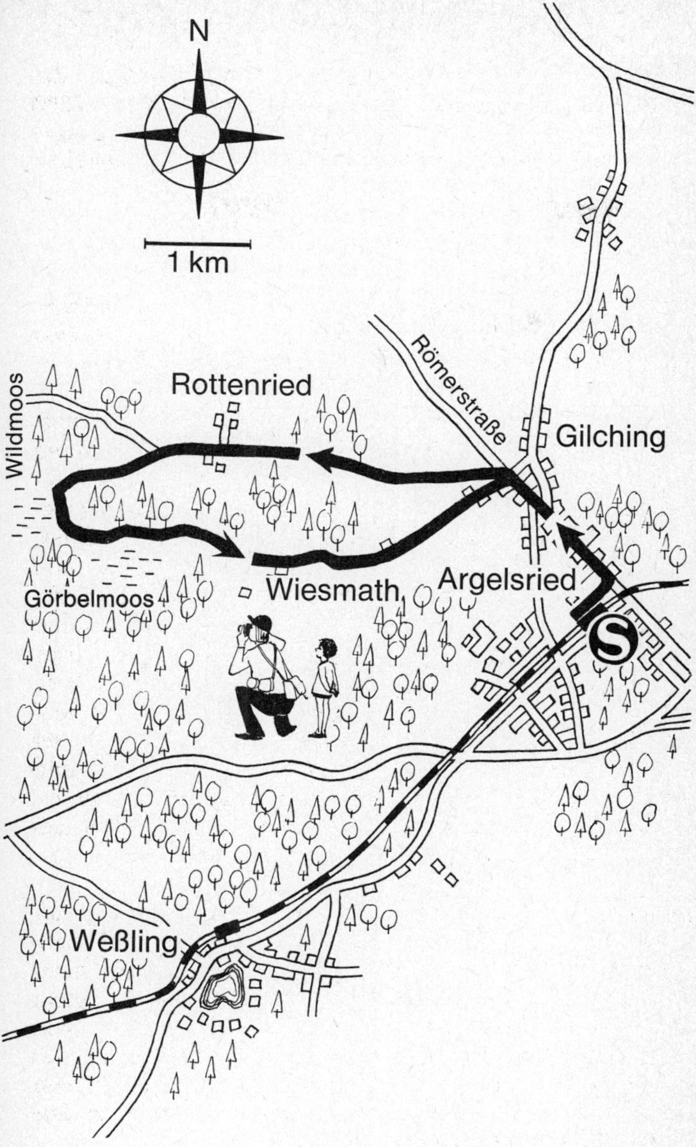
N
1 km
Rottenried
Wildmoos
Römerstraße
Gilching
Görbelmoos
Wiesmath
Argelsried
S
Weßling

## Die Glocke von Gilching

Die alte Pfarrkirche von Gilching, Sankt Vitus, birgt ein kostbares Stück: Am Eingang, nahe der Sakristei, hängt eine der ältesten Kirchenglocken Deutschlands. Man nimmt an, daß sie die drittälteste in unserem Lande ist. Sie wurde in der Zeit zwischen 1162 und 1194 gegossen. Damals wirkte in »Giltehin« ein Priester namens Arnoldus. Sein Name erscheint auch auf dem Mantel der Glocke: »Arnoldus sacerdos de Giltehin«, darüber liest man: »me fundi fecit«. Diese Inschrift läßt sich so übersetzen: »Arnoldus, Priester von Gilching, ließ mich gießen«.
Daß die Glocke bis heute erhalten blieb, ist ein wunderbarer Zufall. Im Jahre 1944 wurde die Kirche bei einem Bombenangriff, der den Dornierwerken galt, schwer beschädigt. Zu dieser Zeit befand sich die alte Glocke aber schon in Sicherheit. Der damalige Pfarrer Hoch hatte sie zwei Wochen vorher abnehmen lassen.
Im Jahre 1913 hatte man schon einmal ein Mißgeschick mit der alten Glocke erlebt: Während der Fronleichnamsprozession zersprang sie beim Läuten in drei Teile. 1928 erst wurde sie wieder zusammengesetzt.
Die Vituskirche wurde nach dem Krieg wieder hergerichtet. Sehenswert ist die sitzende Gottesmutter auf dem Altar. Sie ist um 1600 entstanden. Die Grabsteine in der Kirche stammen aus den Jahren 1400, 1442 und 1518.
(Mehr über Gilching und Umgebung: Siehe Tip 16, Seite 97.)

## Einkehr am Weg

**Argelsried / Gilching** — »Bahnhofsgaststätte«, Samstag geschlossen.
»Schützenhaus«, Dienstag geschlossen.
»Waldschänke Wiesmath«, kein Ruhetag.

# Mit der S 5 nach Geisenbrunn **18**

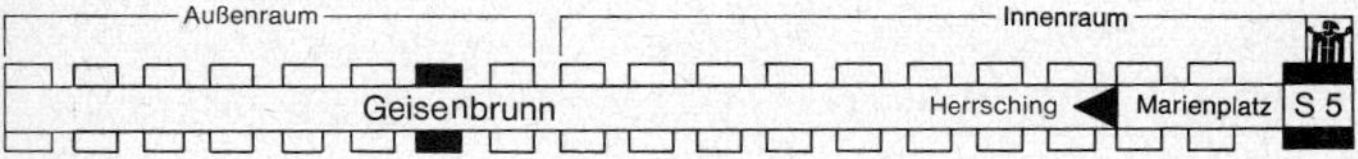


| Abfahrt in München, Marienplatz | | | Rückfahrt in Gilching | | |
|---|---|---|---|---|---|
| 6.59 | 7.39 | 8.19 | 12.14 | 12.54 | 13.34 |
| 8.59 | 9.39 | 10.19 | 14.14 | 14.54 | 15.34 |
| 10.59 | 11.39 | 12.19 | 16.14 | 16.54 | 17.34 |
| 12.59 | 13.39 | 14.19 | 18.14 | 18.54 | 19.34 |
| 14.59 | 15.39 | 16.19 | 20.14 | 20.54 | 21.34 |
| 16.59 | 17.39 | 18.19 | 22.14 | 22.54 | 23.34 |

Der Fahrplan gilt Samstag, Sonntag und Feiertag.
Weitere Fahrzeiten im amtlichen Fahrplan.
Fahrzeit: München—Geisenbrunn ca. 34 Minuten. Gilching—München ca. 37 Minuten.
Zonen: München—Geisenbrunn = 3 Zonen. Gilching—München = 4 Zonen.

## Entlang der alten Römerstraße

Immer wieder begegnen wir auf unseren Wanderungen südlich und westlich von München Resten der einstigen Römerstraße, die Salzburg mit Augsburg verband. Bei dieser Tour wandern wir vom Gut Hüll bis Argelsried ein paar Kilometer auf einem noch erhaltenen Straßenteil — heute ein gewöhnlicher Feldweg.
Von Schottland bis nach Afrika hatten die Römer einst ein umfangreiches Netz an Straßen mit mehr als 100 000 Kilometern Länge angelegt. Die Verkehrswege waren fachmännisch vermessen, stabil gebaut und auch gut beschildert. Ständig wurden sie von »Straßenbau-Kommandos« ausgebessert und in Schuß gehalten. Auch eine berittene »Verkehrspolizei« gab es. Sie wachte über Sicherheit und Ordnung.
Mit ein wenig Phantasie kann man sich den Verkehr auf

diesen Straßen recht gut vorstellen. Da sprengten reitende Kuriere in beiden Richtungen vorbei; unter der Last ihrer Ladung ächzten die großen Scheibenräder der Wagen — der Handel florierte. Wenn dann mitunter ein römischer Luxuswagen vorbeifuhr, blieben die Leute sicher staunend stehen, um ihm nachzusehen; diese Wagen waren für lange Strecken konstruiert und entsprechend komfortabel ausgestattet. Natürlich konnten sich nur reiche Römer solche Überland-Fahrzeuge leisten, in denen sie sich über gut gefederten Achsen in gepolsterten Sesseln die Zeit mit Lesen, Schreiben, Diktieren oder auch Brettspielen vertreiben konnten.
Auf unserem Weg überqueren wir die vielbefahrene Bundesstraße 12 nach Landsberg — ein Vergleich mit dem heutigen Verkehrsgeschehen drängt sich auf.

## Wandern

Route: *Vom S-Bahn-Haltepunkt Geisenbrunn nach Gut Hüll und über die Römerstraße zurück zum Bahnhof Argelsried/Gilching — 4 km.*

Am S-Bahn-Haltepunkt Geisenbrunn gehen wir rechts den Weg hinauf zur B 12 neu. Auf dem Fußweg entlang der verkehrsreichen Straße erreichen wir bald die Unterführung, durch die wir nun in das Dorf Geisenbrunn hineinwandern. Wir gehen die Hauptstraße bis zur rechts abzweigenden Grießbergstraße und nach 50 Metern bereits wieder rechts in die Gautinger Straße. Bald stoßen wir auf die B 12 neu. Wir unterqueren sie und erreichen bald Gut Hüll, wo wir auf der Römerstraße rechts weiterwandern, schnurgerade zwischen Feldern und Wiesen, die B 12 neu überquerend, nach Argelsried. Hier gehen wir — an der Nikolaus-Kirche vorbei — geradeaus bis zur Bahn.

**Hinweise:** An diesem Spaziergang können auch kleinere Kinder teilnehmen. Benützt werden Feld- und Waldwege. Die Tour kann man zu allen Jahreszeiten, besonders auch im Winter, machen.

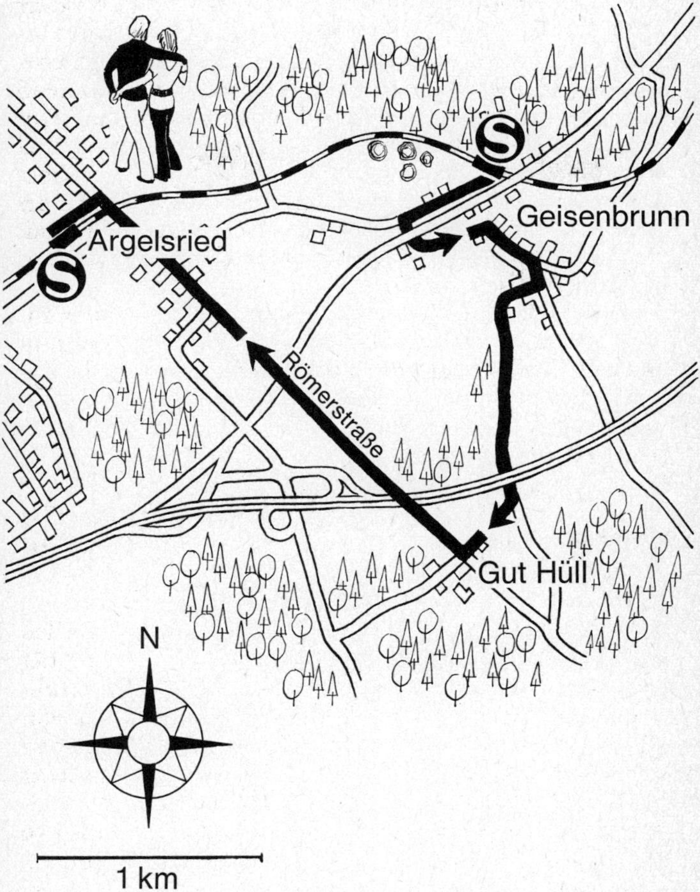
Argelsried
Geisenbrunn
Römerstraße
Gut Hüll
N
1 km

## Wissenswert

Die Geisenbrunner Bauern wollten vor etwa 120 Jahren ihre Gebete nicht mehr »auf dem Felde umhergehend bei offenem Himmel abschicken«. Deshalb entschlossen sich die elf Familien, ein Gotteshaus zu bauen. Ihr Gesuch wurde genehmigt. Die Kirche Mariä Heimsuchung wurde von einem Münchner Baumeister errichtet.
Die neue katholische Pfarrkirche von Gilching ist dem heiligen Sebastian geweiht. Sie liegt in der Nähe der neuen evangelischen Kirche. Ihre Einweihung wurde im Jahr 1963 festlich begangen.
Die evangelische Johanneskirche von Gilching wurde von dem Münchner Architekt Franz Adolf Gürtner geplant und im Jahre 1962 fertiggestellt. Ihre architektonische Gestaltung verwirklicht die Idee vom »Zelt Gottes«.
(Mehr über Gilching und Umgebung: siehe die Tips 16 und 17, Seiten 97 und 101.)

## Einkehr am Weg

**Argelsried / Gilching** — »Bahnhofsgaststätte«, Samstag geschlossen.
»Schützenhaus«, Dienstag geschlossen.

# Mit der S 5 nach Unterpfaffenhofen **19**

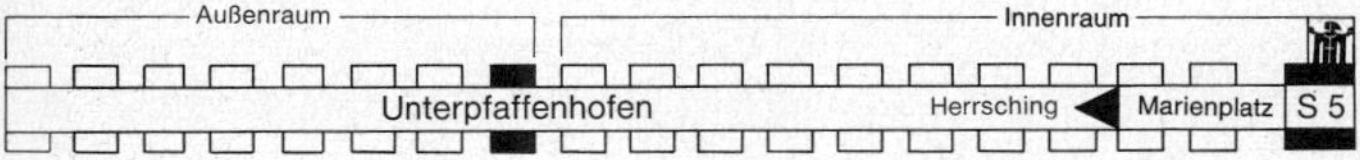


| Abfahrt in München, Marienplatz | | | Rückfahrt in Planegg | | |
|---|---|---|---|---|---|
| 6.19 | 6.39 | 6.59 | 18.16 | 18.36 | 18.56 |
| 7.19 | 7.39 | 7.59 | 19.16 | 19.36 | 19.56 |
| 8.19 | 8.39 | 8.59 | 20.16 | — | 20.56 |
| 9.19 | 9.39 | 9.59 | — | 21.36 | |

Der Fahrplan gilt Samstag, Sonntag und Feiertag.
Weitere Fahrzeiten im amtlichen Fahrplan.
Fahrzeit: München—Unterpfaffenhofen ca. 27 Minuten. Planegg—München ca. 23 Minuten.
Zonen: München—Unterpfaffenhofen = 3 Zonen. Planegg—München = 2 Zonen (Innenraum).

## Durch frischen Wald zu Maria in der Eich

Die kleine gepflegte Wallfahrtskapelle Maria Eich bei Planegg mit der modernen angebauten Kirche und dem kleinen Kloster ist das ganze Jahr über das Ziel von Spaziergängern, Wanderern, Pilgern und Wallfahrern. Auf dem »Wallfahrtsweg« erzählen Kreuzwegstationen den Leidensweg Christi, rund um die Wallfahrtskirche wurde das Gelände in einen Erholungswald umgestaltet. Für die Vögel sind zur Winterfütterung Futterhäuschen an den Bäumen angebracht worden. Und noch immer erinnern ein paar alte zerzauste Eichen an die Entstehung dieser Altmünchner Wallfahrt.
Wer im Sommer kommt, kann vormittags am Gottesdienst im Freien teilnehmen. Bänke stehen bereit. Für Predigt, Lieder und Gebete gibt es Lautsprecher. Und wem dann um die Mittagszeit der Magen knurrt, der braucht nur ein paar Schritte zu gehen, und er befindet sich auf dem Volmbergl am Bahnhof mit den einladenden Gaststätten, wo al-

lerlei bayerische Schmankerl aus den Küchen duften und das Bier niemals ausgeht.
Der Weg zu diesem Ziel führt durch den Kreuzlinger Forst, einen Wald, dem in der nahen Zukunft als Erholungswald noch eine besondere Bedeutung zukommen wird. Die ersten Schritte dazu sind bereits eingeleitet worden. An der Römerstraße bei Gauting lädt ein Waldlehrpfad den Wanderer ein. Ein weiterer solcher Wanderpfad ist bei Stockdorf in Vorbereitung. Bei Krailling wurde ein Trimm-Dich-Pfad im Wald eröffnet. Schon existiert ein Plan, nach dem der gesamte Kreuzlinger Forst Zug um Zug für die Naherholung erschlossen wird. Freilich: Sehr viel wird man am Wald nicht verändern. Es werden lediglich Wege angelegt, das Unterholz wird beseitigt, mit selteneren und interessanten Laubgehölzen wird aufgeforstet, an verschiedenen Stellen werden Parkplätze angelegt, Futterplätze für das Wild werden geschaffen und an einigen Randstellen wird man auch etwas für die Kinder tun. Das letzte Stück unseres Weges wandern wir durch das Planegger Holz, einen Wald, den Baron von Hirsch vor 150 Jahren pflanzen ließ. Eine löbliche Tat; denn ohne Zweifel wäre das Gelände heute bebaut, wenn der Wald nicht da wäre.
Mit den Auswirkungen moderner Straßen- und Verkehrsplanung werden wir hin und wieder unterwegs konfrontiert: Das Rauschen und Summen in der Luft kommt von der nahen Bundesstraße 12 her, die in neuer Linienführung bis nach Geisenbrunn autobahnmäßig gebaut wurde.

## Wandern

Route: *Vom Bahnhof Unterpfaffenhofen/Germering durch den Kreuzlinger Forst über Maria Eich nach Planegg — 6 km.*

Den S-Bahnhof Unterpfaffenhofen/Germering verlassen wir am südlichen Ausgang und gehen nach links zur Unteren Bahnhofstraße. Wir folgen ihr rechts, gehen an der Kreuzung die Planegger Straße weiter (Gehwege, junge Alleebäume) und biegen schließlich nach rechts in die Neue

N
1 km
Germering
Unterpfaffenhofen
Kreuzlinger Forst
Maria Eich
Planegg

Gautinger Straße ein. Wir überqueren bald auf einer Brücke die Industriebahn sowie die B 12 neu und wandern nun etwa einen halben Kilometer die Kreuzlinger Forststraße entlang. Beim Schild, das die Landkreisgrenze anzeigt, wenden wir uns nach links und nehmen den rechten der beiden Waldwege. Wir gelangen bald zum Waldsanatorium. Hier wandern wir auf einem hübschen Fußweg an der Sanatoriumsstraße weiter.
Bevor wir auf die vielbefahrene Germeringer Straße treffen, führt rechts ein Fußgängerweg zum idyllisch gelegenen Kloster Maria Eich mit seiner bekannten Wallfahrtskirche. Zum Bahnhof Planegg sind es von hier nur noch fünf Minuten.

**Hinweise**: An dieser Wanderung können auch Kinder teilnehmen. Abgesehen vom ersten Teil des Anmarschweges bis zum Waldrand hinter Unterpfaffenhofen, werden ausschließlich Waldwege benützt. Man kann die Tour zu allen Jahreszeiten, auch im Winter, machen.

## Die Wallfahrt entstand vor 250 Jahren

Einst stand auf dem Platz vor der Wallfahrtskirche von Maria Eich eine alte, zerfallende Eiche. In eine Höhlung des Baumstammes — so berichtet die Legende — stellten die beiden Söhne des Planegger Dorfschmiedemeisters Thallmayr im Jahre 1710 (oder 1712) ein Muttergottesbild. Plötzlich wurde der dürre Baum wieder frisch, die Rinde umrahmte das Madonnenbild. Darin sahen die Gläubigen ein Zeichen der Muttergottes und sie begannen, sie an dieser Stelle besonders zu verehren. So entstand die Wallfahrt zur »Maria in der Eichen«.
Aus allen Himmelsrichtungen strömten bald die Wallfahrer herbei. Rund um den Baum wurden Betstühle aufgestellt. In schwerer Krankheit erinnerte sich eine Dienstmagd aus Planegg an das Bild in der Eichen und gelobte eine Wallfahrt »kriechend auf den Knien«, wenn sie gesund würde. Sie wurde gesund.
Im Jahre 1732 bat ein fünfjähriges krankes Mädchen seinen

Vater, für das »Frauerl in der Eichen« ein »Häuserl« zu bauen. Der Vater tat es, das Kind wurde ebenfalls gesund. Daraufhin, so wird berichtet, setzte die Wallfahrt großen Stils ein.
Im Jahre 1745 schon erhielt die Kapelle ihre heutige Gestalt aus Stein. 1748 wurde sie vom Bischof von Freising geweiht. Das alte Gnadenbild ist am Hochaltar aufgestellt. Der Baumstumpf steht hinter dem Altar. Im Mirakelbuch des Planegger Pfarrarchivs wird von 779 wunderbaren Ereignissen zwischen 1732 und 1800 berichtet.
Am 12. Oktober des Jahres 1772 geschah es, daß — am Namenstag des Kurfürsten Maximilian Joseph — ein Hirsch, gehetzt von Jägern und einer Meute kläffender Hunde, in der Kapelle Schutz suchte und auch fand. Er wurde von den Jägern verschont.
Im Jahre 1809 gab es ein großes Unwetter. Es brauste mit ungewöhnlicher Mächtigkeit auch über Maria Eich hinweg. Plötzlich fuhr grell ein Blitzstrahl hernieder und zerschmetterte den Eichenstamm — das Marienbild wurde nicht beschädigt.
Im Jahre 1953 bauten Augustinermönche aus Würzburg das Kloster an, 1960 eine moderne Saalkirche, weil die Kapelle längst nicht mehr die vielen Gläubigen an den Sonntagen fassen konnte. Im Jahre 1966 wurde die neue Kirche nocheinmal erweitert.

## Wissenswert — Sehenswert

Die älteste Urkunde von Planegg ist ein Kaufbrief aus dem Jahre 1409. Der Münchner Jörg Tömlinger verkaufte damals seine »Behausung, genannt Planegk« an Herzog Wilhelm III. Das heutige wasserumgebene Schloß und die Schloßkapelle entstanden um 1620.
Etwa um das Jahr 1442 wird Planegg erstmals als Hofmark bezeichnet. Die wichtigsten Besitznachfolger: Lung, Hörwarth, später von Ruffin, Graf Türheim, seit 1825 die Familie von Hirsch, die auch heute noch das Schloß besitzt.
Die Schloßkapelle ließ der fürstliche Kanzler Hans Hörwarth bauen. In ihr liegt er auch begraben. Lange Zeit war

die Schloßkapelle neben der Wallfahrtskirche Maria Eich die einzige öffentlich zugängliche Kirche für die Bewohner von Planegg.
Im Jahre 1921 wurde an der Bahnhofstraße in Planegg die Pfarrkirche Sankt Elisabeth als Notkirche errichtet. Zu diesem Zweck war aus Eurasburg eine aufgelassene Reithalle hierher gebracht worden. Erst im Jahr 1971 wurde die Kirche abgerissen und durch einen Neubau ersetzt.
Die Einweihung nahm der Erzbischof von München und Freising, Julius Kardinal Döpfner, im Jahr 1973 vor. Von der alten Kirche steht heute nur noch der Turm. Er fügt sich erstaunlich gut in die moderne Anlage ein.
(Mehr über Planegg: siehe Tip 12, Seite 75.)

## Einkehr am Weg

**Unterpfaffenhofen** — »Gasthof Huber«, kein Ruhetag.
»Eiscafé Venezia«, Montag geschlossen.

**Planegg** — »Heide-Volm«, am Bahnhof, Donnerstag geschlossen.
»Zur Deutschen Eiche«, am Bahnhof, Dienstag geschlossen.
»Café Richter«, Bahnhofstraße, Montag geschlossen.
»Café Macher«, Bahnhofstraße, Dienstag geschlossen.
»Pschorr-Bräustüberl«, Bahnhofstraße/Ecke Bräustraße, Donnerstag geschlossen.

# Mit der S 5 nach Freiham **20**

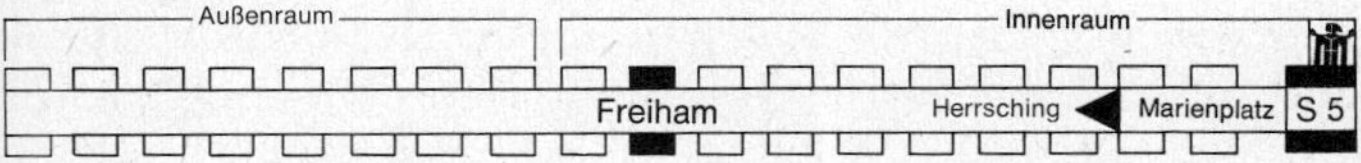


| Abfahrt in München, Marienplatz | | | Rückfahrt in Gräfelfing | | |
|---|---|---|---|---|---|
| 6.19 | 6.39 | 6.59 | 18.18 | 18.38 | 18.58 |
| 7.19 | 7.39 | 7.59 | 19.18 | 19.38 | 19.58 |
| 8.19 | 8.39 | 8.59 | 20.18 | — | 20.58 |
| 9.19 | 9.39 | 9.59 | — | 21.38 | — |

Der Fahrplan gilt Samstag, Sonntag und Feiertag.
Weitere Fahrzeiten im amtlichen Fahrplan.
Fahrzeit: München—Freiham ca. 20 Minuten. Gräfelfing—München ca. 21 Minuten.
Zonen: München—Freiham = 2 Zonen (Innenraum). Gräfelfing—München = 2 Zonen (Innenraum).

## Friedliche Idylle vor der Stadt

Da, wo wir jetzt in friedlicher Landschaft und natürlicher Idylle wandern können, sollte in 15 oder 20 Jahren eine große Entlastungsstadt für München entstehen. Das Gut Freiham würde dann in seiner heutigen Form nicht mehr existieren. Dieser Plan der Stadt München brachte es mit sich, daß das Gelände so nahe an der Stadt bis heute nicht bebaut worden ist. Inzwischen ließ der Stadtrat den Plan fallen.
Die Freihamer hatten schon immer besondere Rechte. So war das Gut beispielsweise als Hofmark nicht abgabepflichtig. Von dem kleinen hübschen Landschloß vernimmt man erstmals in Urkunden aus dem Jahre 1190. Um 1400 kommt es in den Besitz von Münchner Patrizierfamilien: Barth, Pütrich, Ligsalz und Lindauer.
Im 18. Jahrhundert sind es die Reichsgrafen von Yrsch, die das Schloß mit Gut besitzen. Karl Theodor von Yrsch verkauft es schließlich im Jahre 1887 an Hugo von Maffei.

Noch heute sieht man an der hinteren Friedhofsmauer die Grabmäler der reichsgräflichen Familie, die der bayerischen Armee viele Offiziere und dem Königshaus zahlreiche Hofbeamte geschenkt hat.
Die kleine Schloßkirche gilt als ein Juwel unter den Kirchen in der Münchner Umgebung. Kunstkenner schätzen besonders die Rokokoaltäre, die kunstvolle Kanzel und den zierlichen Orgelprospekt.
Es ist noch gar nicht lange her, da war die Schloßkirche von Freiham Schauplatz zahlreicher Hochzeiten von Familien des gehobenen Standes.

## Wandern

Route: *Vom S-Bahn-Haltepunkt Freiham über die B 12 neu zum Bahnhof Gräfelfing — 3 km.*

Kaum haben wir mit der S 5 das Stadtgebiet von München verlassen, bemerken wir auf der linken Seite den Turm der kleinen Schloßkirche von Freiham. Der Zug hält am Gut. Wir wenden uns hier nach links, nach 50 Metern rechts und folgen der alten Kastanienallee mitten hinein in das Schloßgut. Im schattigen Garten der Schloßwirtschaft läßt es sich an heißen Sommertagen gut Pause machen. Eine kräftige Brotzeit und ein kühles Bier stärken uns für den Weitermarsch in die Garten(vor)stadt Gräfelfing.
Von der Schloßwirtschaft aus — wir können auch der Schloßkirche einen kurzen Besuch abstatten — gehen wir nun auf der Freihamer Allee weiter. Für Autos und Motorräder ist der geteerte Weg gesperrt. Zwischen fruchtbaren Feldern hindurch führt er uns zu einem breiten, sehr modernen Landschaftseinschnitt. Die Bundesstraße 12 (B 12 neu) wurde hier zur Entlastung der Bodenseestraße (B 12 alt) gebaut. Aus dieser Straße wurde eine leistungsfähige Autobahn. Wir gehen ein Stück nach links und kommen auf die Fußgängerbrücke, die uns auf die andere Seite, in den Nordausläufer des Kreuzlinger Forstes wandern läßt. Wir folgen dann der Freihamer Straße bis zur Kreuzung mit der Josef-Schöfer-Straße (am Ortsbeginn von Gräfelfing).

Freiham
Bhf. Gräfelfing
N
1 km

Wir gehen hier rechts in den für Fahrzeuge gesperrten Weg quer über die »Rehwiese«. Von der Grosostraße ist es nicht mehr weit zum Bahnhof Gräfelfing.

**Hinweise**: Für diese Tour werden Feld- und Waldwege benützt. Auf dem einstündigen gemütlichen Spaziergang können auch kleinere Kinder mitgenommen werden. Die Route kann man zu allen Jahreszeiten, auch im Winter, gehen.

## Einkehr am Weg

**Freiham** — »Schloßgaststätte«, Dienstag geschlossen.

**Gräfelfing** — »Bahnhofsrestaurant«, Dienstag geschlossen.
»Café Mirabell«, Montag geschlossen.

# Mit der DB nach Landsberg **21**

Umsteigen in Kaufering

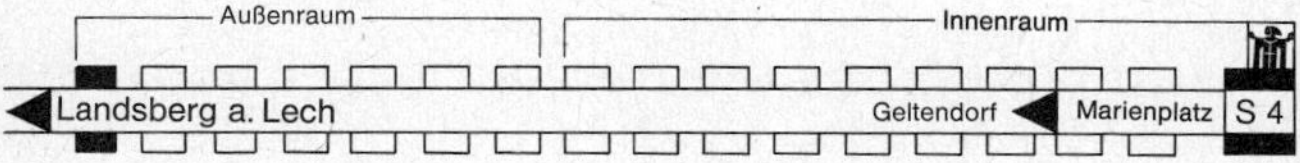


**Abfahrt**
in München, Starnberger Bahnhof

| Starnbg.Bhf. | Kaufering an | Kaufering ab | Landsberg an |
|---|---|---|---|
| 7.35 (E) | 8.21 | 8.24 | 8.30 |

Für diese Tour nimmt man am besten den Eilzug ab München, Starnberger Bahnhof. Abfahrtszeit und Ankunft liegen günstig.
Andere Fahrzeiten im Fahrplan des MVV.
Stand dieser Angaben: Winterfahrplan 1973/74.
Rückfahrt: Auskunft am Bahnhof in Landsberg einholen.

## An der Romantischen Straße

Es kann viele Gründe geben, einmal aus dem engeren Bereich rund um München auszuscheren, um einen erlebnisreichen Tagesausflug nach Landsberg zu unternehmen. Zum einen ist die Stadt selbst ein Schatzkästlein für Freunde der Geschichte und der Kunst. Romantiker kommen hier auf ihre Kosten, Schmalfilm- und Diafreunde finden lohnende Motive.
Es ist unmöglich, den Hauptplatz mit der Mariensäule, dem Rathaus und den schmalen Fronten der alten Patrizierhäuser zu sehen und von dem wunderbaren Reiz dieses noch intakten alten Stadtbildes nicht gefangengenommen zu werden.
Zum anderen aber ist es die nicht weniger interessante und an Überraschungen reiche Landschaft der Lechauen, die es lohnt, einmal die Beschwerde einer längeren Bahnfahrt mit Umsteigen auf sich zu nehmen. Sie ist eine Reise wert — die Lechstadt Landsberg an der Romantischen Straße.

## Wandern

Route: *Mit der Eisenbahn über den S-Bahn-Haltepunkt Geltendorf hinaus bis nach Kaufering, umsteigen nach Landsberg und dort zu Fuß am Lech entlang nach Pitzling und zurück — 10 km.*

Die Wanderroute vom Bahnhof Landsberg aus führt uns über die südliche Lechbrücke bis zu den ersten Häusern. Unmittelbar nach der Gastwirtschaft biegen wir rechts in die Klösterlgasse ein. Durch ein altes Stadttor gelangen wir in den Landsberger Wildpark, in dem wir Schwarzwild, Damwild und Mufflons sehen können.
Durch den Wildpark führt die Wanderung auf einer Forststraße, entlang eines Stausees, nach Pitzling. Dieser Stausee stellt die 15. und zugleich die unterste Stufe einer nahezu ununterbrochenen Folge von Stauseen dar, durch die der Lech zur Energieerzeugung genutzt wird.
In Pitzling ist der Wendepunkt für unsere Rundwanderung erreicht. Zwei Gaststätten ermöglichen Rast und Erfrischung. Der Rückweg folgt zunächst etwa 150 Meter der Fahrstraße in Richtung Landsberg. Am Hochufer verlassen wir dann die Straße bei einer Rechtskurve, gehen links etwa 50 Meter den Waldrand entlang und überqueren die Wiese in Richtung einer Waldspitze. Im Wald gelangen wir bis zur »Teufelsküche«, einem kristallklaren Wasserstau. Von hier führt uns der Weg vorbei an der Ortschaft Pößing immer am Hochufer entlang bis zu einem Aussichtspunkt mit schönem Blick auf Landsberg. Von hier steigen wir über einen Treppenweg wieder hinab zur Klösterlgasse und damit zum Ausgangspunkt unserer Tour.

**Hinweise:** Für diese Tour sollte man sich einen ganzen Tag Zeit lassen. Der Ausflug dient dem Kennenlernen der schönen Stadt Landsberg am Lech und seiner reizvollen Umgebung. Wer Kinder mitnimmt, muß sich darüber im klaren sein, daß diese einen ganzen Tag durchhalten müssen. Die Wanderung selbst bringt allerdings keine besonders großen Anstrengungen. Besonders geeignete Jahreszeiten: Sommer und Frühherbst.

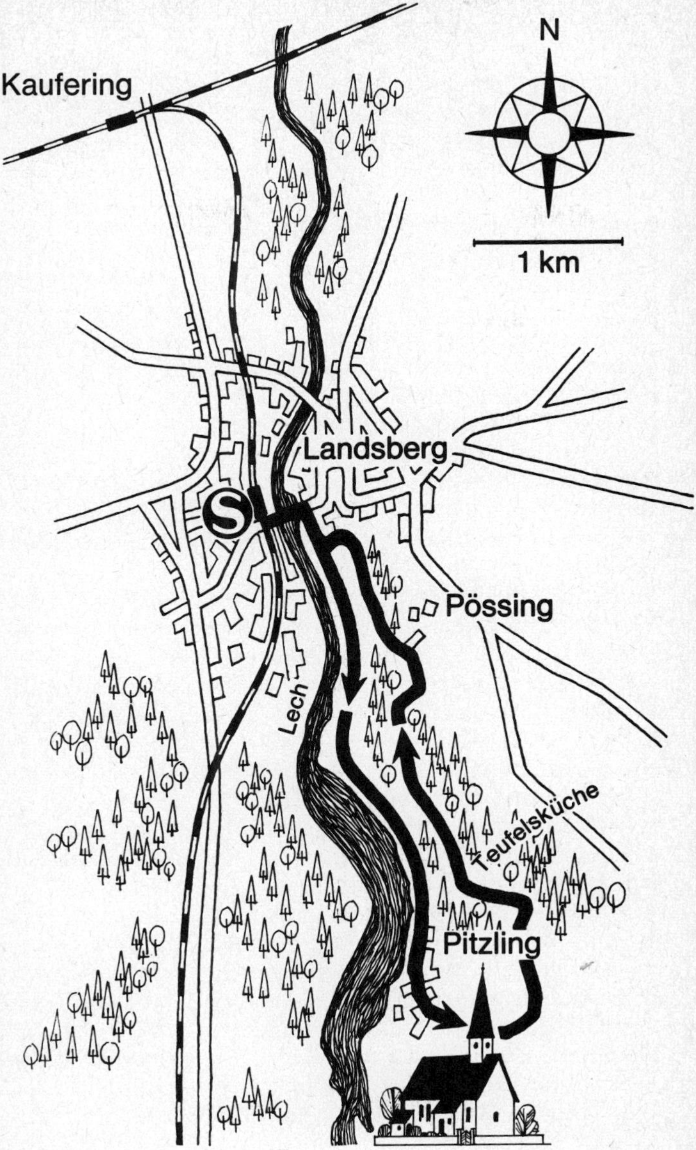
N
1 km
Kaufering
Landsberg
Pössing
Lech
Teufelsküche
Pitzling

## Landsberg am Lech

Schon in der frühen Bronzezeit muß der Schloßberg von Landsberg am Lech intensiv besiedelt gewesen sein. Dies wird durch zahlreiche Funde belegt. Um die Mitte des 12. Jahrhunderts wird erstmals »Phetine«, eine Burg der Herren von Pfetten, die in den Quellen bald »Landespurch« genannt wird, erwähnt. Diese Burg gehörte seit dem Jahre 1268 Heinrich dem Löwen.

Die genaue Zeit der Stadtgründung ist nicht zu ermitteln, doch dürfte sie zwischen 1260 und 1280 durch Ludwig den Strengen von Bayern erfolgt sein. Als wittelsbachische Konkurrenzstadt zu Augsburg verdankt Landsberg seinen Aufstieg dem wichtigen Militär- und Handelsstützpunkt.

Nach der Plünderung und Niederbrennung der Stadt durch Friedrich den Schönen von Österreich im Jahre 1315 wurden ihr durch Kaiser Ludwig dem Bayern im Jahre 1320 die Salzrechte verliehen. Im Jahre 1349 gründete Herzog Ludwig der Brandenburger das Heiliggeist-Spital, das noch heute besteht.

Im Mittelalter blühten in Landsberg die Textilindustrie, die Goldschmiedekunst und die Töpferei. Im Jahre 1556 wurde durch Kaiser Ferdinand der »Landsberger Bund« gegründet, der sich im heutigen Staffinger-Anwesen im Vorderanger ein Bundeshaus errichtete und ein Bundesfähnlein unterhielt.

Im 30jährigen Krieg wurde die Stadt im Jahre 1633 vom schwedischen General Torstenson erobert. Seine Soldaten richteten unter der Bevölkerung ein Blutbad an. Im Jahre 1743 plünderten die Panduren unter Oberst von Menzel die Stadt und nahmen Bürger und Geistliche als Geiseln mit.

Von 1680 bis 1702 wurde die in den Jahren 1458 bis 1488 erbaute Stadtpfarrkirche Maria Himmelfahrt barockisiert. Sie enthält neben dem Rosenkranzaltar von Dominikus Zimmermann die gotische Madonna von Hans Multscher und Bildhauerarbeiten von Lorenz Luidl.

Dominikus Zimmermann (1685 bis 1766) war von 1749 bis 1756 Bürgermeister von Landsberg. Seine Stukkaturen kann man noch heute an der Außenfassade und an den Decken im zweiten Stockwerk des Rathauses bewundern.

Ferner sind im Rathaus gute Werke des Malers Sir Hubert von Herkomer (1849 bis 1914) und Fresken von Piloty und Schwoiser zu sehen. Diese Fresken stellen Ereignisse aus der Stadtgeschichte von Landsberg dar.
Im Zentrum der Stadt befindet sich in überaus reizvoller Lage am Lech das Inselbad, dessen Rasenflächen und Liegeplätze bedeutend erweitert wurden. Die drei neu angelegten Schwimmbecken, darunter ein Becken mit Wellenanlage, werden auf 26 Grad Celsius erwärmt. Ein komfortables Umkleidegebäude mit großem Aufenthaltsraum und Imbißstube bieten weitere Annehmlichkeiten.
Im Turnus von fünf Jahren findet in Landsberg das traditionelle Ruethenfest mit einer Beteiligung von etwa 1000 Kindern in historischen Trachten statt.

## 1. Mai 1873: München—Buchloe

Vor gut 100 Jahren, am 1. Mai 1873, wurde die Bahnlinie München—Buchloe, auf dem stadtnahen Teilstück heute moderne S-Bahnlinie, eröffnet. Das war ein Grund zum Feiern, hatte man doch sehr viele Eingaben beim bayerischen Landtag machen müssen, um diese Linienführung endlich genehmigt zu bekommen. Der Fürstenfeldbrucker Gemeinderat Jakob Dirnagl hatte sich seinerzeit besonders dafür eingesetzt, daß Fürstenfeldbruck angeschlossen wurde. Unter seiner Initiative gründete sich ein Eisenbahnbau-Interessenverein, der sich allerdings im gleichen Jahr wieder auflöste, weil man sich wohl etwas zu viel vorgenommen hatte. Der Bahnbau sollte, so meinte man, doch besser der Marktgemeinde zusammen mit anderen interessierten Gemeinden überlassen werden.
Am 5. Juni des Jahres 1872 schließlich stand die endgültige Linienführung der neuen Eisenbahnlinie von München über Pasing, Fürstenfeldbruck, Wildenroth nach Buchloe fest. Die Bauarbeiten wurden im Jahre 1870 aufgenommen. Im Jahr 1872 wurde die Amperbrücke fertig. Im April dieses Jahres konnten Bauzüge bereits bis Fürstenfeldbruck fahren. Im Juli des gleichen Jahres waren die Gleisverlegungsarbeiten schon so weit gediehen, daß man von Für-

stenfeldbruck aus eine »Lustfahrt« nach Roggenstein veranstalten konnte. Dann kam der 1. Mai 1873, der Tag, an dem die offizielle Eröffnung der gesamten Strecke entsprechend gefeiert wurde. Um auf Nummer Sicher zu gehen, veranstaltete man am Vorabend nochmals eine Probefahrt. Alles verlief einwandfrei und ohne Störungen. Eine neue Eisenbahnstrecke war geboren.

## Einkehr am Weg

**Geltendorf** — »Zur Post«, am Bahnhof, Montag geschlossen.
»Gastwirtschaft Haslauer«, am Bahnhof, Dienstag geschlossen.

**Landsberg** — »Hotel Goggl«, Herkomerstraße, Sonntag geschlossen.
»Hotel Zederbräu«, Hauptplatz, kein Ruhetag.
»Zum Mohren«, Hauptplatz, kein Ruhetag.
»Zum Sturmwirt«, Vorderanger.
»Landsberger Hof«, Weilheimer Straße, kein Ruhetag.
»Stadt München«, Münchner Straße, Mittwoch geschlossen.
»Zum Bahnhof«, Katharinenstraße, Montag geschlossen.
»Café-Gaststätte Schlick«, Katharinenstraße, Samstag geschlossen.
»Schafbräu«, Hinteranger, Sonntag geschlossen.
»Augsburger Hof«, Schlossergasse, Montag geschlossen.

**Pitzling** — »Gaststätte Pitzling«, Montag geschlossen.

# Mit der S 4 nach Geltendorf **22**

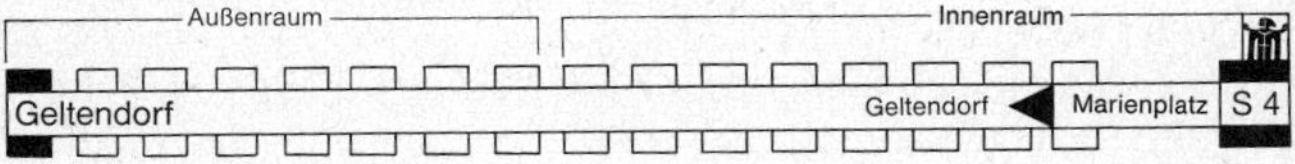


| Abfahrt in München, Marienplatz | | | Rückfahrt in Türkenfeld | | |
|---|---|---|---|---|---|
| 6.23 | 7.03 | 7.43 | 16.21 | 17.01 | 17.41 |
| 8.23 | 9.03 | 9.43 | 18.21 | 19.01 | 19.41 |
| 10.23 | 11.03 | 11.43 | 20.21 | 21.01 | 21.41 |
| 12.23 | 13.03 | 13.43 | 22.21 | 23.01 | 23.41 |

Der Fahrplan gilt Samstag, Sonntag und Feiertag.
Weitere Fahrzeiten im amtlichen Fahrplan.
Fahrzeit: München—Geltendorf ca. 45 Minuten. Türkenfeld—München ca. 42 Minuten.
Zonen: München—Geltendorf = 6 Zonen. Türkenfeld—München = 6 Zonen.

## Bei den Möchen des heiligen Benedikt

Die Mönche von Sankt Ottilien sind heute in ganz Deutschland und weit darüber hinaus bekannt. Die Missionare wirken in Amerika, Asien und Afrika, früher kamen sie auch nach Korea. Vor 80 Jahren erst entstanden, wurde Sankt Ottilien schnell zum Mutterhaus für viele Niederlassungen in Deutschland und in Übersee. Innerhalb weniger Jahrzehnte war die »Benediktinerkongregation von Sankt Ottilien für auswärtige Missionen« entstanden, eine der jüngsten und größten unter den 16 Kongregationen des Ordens vom heiligen Benedikt. Zum Klosterverband zählen in Deutschland: die Abteien Münsterschwarzach und Schweiklberg in Königsmünster/Meschede.
Wo heute die blühende Missionsabtei steht, fanden vor kaum zwei Menschenaltern in dem Weiler Emming — nur der »Emminger Hof« erinnert noch daran — nicht einmal 50 Menschen in einem Gebiet mit sauren Wiesen, steinigen Feldern und unkultiviertem Sumpfland ein kärgliches Aus-

kommen. Ein altes, heruntergekommenes Schlößchen stand hier und eine kleine Wallfahrtskapelle zu Ehren der heiligen Otilia.
Das Land war nichts wert. Doch das wurde sein größter Vorzug für die Klostergründer: Es war billig. Pater Andreas Amrhein, der Pionier der Missionsstation, kam im Jahre 1886 hierher und war schnell entschieden, sich an dem unbekannten Flecken niederzulassen, nachdem er seine Pläne im ehemaligen Benediktinerkloster Reichenbach in der Oberpfalz nicht hatte verwirklichen können.
Die ersten Jahre waren hart. In der Klosterchronik werden sie das »heroische Zeitalter« genannt. Schon ein Jahr nach der Gründung aber, 1887, zogen die ersten Missionare aus Sankt Ottilien nach Ostafrika, wo sie den Heiden den christlichen Glauben verkündeten.

## Wandern

Route: *Vom S-Bahnhof Geltendorf über Kloster Sankt Ottilien nach Türkenfeld — 6 km.*

Am Bahnhofsplatz in Geltendorf halten wir uns rechts, gehen nach ein paar hundert Metern unter der Bahn hindurch und nun in einer schattigen Allee zum Kloster Sankt Ottilien. Vor der Klosterkirche zeigt uns eine Tafel den Fußweg nach Türkenfeld an. Auch unterwegs weisen immer wieder Schilder den richtigen Weg. Der Mischwald, an dem wir nach dem Überqueren der Bahn entlang gehen, trägt den Namen »Buchet«, zum Unterschied von »Eichet« bei Beuern, zwei Kilometer südöstlich. Den Bahnhof von Türkenfeld können wir nicht verfehlen. Schon bald sehen wir ihn auf unserer Wanderung links liegen.

**Hinweise:** An dieser Wanderung können auch Kinder teilnehmen. Benützt werden Feld- und Waldwege. Die Tour kann man zu allen Jahreszeiten, auch im Winter, machen.

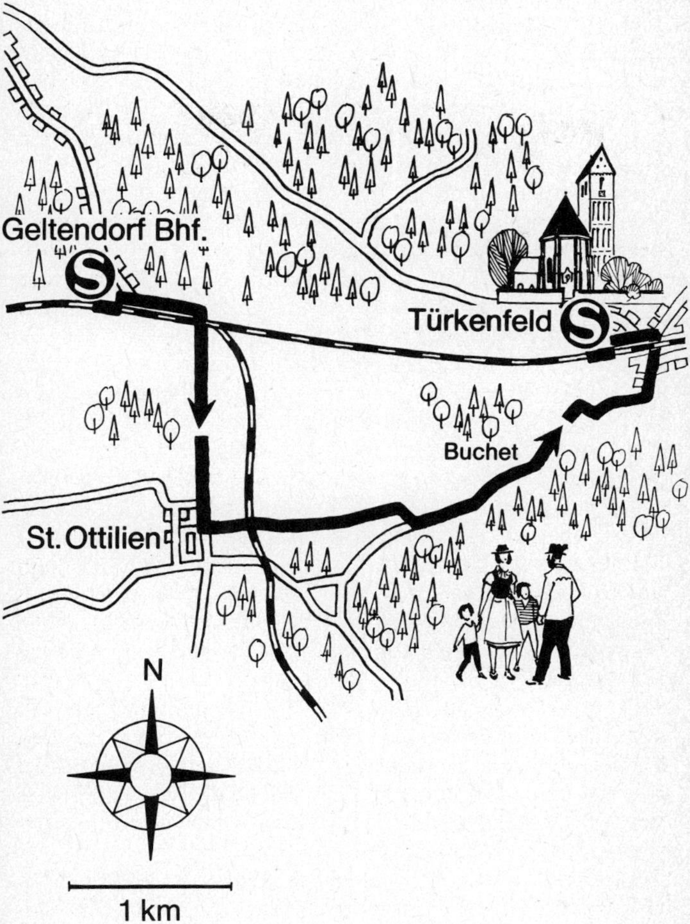
Geltendorf Bhf.
Türkenfeld
Buchet
St. Ottilien
N
1 km

## Tiepolo malte für Türkenfeld

Michael Wening hat um 1700 das »Schloß Dürckefeldt« in Kupfer gestochen. Wir sehen darauf in einem größeren freien Areal Pfarrkirche und Schloß, von Mauern und Zäunen umgeben. Und es ist erstaunlich, daß sich an beiden Gebäuden, die noch heute den Mittelpunkt des Ortes bilden, nicht sehr viel verändert hat, obwohl inzwischen mehr als 250 Jahre vergangen sind.

Vom Turm der Pfarrkirche Sankt Katharina läutet heute wieder das Glöcklein aus dem Jahre 1489. Es war 1940 nach Beuern gekommen und wurde 1962 zur 1200-Jahr-Feier wieder in den Turm zurückgebracht. Das Glöcklein ist wertvoll; denn es ruft schon seit der Erbauung der Kirche — im Jahre 1489 ließ sie der Hofmarksherr Wilhelm von Eresing/Türkenfeld errichten — die Bewohner von Türkenfeld zum Gottesdienst, kündet von erfreulichen und von unerfreulichen Ereignissen. Als in den Jahren zwischen 1754 und 1766 das Kirchenschiff umgebaut wurde, erhielt es ein prachtvolles Rokokogewand. Die Bilder auf den Seitenaltären tragen die Handschrift des großen Meisters Tiepolo, der sich vor allem in der Würzburger Residenz ein Denkmal gesetzt hat. Im Jahre 1843 wurden sie übermalt und litten dadurch.

Wenn wir uns vor der Kirche nach rechts wenden, sehen wir, von wildem Wein umrankt, das ehemalige Schloß von Türkenfeld.

Hans Graf Fugger nannte sich der Hofmarksherr von Schmiechen, unter dem Türkenfeld im Jahre 1578 ein fugger'sches Feudalgut wurde. Dann kam Markus Fugger, der das bescheidene Schlößchen um 1600 umbauen ließ. Von den Hofmarken Schmiechen und Adelshofen wurde es verwaltet, bis es schließlich ganz an Schmiechen überging.

Türkenfeld hatte in der Geschichte allerhand schlimme Zeiten erleben müssen. Da gab es einmal im 13. Jahrhundert Krieg wegen der Erbschaft Ludwigs des Strengen und seines Bruders Heinrich XIII. am Lechrain. Ludwigs Sohn Rudolf und der Augsburger Fürstbischof Wolfhart streckten gegeneinander die Waffen. Die Leidtragenden waren die Bewohner von Geltendorf, Hausen und Türkenfeld. Die Dörfer

wurden total zerstört. Im Jahre 1297 wurde der Friede geschlossen.
Die Pest wütete über Türkenfeld, die Schweden brachen ein und verwüsteten das Land, das 18. Jahrhundert brachte Not und Leid. Die Truppen Napoleons besetzten den Ort.
Dieses schwere Schicksal mußte Türkenfeld wohl erleiden, weil die starke Hand eines mächtigen Mannes fehlte. Um das Dorf nahm sich nie jemand so recht an.
Doch es ist auch von erfreulicheren Ereignissen zu berichten. Im Jahre 1770 bereits hatte sich ein Pfarrer namens Held für den regelmäßigen Schulunterricht in dem kleinen Ort eingesetzt. Im Jahre 1807 zog schließlich ein Lehrer in die fugger'schen Herrschaftsgebäude ein. Im Jahre 1951 wurde ein neues Schulhaus gebaut. Doch auch das war schon bald wieder zu klein geworden.
Türkenfeld entwickelt sich heute zu einem gesunden Gemeinwesen, in dem auch das Vereinsleben blüht.

## Wissenswert — Sehenswert

**St. Ottilien** — Das Missionsmuseum verfügt über eine naturkundliche und eine völkerkundliche Abteilung. Dazu werden exotische Tiere, Erzeugnisse des Bodens und Gebrauchsgegenstände aller Art aus Afrika und aus Ostasien gezeigt. Der Eintritt ist frei. Eine Missionsgabe ist erwünscht.
Die Wiege des Klosters ist die Ottilienkapelle, das Kirchlein des ehemaligen Weilers Emming. Sie wurde vor mehr als 500 Jahren ursprünglich im gotischen Stil erbaut, später erweitert und barockisiert. Im Jahre 1947 wurde sie renoviert.
Der Grundstein zum Bau der Klosterkirche im nachempfundenen Stil der Frühgotik wurde am 1. August des Jahres 1897 von dem apostolischen Nuntius in München, Lorenzelli, gelegt. Am 12. März 1899 konnte die Kirche schon für den Gottesdienst benützt werden. Konsekriert wurde sie am 29. Juni 1903 durch den Diözesanbischof Maximilian von Lingg. Die Kirche wurde dem Herzen Jesu geweiht. — Eine gründliche Restaurierung wurde im Jahre 1951 vorgenommen.

Zwei große Brände richteten in der Ökonomie des Hauses großen Schaden an: in den Jahren 1908 und 1919. Im Jahre 1927 wurde nach dem Wiederaufbau eine große Hühnerfarm angelegt. Heute verfügt Sankt Ottilien über ein angesehenes Mustergut mit bekannten Zuchterfolgen und hohen Ertragsleistungen.
Türkenfeld erscheint in einer Urkunde aus dem Jahre 762 zum erstenmal als »Duringeveldt im Augstgau«. Um das Jahr 1150 schon war der Ort befestigt.
Die Einöde Klotzau hieß im Jahre 1410 noch »Alt Kreit«. Sie war einst ein herrschaftlicher Rodungshof.
Im vorigen Jahrhundert war Türkenfeld ein reines Bauerndorf. Heute gibt es neben zahlreichen landwirtschaftlichen Betrieben auch Gewerbeansiedlungen. Viele hundert Pendler arbeiten auswärts.

## Einkehr am Weg

**Geltendorf** — »Zur Post«, am Bahnhof, Montag geschlossen.
»Gastwirtschaft Haslauer«, am Bahnhof, Dienstag geschlossen.

**St. Ottilien** — »Emminger Hof«, Dienstag geschlossen.

**Türkenfeld** — »Gastwirtschaft Drexl«, Donnerstag geschlossen.

# Mit der S 4 nach Türkenfeld 23

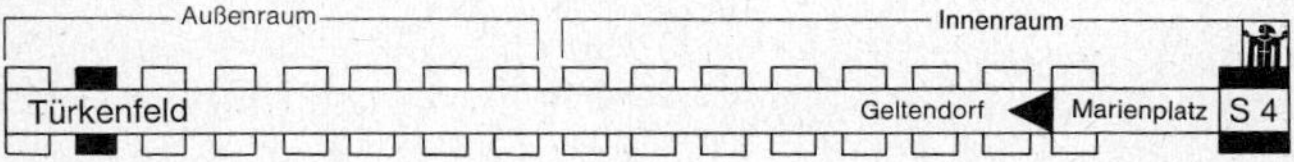


| Abfahrt in München, Marienplatz | | | Rückfahrt in Türkenfeld | | |
|---|---|---|---|---|---|
| 6.23 | 7.03 | 7.43 | 16.21 | 17.01 | 17.41 |
| 8.23 | 9.03 | 9.43 | 18.21 | 19.01 | 19.41 |
| 10.23 | 11.03 | 11.43 | 20.21 | 21.01 | 21.41 |
| 12.23 | 13.03 | 13.43 | 22.21 | 23.01 | 23.41 |

Der Fahrplan gilt Samstag, Sonntag und Feiertag.
Weitere Fahrzeiten im amtlichen Fahrplan.
Fahrzeit: einfache Fahrt ca. 42 Minuten.
Zonen: München—Türkenfeld und zurück = zweimal 6 Zonen.

## Im Lechrainischen

Bei dieser Tour darf man sicher sein, daß sie nicht überlaufen ist. Von den Ortsansässigen abgesehen, kennt kaum jemand die Gegend rund um Türkenfeld. Dabei hat sie landschaftlich einige Überraschungen zu bieten.
Wenn wir von Türkenfeld aus — in diesem Falle nach Norden — wandern, durchstreifen wir eine nahezu unberührte Jungmoränenlandschaft. Schöne Aussichtspunkte bieten sich oft unvermittelt an, der Wald ändert ständig sein Gesicht, die Wege sind gepflegt, wir können uns kaum verirren, wenn wir uns nur die Richtung ein wenig einprägen und sie dann beibehalten.
Die Kelten, die Germanen, die Römer — sie alle siedelten in dieser Gegend. Hin und wieder findet man Hinweise darauf. Entdeckt wurden eine Römerschanze und Hügelgräber. Die Vegetation ist noch recht typisch. Und vor allem: Die Luft ist rein. Hier können wir uns einmal so recht von der Großstadt erholen und frei atmen. Wenn wir bei unserer Wanderung vom Bahnhof durch den Ort kommen,

fallen uns vielleicht die Ortsbewohner auf — wegen ihrer Sprache. Das Bayerische klingt, von den Einheimischen gesprochen, recht eigenartig. Das hat seinen Grund: Hier in Türkenfeld treffen sich bereits bayerische und schwäbische Lebensart. Dies kommt in einem Dialekt zum Ausdruck, den Fachleute als den lechrainischen bezeichnen. Ein Drittel der Bevölkerung allerdings spricht eine ganz andere Dialektsprache: Es sind Vertriebene aus den deutschen Ostgebieten.
Daß wir schon ins Schwäbische hineingekommen sind, darauf weist auch hin, daß die Pfarrei Türkenfeld zur Diözese Augsburg gehört. Die Kirche wurde 1953 restauriert.
(Mehr über Türkenfeld: Siehe Tip 22, Seite 125.)

## Wandern

Route: *Vom S-Bahnhof Türkenfeld durch den Wessobrunner Wald nach Brandenberg, von dort zurück über den Schönwald nach Türkenfeld — 9 km.*

Am Bahnhof von Türkenfeld — er liegt etwas abseits — wenden wir uns nach rechts dem Ort zu. Wir folgen der Bahnhofstraße und gehen nach dem Weiher mit seinen knorrigen Weidenbäumen rechts zur Kirche von Türkenfeld. Dort schlagen wir nach links ein und halten, fast am Ende des Ortes, bei der Straßenabzweigung nach rechts, der Brandenberger Straße folgend, auf den bewaldeten »Zigeunerberg« (etwa 1 Kilometer) zu. Wir biegen nach links ein und treffen nach einer guten Viertelstunde die schmale Verbindungsstraße zwischen Hohenberg und Brandenberg. Hier — wir haben inzwischen den Wessobrunner Wald hinter uns gelassen — gehen wir rechts nach Brandenberg weiter. In Brandenberg können wir links der Moorenweiser Straße folgen und die hübsche Kapelle besuchen.
Für den Rückweg unserer Tour gehen wir zum Ortsanfang von Brandenberg zurück. Wanderten wir vorher nach links die Moorenweiser Straße entlang, so wenden wir uns nun nach rechts. Wir gehen durch den Schönwald, wobei wir uns bei der Feldweggabelung rechts halten.

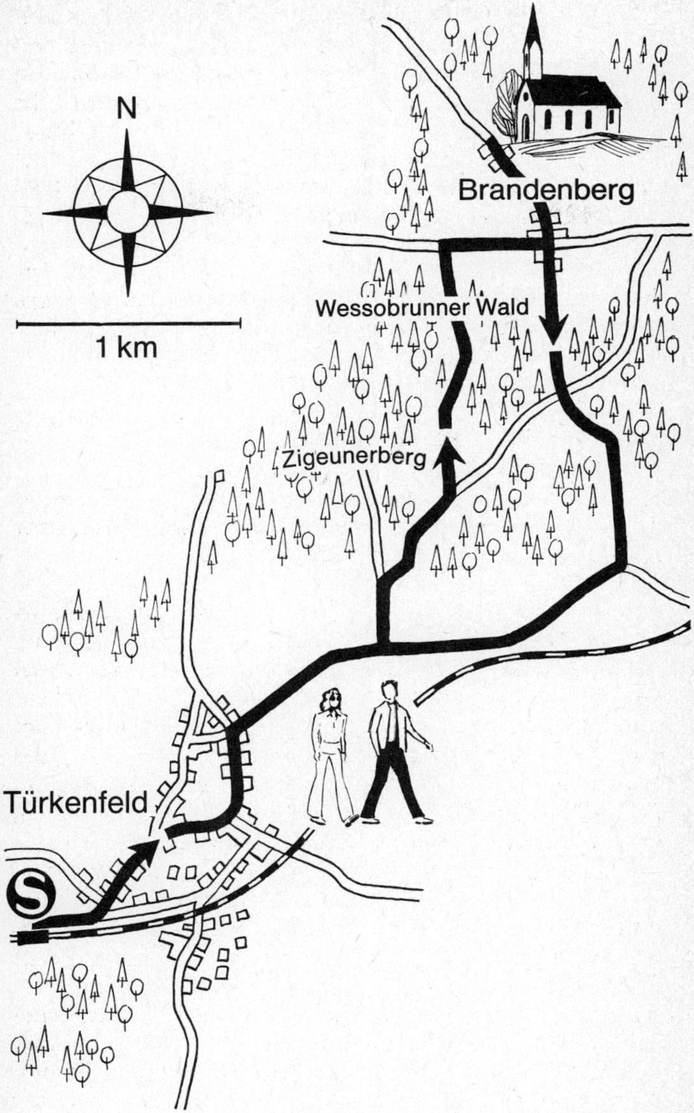
N
1 km
Brandenberg
Wessobrunner Wald
Zigeunerberg
Türkenfeld
S

Nachdem wir den Wald durchquert haben, verlassen wir unser Sträßchen, das hier einen Knick nach links beschreibt. Wir wandern auf dem Feldweg geradeaus weiter. Nach 200 Metern stoßen wir auf einen querverlaufenden Weg. Hier wenden wir uns nach rechts in Richtung Türkenfeld. Wir treffen bald auf die Straße, an der unsere Wanderung begann. Auf dem bekannten Weg kommen wir zum Bahnhof von Türkenfeld zurück.

**Hinweise:** Kinder, die das Wandern gewöhnt sind, können an dieser Tour teilnehmen. Benützt werden ausschließlich Feld- und Waldwege. Geeignet sind alle Jahreszeiten, auch der Winter. Tip für den Winterausflug: Skilaufen und Rodeln sind am Gollenberg bei Türkenfeld möglich.

## Einkehr am Weg

**Türkenfeld** — »Gasthaus Drexl«, Donnerstag geschlossen.

# Mit der S 4 nach Schöngeising **24**

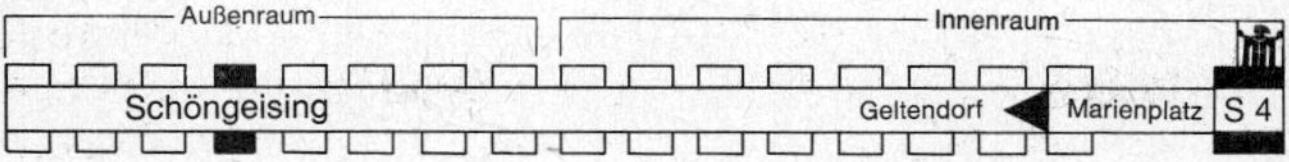


| Abfahrt in München, Marienplatz | | | Rückfahrt in Fürstenfeldbruck | | |
|---|---|---|---|---|---|
| 6.23 | 7.03 | 7.43 | 16.37 | 17.17 | 17.57 |
| 8.23 | 9.03 | 9.43 | 18.37 | 19.17 | 19.57 |
| 10.23 | 11.03 | 11.43 | 20.37 | 21.17 | 21.57 |
| 12.23 | 13.03 | 13.43 | 22.37 | 23.17 | 23.57 |

Der Fahrplan gilt Samstag, Sonntag und Feiertag.
Weitere Fahrzeiten im amtlichen Fahrplan.
Fahrzeit: München—Schöngeising ca. 35 Minuten. Fürstenfeldbruck—München ca. 30 Minuten.
Zonen: München—Schöngeising = 5 Zonen. Fürstenfeldbruck—München = 4 Zonen.

## Wo schon die Römer badeten

Wenn wir vom S-Bahn-Haltepunkt Schöngeising hinunter ins Dorf gehen — der Bahnhof liegt etwa zwei Kilometer außerhalb, in einer Waldlichtung —, können wir uns mit ein wenig Phantasie in jene Zeiten zurückversetzen, als die Römer hierhergekommen waren und eben entlang dieser Straße prächtige Villen und Landhäuser gebaut hatten. Nur ein paar Meter entfernt von der heutigen Teerstraße verläuft sie noch, die — auch amtlich so genannte — Römerstraße. Daß das Wasser der Amper gesundheitsfördernd wirkt, das wußten auch schon die Römer. Sie errichteten deshalb bei der »statio ad ambras« (Amper) ein Bad, wo sie vor allem ihren Rheumatismus bekämpfen wollten. Sie waren nämlich zwar notorische Wasserfreunde, aber das neblig kalte Klima Germaniens sagte ihnen gar nicht zu.
Von den Römern kündet noch heute eine vierschäftige Säule unten im Ort an der Straßenkreuzung. Sie gehörte wahrscheinlich einmal zum Eingangstor ihres Lagers.

An den Ufern der Amper entlangwandern, das ist ein Naturerlebnis — vor allem im Frühjahr und im Herbst. Der Sommer bietet vielfältige Bademöglichkeiten. Freilich muß man dabei die Regeln für das Baden im Fluß kennen.
Ziel unserer Wanderung ist die Kreisstadt Fürstenfeldbruck mit der interessanten Anlage des ehemaligen Klosters Fürstenfeld.

## Wandern

Route: *Vom S-Bahnhof Schöngeising in den Ort Schöngeising. Über Wasenmeister, Zellhof an der Amperleiten nach Fürstenfeldbruck — 8 km.*

Der S-Bahn-Haltepunkt Schöngeising liegt in einer kleinen Lichtung mitten im Wald. Wir unterqueren die Bahn, gehen über die Bundesstraße 471 und folgen nun der Amperstraße auf der anderen Seite geradeaus weiter. Bei der Post gehen wir ein kurzes Stück links und biegen an der Kurve rechts in die Kirchstraße (Stichstraße) ein.
Wenden wir hier unseren Blick nocheinmal zurück: An dem alten Bauernhaus an der Straßenecke fällt uns eine Gedenktafel auf. Wir lesen: »Allhier bewohnte 1587 — 1594 der Herzoglich-bayerische Hofkapellmeister Orlando di Lasso ein von Herzog Wilhelm V. geschenktes Landhaus.« Orlando di Lasso bewohnte das Haus einst als Zweitsitz.
Wir kommen nun an der barocken Kirche aus dem Jahre 1699 vorbei (Besuch lohnt sich) und überqueren auf zwei schmalen Stegen die Amper. Am Fluß entlang wandern wir zum Gut Zellhof und an der Amperleiten weiter nach Fürstenfeldbruck.
Vor Fürstenfeldbruck stößt der Zellhofweg auf die Bahnlinie. Wir unterqueren sie und befinden uns an der Klosteranlage Fürstenfeldbruck. Durch den Klosterhof schlendern wir nun, am Marienmünster vorbei, vor zur Fürstenfelder Straße. Wir gehen an der Oskar-von-Miller-Straße weiter und biegen schließlich rechts zum Bahnhof ab.

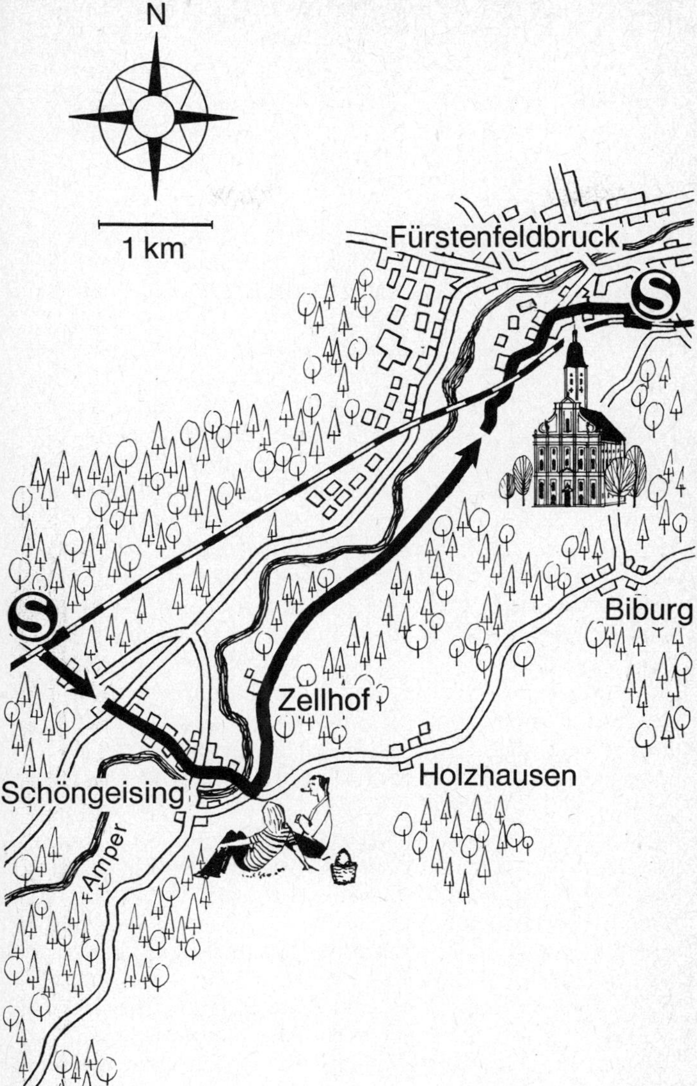
N
1 km
Fürstenfeldbruck
S
S
Biburg
Zellhof
Holzhausen
Schöngeising
Amper

**Hinweise:** An dieser zweistündigen Wanderung können auch Kinder teilnehmen. Schön ist es hier zu allen Jahreszeiten, auch im Winter. Besonders geeignet für diese Route ist allerdings der Herbst.

## Schöngeising in Stichworten

Das alte Wahrzeichen von Schöngeising ist die im Jahre 1699 erbaute Sankt Johanniskirche, das neue Wahrzeichen ist der Fernsehturm der Deutschen Bundespost am »Langen Berg«.
Die Ortsgeschichte von Schöngeising in Stichworten: Am Peterstag des Jahres 763 gab Huosier Rehinbert den einstigen Dorfbesitz als Gründungsgabe dem Benediktinerkonvent Scharnitz. Unter den Grafen von Andechs-Dießen wurde der Ort wittelsbachisch. Verschiedene Herrschaften wechselten in der Folgezeit, unter ihnen waren auch die Hundt-Lauterbach. Im Jahre 1587 schenkte Herzog Wilhelm V. der Fromme seinem Hofkapellmeister Orlando di Lasso ein »Haus mit Gartenrecht«. Er dankte damit dem Meister für seine musikalische Arbeit und schuf ihm einen Ort der Erholung bis zu seines Lebens Ende. Das Haus steht nahe der Kirche.
Besitzer von Schöngeising war einmal im 18. Jahrhundert der Estinger Schloßherr Johann Senser, der bekannt wurde, weil er die Tabakspflanze in Bayern heimisch machte.
Der erste Schulmeister von Schöngeising waltete seines Amtes um 1630: Er hieß Michael Parth und war nebenbei auch noch Bäcker, Weber und Mesner.
In der Kriegergedächtnisstätte an der Amperbrücke steht eine wertvolle barocke Madonna aus dem Jahre 1691. Sie stammt von Melchior Seidl.
Im Winter kann man in der Schöngeisinger Pfarrkirche eine prächtige Heimatkrippe bewundern.
Die Einöde Zellhof war in frühen Zeiten ein Wirtschaftshof der Mönche, der auf einer noch älteren Siedlung errichtet worden war. Die Kirche neben dem Hof ist dem heiligen Vitus geweiht.
Im Jahr 1963 feierte die Gemeinde Schöngeising ihr

1200jähriges Bestehen. Am Schulhaus wurde ein schwerer Findling mit der Jahreszahl 763 enthüllt.

## Wissenswert — Sehenwert

**Fürstenfeldbruck** — Nach dem Abbruch der alten frühgotischen Klosterkirche von Fürstenfeld begann im Jahre 1701 Giovanni Antonio Viscardi mit dem Bau seiner bedeutendsten Kirche. Der Münchner Baumeister Ettenhofer mußte nach seinem Tode das Werk im Jahre 1741 vollenden. Ferdinand Apiani und Egid Quirin Asam führten die prachtvollen Stuckarbeiten im Inneren aus. Cosmas Damian Asam malte die Fresken. Nach der Säkularisation im Jahre 1803 sollte das Marienmünster mit Kanonen zerschossen werden. Die Fürstenfeldbrucker hatten sich jedoch energisch dafür eingesetzt, das Bauwerk zu erhalten. Am 13. August des Jahres 1816 wurde das Münster Hofkirche. Zwei Tage später übernahm der bayerische Staat die Baulast.
Die Klostergebäude waren nach der Säkularisation vorübergehend Herberge für pensionierte Mitglieder der italienischen Oper von München, Militärinvalidenanstalt für die bayerische Armee, Kaserne und später Unteroffiziersschule. Im Jahre 1924 wurde die Polizeischule eingerichtet.
Sehenswert in Fürstenfeldbruck ist auch die Barockkirche Sankt Magdalena, die in den Jahren 1673—1679 erbaut wurde. — Die Leonhardikirche stammt aus dem Jahre 1440. Eigentlich ist sie für eine Kirche zu klein und für eine Kapelle zu groß; die Brucker nennen sie deshalb einfach die »Kapellkirch«.
Zur Stadtgeschichte: Verläßliche Nachrichten liegen erst aus dem 13. Jahrhundert vor. Bei der Klostergründung im Jahre 1263 bestand allerdings bereits eine in sich geschlossene Marktgemeinde. Seit 1306 besitzt die heutige Stadt das Marktrecht. Zur Stadt wurde Fürstenfeldbruck erst im Jahre 1935 erhoben.
Das »alte Rathaus« wurde im Jahre 1867 errichtet. An der Giebelseite sieht man zwei goldene Reliefs aus der berühmten Erzgießerei Miller in München. Ferdinand Miller der

Jüngere schenkte sie dem Heimatort seines Vaters. Links sieht man Ludwig den Strengen, rechts dessen Sohn Ludwig von Bayern.

## Einkehr am Weg

**Schöngeising** — »Zur Post«, Dienstag geschlossen.
»Gasthaus Braumiller«, Donnerstag geschlossen.

**Fürstenfeldbruck** — »Amperstüberl«, Holzstraße, Dienstag ganztägig und Mittwoch bis 16 Uhr geschlossen.
»Bayerischer Löwe«, Feuerhausstraße, Samstag geschlossen.
»Gastwirtschaft Ernst«, Schöngeisinger Straße, Samstag und Sonntag geschlossen.
»Wiener Stubn«, Schöngeisinger Straße, Dienstag geschlossen.
»Marthabräu«, Hauptstraße, Mittwoch geschlossen.

# Mit der S 4 nach Buchenau 25

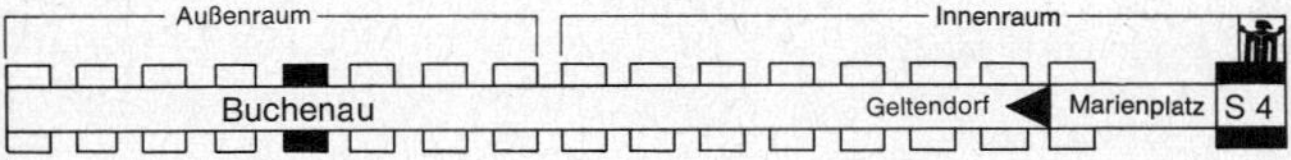


| Abfahrt in München, Marienplatz | | | Rückfahrt in Maisach | | |
|---|---|---|---|---|---|
| 6.23 | 7.03 | 7.43 | 14.00 | 14.40 | 15.20 |
| 8.23 | 9.03 | 9.43 | 16.00 | 16.40 | 17.20 |
| 10.23 | 11.03 | 11.43 | 18.00 | 18.40 | 19.20 |
| 12.23 | 13.03 | 13.43 | 20.00 | 20.40 | 21.20 |

Der Fahrplan gilt Samstag, Sonntag und Feiertag.
Weitere Fahrzeiten im amtlichen Fahrplan.
Fahrzeit: München—Buchenau ca. 31 Minuten. Maisach—München ca. 35 Minuten.
Zonen: München—Buchenau = 4 Zonen. Maisach—München = 4 Zonen.

## Zum stillen Grab des »Rembrandtdeutschen«

Unter der uralten Edigna-Linde im Friedhof von Puch liegt das Grab eines Mannes, der Ende des 19. Jahrhunderts das Schul- und Bildungswesen seiner Zeit in flammenden Schriften kritisierte: Julius August Langbehn (1851 bis 1907). Weltberühmt wurde sein Buch »Rembrandt als Erzieher« (1890). Innerhalb von nur drei Jahren wurde es ein Bestseller: 43 mal mußte es neu aufgelegt werden. Er vertrat darin völkische Ideen und kämpfte gegen den Materialismus, die Industrialisierung und gegen die Halbbildung an. Als Autor zeichnete nicht Langbehn selbst, sondern »ein Deutscher«. Dieses Pseudonym und der Titel seines berühmten Buches brachten ihm den Beinamen der »Rembrandtdeutsche« ein. Im Jahre 1933 schuf Theodor Georgi ein Kreuz für sein Grab.
Lange Zeit wußte man nicht, wo Julius August Langbehn seine letzte Ruhestätte gefunden hatte. Selbst sein Tod war unbemerkt geblieben. Am 30. April des Jahres 1907 starb

er ohne Aufsehen im Hotel »König Otto« in Rosenheim im Alter von 56 Jahren. War er schon zu Lebzeiten der große Anonyme geblieben, so wollte er, seinem letzten Wunsche gemäß, in aller Stille auf dem Friedhof von Puch im Landkreis Fürstenfeldbruck beigesetzt werden. Langbehns treuester Freund, Momme Nissen, hütete das Geheimnis bis ins hohe Alter. Der Wunsch seines Freundes und Vorbildes war ihm Verpflichtung.

## Wandern

Route: *Vom S-Bahn-Haltepunkt Buchenau über Puch, Lindach nach Maisach — 10 km.*

Am S-Bahn-Haltepunkt Buchenau gehen wir links den Weg an der Bahn entlang. Er mündet später in eine geteerte Straße. Ihr folgen wir nur ein kurzes Stück, bis der Weg, wiederum an der Bahn entlang, weiterführt. Wir stoßen nun an einen querverlaufenden Weg. Hier wenden wir uns nach rechts und wandern durch das Eichholz hinauf nach Puch. Nach einer guten halben Stunde Marsch überqueren wir die Jesenwanger Straße. Bei den ersten Häusern von Puch gehen wir rechts auf dem Weg weiter. Beim Vorfahrtschild wenden wir uns links. Vor uns sehen wir die Baumgruppe, in der die »Kaisersäule« steht.
Nach einer Rast wandern wir nun ein kurzes Stück zurück und biegen bei der ersten Straße rechts nach Puch ein. Beim Gasthaus Westermeyer wandern wir rechts weiter bis zur Hauptstraße. Dort wenden wir uns wieder nach rechts, gehen etwa 50 Meter und nehmen nun den Weg nach Lindach, der durch einen kleinen Wegweiser kenntlich ist. Wenn wir den kleinen Ort erreichen, halten wir uns rechts, bei der Straßenabzweigung am Ortsende gehen wir links und gleich wieder links auf dem Feldweg, entlang der Straße, nach Maisach zu. Beim Stopschild überqueren wir die Hauptstraße und nehmen dann den links abzweigenden Weg. Er beschreibt bald eine rechtwinkelige Kurve. Wir folgen ihr, bis wir schließlich direkt an die Bahnlinie kommen. Unter einer hübschen Baumgruppe laden hier ein

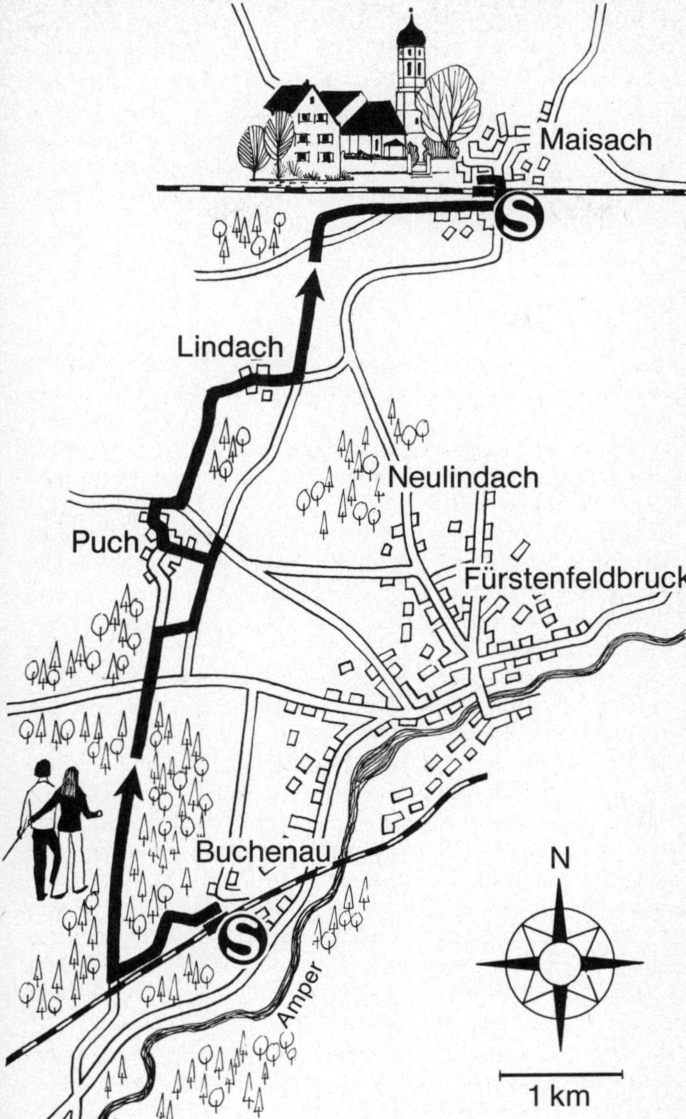
Maisach
Lindach
Neulindach
Puch
Fürstenfeldbruck
Buchenau
Amper
N
1 km

paar Bänke zum Verweilen ein. Wir wandern nun auf dem Weg rechts weiter und bei der Querstraße links nach Maisach hinein.

**Hinweise:** Auf dem größten Teil dieser Strecke werden befestigte (nicht geteerte) Wege benützt. Ältere Kinder können teilnehmen. Geeignet sind alle Jahreszeiten, auch der Winter (sofern es nicht zu kalt ist).

## Die Edigna-Linde von Puch

Nahe dem Grab des »Rembrandtdeutschen« Julius August Langbehn im Friedhof von Puch steht noch heute die uralte Edigna-Linde. Auf einer Tafel liest man: »Tausendjährige Linde, in deren Stamme die selige Edigna, Tochter des Königs Heinrich von Frankreich, 35 1/2 Jahre ein gottgeweihtes Einsiedlerleben führte und am 26. Februar 1109 starb.«
Von der Entstehung der Edigna-Verehrung ist nahezu nichts bekannt. Der Überlieferung nach soll sich die Tochter des französischen Königs gegen eine aufgezwungene Heirat gewehrt haben und geflohen sein, bis sie in der hohlen Linde bei Puch eine Heimstatt fand. Im Bayerischen Nationalmuseum befindet sich ein Ölgemälde aus dieser Zeit, das die Selige in Nonnentracht zeigt, in den Händen ein Buch mit einem Hahn.
Ähnlich wie bei der heiligen Walburga wird berichtet, daß die Linde, in der Edigna wohnte, später eine ölartige Flüssigkeit ausgeschieden habe, die man in Fläschchen abfüllte und gegen allerlei Krankheiten heilend anwenden konnte.
In der gotischen Marienkirche von Puch sieht man in wundervollen Fresken Bilder aus dem Leben der Seligen, von der die Legende berichtet: »Auf einem Ochsenwagen, auf dem ein Glöcklein war und ein Haushahn, geleitete die heilige Edigna Gottes Engel in Gestalt eines armen Mannes in die weite Welt. In Puch läutete das Glöcklein und krähte der Hahn und allda wohnte sie neben dem Marienkirchlein in einem alten Lindenbaum.«
Die Edigna-Wallfahrt ist im Volk noch tief verwurzelt, obwohl Edigna von der Kirche nicht heilig gesprochen worden

ist. In früherer Zeit kam regelmäßig die Tändlerinnung von München hierher. Aus dem Dachauer Gebiet, aus Kottgeisering und Wildenroth und aus vielen Orten der Umgebung strömten die Pilger herbei.

## Wo Kaiser Ludwig der Bayer starb

Neben der vielbefahrenen Bundesstraße bei Puch erinnert in einem kleinen Hain ein Gedenkstein an das tragische Ende eines deutschen Kaisers. Auf dem Obelisk, den im Jahre 1808 König Maximilian I. am Orte des Geschehens, auf dem »Kaiseranger«, aufstellen ließ, ist in wenigen Worten die Geschichte vom Ende des Monarchen eingemeißelt: »Hier starb in den Armen eines Bauern vom Tode überrascht — den 11. Okt. 1347 Ludwig der Baier, Römischer Kaiser«.
Der Herrscher befand sich an jenem Oktobertag in dieser Gegend auf der Bärenjagd und wurde im Alter von 62 Jahren plötzlich vom Schlag getroffen.
Die Regentschaft hatte sich Ludwig der Bayer gegen seinen Kontrahenten Friedrich den Schönen erkämpfen müssen. Er gewann den Machtstreit und ließ sich 1314 in Rom von Sciarra Colonna zum König krönen. Einen erbitterten Kampf führte er gegen den Papst um die Frage der Königswahl und um die Reichsrechte in Italien. Seine Hausmachtpolitik forderte den Widerstand der Fürsten heraus, die schließlich Karl VI. als Gegenkönig aufstellten. Ludwig starb, bevor es zu einer kriegerischen Auseinandersetzung kam.

## Wissenswert — Sehenwert

**Puch** ist ein uralter Ort. Um 770 schon wird die Siedlung »bei den Buchen« in einer Urkunde genannt.
Die gotische Kirche von Puch hat seit dem 17. Jahrhundert den heiligen Sebastian als Patron. Im Jahre 1730 wurde sie in prachtvollem Rokoko ausgestaltet.
Im Jahre 1322 wurde Puch von den österreichischen Solda-

ten Friedrichs des Schönen in Brand gesteckt. Bis zum letzten Hof wurde das Dorf damals eingeäschert. Friedrich wollte sich damit für die Niederlage rächen, die ihm Ludwig bei Ampfing beigebracht hatte.

**Lindach** — Im Jahre 819 schon wurde Lindach als »Amelintah«, das ist die »Siedlung am Lindenwald«, in einer Urkunde genannt. — Vom Kloster Fürstenfeld wurden hier einst Ziegeleien betrieben.
(Wissenswertes über Maisach: Siehe Tip 27, Seite 153.)

## Einkehr am Weg

**Puch** — »Gästehaus Haas«, Ortsmitte.
»Gasthaus Westermeyer«, Ortsmitte, kein Ruhetag, in den Sommermonaten nur abends geöffnet.

**Maisach** — »Schlammerl«, Hauptstraße.
»Oberwirt«, Kirchenstraße, Montag geschlossen.
»Maisacher Sommerkeller«, Äußere Brucker Straße, Montag geschlossen.

»Mathäser«, Äußere Brucker Straße.

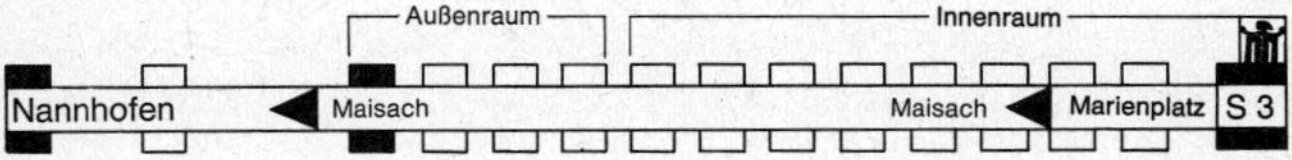


**Abfahrt**
in München, Marienplatz

| Marienplatz | Maisach an | Maisach ab | Nannhofen |
|---|---|---|---|
| 5.53 | 6.24 | 6.28 (nur Sa, Bus) | 6.48 |
| 5.53 | 6.24 | 6.32 (nur So, Bus) | 6.52 |
| 7.13 | 7.44 | 7.49 (nur Werktag) | 7.55 |
| 7.53 | 8.24 | 8.27 (nur So) | 8.34 |
| 7.53 | 8.24 | 8.28 (nur Sa, Bus) | 8.48 |
| 9.13 | 9.44 | 9.48 (Bus) | 10.08 |

**Rückfahrt**
in Nannhofen

| Nannhofen | Maisach an | Maisach ab | Marienplatz |
|---|---|---|---|
| 16.56 (Bus) | 17.16 | 17.20 | 17.57 |
| 18.28 | 18.36 | 18.40 | 19.17 |
| 19.30 (nur Sa, Bus) | 19.50 | 20.00 | 20.37 |
| 19.52 (nur So) | 19.58 | 20.00 | 20.37 |
| 20.16 (Bus) | 20.36 | 20.40 | 21.17 |
| 22.56 (Bus) | 23.16 | 23.20 | 23.57 |

Der Fahrplan gilt Samstag, Sonntag und Feiertag.
Weitere Fahrzeiten im amtlichen Fahrplan.
Bis und ab Maisach S-Bahn.
Fahrzeit: einfache Fahrt ca. 60 Minuten.
Zonen: München—Nannhofen und zurück = zweimal 5 Zonen.
(Bis Nannhofen S-Bahn-Tarif)

## Wo der Räuber Kneißl gefangen wurde

Der Morgen des 4. März 1901 wurde für den gefürchteten Räuber Mathias Kneißl das Ende seines freien Lebens und der Beginn einer monatelangen Gefangenschaft, bis er schließlich am 21. Februar des Jahres 1902 in Augsburg unter dem Fallbeil starb.
Der gerissene, mit allen Wassern gewaschene Kneißl wäre auch an jenem Märzmorgen nicht von der Polizei überwältigt worden, wenn ihn seine Braut Mathilde Lorenz nicht verraten hätte. Mit ihr hatte er sich in seinem Versteck in Geisenhofen getroffen, um die geplante Auswanderung nach Amerika zu besprechen. Während er die Nacht mit der Geliebten verbrachte, lag draußen schon ein großes Polizeiaufgebot auf der Lauer, um den gefürchteten Räuber dingfest zu machen.
Aber so leicht ließ sich Mathias Kneißl, der erst am nächsten Morgen die böse Überraschung erlebte, nicht zur Strecke bringen. So verwegen er freilich auch kämpfte, schließlich wurde er doch schwerverletzt aus dem Haus getragen, auf einen Pferdewagen gelegt und nach Nannhofen gebracht, von wo er seine letzte Fahrt in diesem Leben antrat.

## Wandern

Route: *Vom Bahnhof Nannhofen über Spielberg, Oberschweinbach, Unterschweinbach, Waltershofen, Englertshofen, Pischertshofen, Rammertshofen zurück nach Nannhofen — 12 km.*

Am Bahnhof in Nannhofen gehen wir zuerst rechts, dann auf der Hauptstraße in den Ort. Bei der Kirche halten wir uns links. Wir kommen an Pferdekoppeln vorbei und erreichen am Ortsende eine Weggabelung. Wir nehmen den Privatweg ganz rechts und wandern nun geradeaus auf den Wald zu. Dort gehen wir links weiter und folgen nun diesem Weg — er beschreibt später im Wald eine Rechtskurve — bis zur Straße.
Auf der Teerstraße gehen wir etwa 500 Meter links weiter,

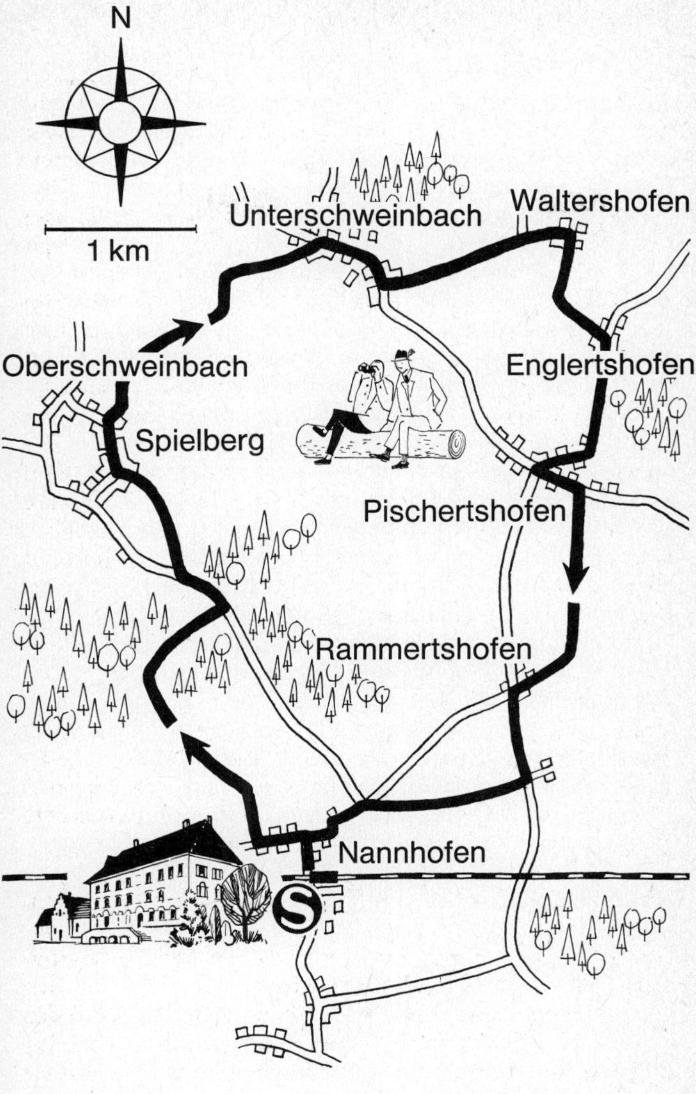
N
1 km
Unterschweinbach
Waltershofen
Oberschweinbach
Englertshofen
Spielberg
Pischertshofen
Rammertshofen
Nannhofen
S

bis wir den Wegweiser nach Spielberg sehen. Wir folgen ihm, wandern am Kloster Spielberg vorbei und erreichen schließlich Oberschweinbach. Alte Kastanienbäume säumen den hübschen Weg. Wir wandern links den Hang hinunter, gehen aber schon bald, beim Feuerwehrgerätehaus, rechts weiter. Bei der nächsten querverlaufenden Straße im Ort halten wir uns ebenfalls rechts. Wir kommen auf einen Weg, der uns nun, an der Kumpfmühle vorbei, nach Unterschweinbach führt.
Wo der Weg endet, gehen wir ein kurzes Stück rechts auf der Teerstraße weiter in den Ort Unterschweinbach hinein. Wir durchwandern das Dorf. Kurz nach der Kirche sehen wir in einer Kurve rechts einen Verkehrsspiegel. Hier gehen wir nun den Weg links nach Waltershofen (1 km). Das Dörfchen haben wir auf dem ruhigen Sträßchen bald erreicht.
In Waltershofen schwenken wir nach rechts in den Weg nach Englertshofen ein. Malerisch liegt links vor uns das Dorfkirchlein, unter Bäumen versteckt. Wir streben nun in südlicher Richtung auf einem Landsträßchen Aufkirchen zu, das wir schließlich am Ortsteil Pischertshofen erreichen. Wir gehen bis zur Hauptstraße und wenden uns beim Stopschild nach links. Nach etwa 500 Metern überqueren wir die Hauptstraße und wandern nun auf dem Feldweg weiter. Der Weg führt uns nach Rammertshofen. Nach der Kirche und dem Bauernhof folgen wir an der Kreuzung links etwa 500 Meter weit dem Sträßchen in Richtung Galgen. In Höhe von Holzmühl (links) biegen wir nach rechts in den Feldweg ab. Am Waldrand entlang, und später durch die Ausläufer des Nannhofener Waldes, erreichen wir schließlich die Teerstraße. Hier gehen wir links noch etwa 500 Meter bis Nannhofen.

**Hinweise:** Für diese Tour muß man gut zu Fuß sein. Für die meisten Kinder dürfte sie schon zu anstrengend sein. Benützt werden neben Feld- und Waldwegen auch verkehrsarme geteerte Ortsverbindungswege. Besonders geeignete Jahreszeiten sind Frühjahr und Herbst.

## Wissenswert — Sehenswert

**Nannhofen** ist ein sehr altes Dorf. Im Jahre 824 wird es urkundlich zum erstenmal genannt. Die einstige Schloßburg wurde im Jahre 1422 zerstört. Herzog Wilhelm III. ließ sie daraufhin von dem Brucker Baumeister Pettenbeck noch schöner wieder aufbauen. Der heutige Renaissancebau stammt aus dem Jahre 1752. Ihn umgibt eine schöne Parkanlage.

Die Nebenkirche Sankt Peter und Paul von Nannhofen fällt heute schon von weitem durch den schön gegliederten Turm auf. Im Jahre 1960 wurde das Gotteshaus, das im Jahre 1641 der Hofmarksherr hatte errichten lassen (1760 wurde der heutige Bau erstellt), renoviert. Schon die alte Kirche war mit einer Turmuhr versehen, was damals äußerst selten war.

Die große Stunde für die Nannhofener schlug im Jahr 1838, als die Eisenbahn durch das Haspelmoor gebaut wurde. Im Jahre 1840 rollte der erste Zug von München an. Er hatte noch offene Wagen. Die Passagiere waren der Kälte und dem Rauch ausgesetzt.

**Spielberg** — Der Name Spielberg wird mit »Mons spekulatorius« (Aussichtsberg) in Verbindung gebracht. Wahrscheinlich hatten die Römer einst an dieser Stelle einen Beobachtungsposten für die Straße Augsburg—Salzburg errichtet.

In den Jahren 1900/1901 wurde das heutige Kloster Spielberg vom Mutterkloster Reutberg an der Stelle des einstigen höfischen Schloßgartens gebaut. Zugleich wurde eine Mariä-Himmelfahrts-Kapelle errichtet. Am 1. Juli 1903 nahm das »Cajetanstift« die ersten zwölf Insassen auf. Von 1944 bis 1952 diente das Invalidenheim als Ausweichheim für das Münchner Lungensanatorium des Krankenhauses Harlaching.

Das Schloß Spielberg wurde im Jahre 1966 gründlich renoviert. Im Jahre 1969 erhielt die Klosterkapelle ihre moderne Ausstattung.

**Unterschweinbach** ist ein sehr altes, von der Landwirtschaft geprägtes Kirchdorf. Schon im Jahre 773 ist von dem Ort die Rede. Die Marienkirche mit dem mächtigen Satteltΰrm zeigt die romanische Anlage aus dem 13. Jahrhundert (Chor und Ostturm). Sehenswert ist die Madonna »Mutter der schönen Liebe im Lande Bairn«, ein altes Wallfahrtsziel.

Die **Kumpfmühle** am Mühlbach ist schon lange nicht mehr in Betrieb. Im Jahre 1554, so liest man, wurde sie »modernisiert«.

**Waltershofen** — Der kleine Weiler wird schon um 1130 erwähnt. Vor gut 100 Jahren gab es hier nur sechs Häuser mit 46 Einwohnern.

**Englertshofen** — Die Kirche Sankt Ulrich in dem Weiler Englertshofen wird schon im Jahre 823 genannt. Sie wurde in feinem Rokoko ausgestaltet. Man nimmt an, daß der Ort früher wesentlich größer war. Nach dem Schwedenkrieg gab es hier kaum mehr Überlebende.

**Pischertshofen** — Der Weiler wird im Jahre 1098 als bischöflicher Wirtschaftshof genannt.

**Rammertshofen** — In dem Weiler gab es früher ausgedehnte Weingärten. Der Wimbauernhof weist in seinem Namen noch darauf hin.

Das Heiligkreuz-Kirchlein in Rammertshofen aus dem 15. Jahrhundert ist sehenswert. In der Zeit des Barock wurde es mit herrlichem Wessobrunner Stuck ausgestattet. Ausdrucksvoll sind die Darstellungen der Kreuzigungsgruppe.

## Einkehr am Weg

**Nannhofen** — »Bahnhofsbierstube«, kein Ruhetag.

**Unterschweinbach** — »Gasthaus Sollinger«, Ortsmitte.

**Aufkirchen** — »Gasthaus Berghamer«, Ortsmitte.
»Gasthaus Lampl«, Ortsmitte.

# Mit der S 3 nach Maisach **27**

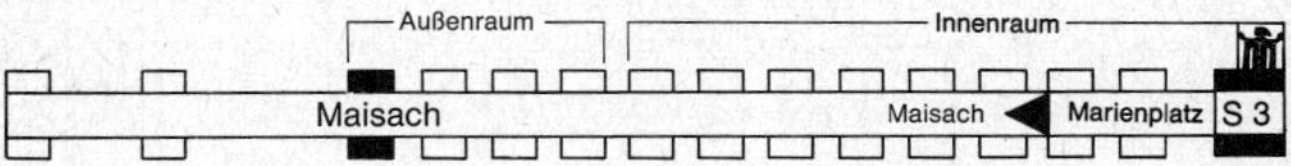


| **Abfahrt** in München, Marienplatz | | | **Rückfahrt** in Gernlinden | | |
|---|---|---|---|---|---|
| 5.53 | 6.33 | 7.13 | 16.03 | 16.43 | 17.23 |
| 7.53 | 8.33 | 9.13 | 18.03 | 18.43 | 19.23 |
| 9.53 | 10.33 | 11.13 | 20.03 | 20.43 | 21.23 |
| 11.53 | 12.33 | 13.13 | 22.02 | 22.43 | 23.23 |

Der Fahrplan gilt Samstag, Sonntag und Feiertag.
Weitere Fahrzeiten im amtlichen Fahrplan.
Fahrzeit: München—Maisach ca. 35 Minuten. Gernlinden—München ca. 32 Minuten.
Zonen: München—Maisach und Gernlinden—München = zweimal 4 Zonen.

## Durch das Kühmoos

Arme Bauern und vermögende Grundherren lagen sich nirgends so nah wie im Gebiet um Maisach und waren doch nirgends so deutlich getrennt. Teilendes Element war von jeher die Maisach, der kleine Fluß, nach dem auch der inzwischen stattlich angewachsene Ort benannt ist.
Da war die arme Seite, das Gebiet nördlich der Maisach. Der moorige Grund (durch den wir wandern) ließ keine einträgliche Landwirtschaft zu. Der Boden war nicht viel wert. Die Bauern fristeten hier ein karges Dasein.
Die andere Seite, nach Süden zu gelegen, war die reiche Seite. Hier in dem trockenen Gelände am Rande der Moränenzüge hatten sich die vermögenden Grundherren niedergelassen. Sie besaßen stattliche Villen, ihre Ländereien brachten gute Ernten ein.
Heute spannt sich über diese beiden Welten von einst die Autobahn. Das Moor wurde kultiviert und im Laufe der Jahrhunderte und Jahrzehnte verloren sich die Unterschiede.

Die Wanderung, die wir vom S-Bahnhof Maisach aus unternehmen, erinnert uns nocheinmal an jene alten Zeiten. Wir durchstreifen, nachdem wir Maisach hinter uns gelassen haben, das einstige Moor und wandern durch das Kühmoos hinüber zur Moosalm. Ein sehr schönes Gebiet, das bald unter Landschaftsschutz gestellt werden soll.

## Wandern

Route: *Vom S-Bahnhof Maisach durch das Kühmoos zur Moosalm und zurück nach Gernlinden — 7 km.*

Vom S-Bahnhof Maisach gehen wir durch die Bahnhofstraße bis zur Hauptstraße. Ihr folgen wir nach rechts und biegen schließlich in die Abzweigung nach Überacker ein. Am Ende des Ortes nehmen wir den ersten rechts abzweigenden Feldweg und folgen diesem etwa zwei Kilometer. Dann müssen wir auf einer Furt links bis zum nächsten Weg gehen. Wir können uns dabei an der Starkstromleitung orientieren. Wenn wir nach etwa 800 Metern den Weg erreichen, wandern wir rechts weiter. Nach eineinhalb Kilometern kommen wir an das Sträßchen zur Moosalm. Wenn wir einkehren wollen, biegen wir nach links zur Gaststätte Moosalm ab. Für den Rückweg nehmen wir das Sträßchen bis zur nächsten Querstraße. Wir gehen rechts weiter und bleiben an der Kurve auf dem Weg geradeaus. Am Ende dieses Weges halten wir nach links, gehen beim Vorfahrtschild rechts und beim nächsten Vorfahrtschild wieder links zum S-Bahnhof Gernlinden.

**Hinweise:** An diesem Familienausflug können auch Kinder teilnehmen. Benützt werden Wege abseits vom Verkehr. Beste Jahreszeit für diese Wanderung ist der Herbst. Aber auch im Winter kann man hier gut gehen. Meiden sollte man diese Route nur bei regnerischem Wetter.

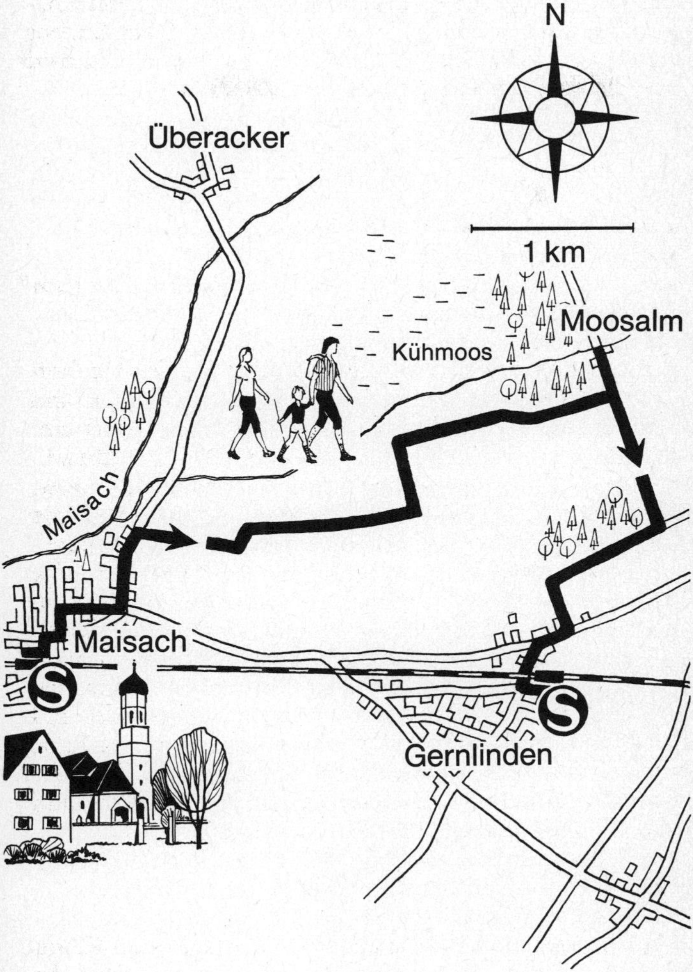
N
1 km
Überacker
Moosalm
Kühmoos
Maisach
Maisach
Gernlinden

## 1560 lernten die Maisacher schon Latein

Schon im Jahre 1560 gab es in Maisach eine Pfarrschule, in der Zisterziensermönche vom nahen Kloster Fürstenfeld einigen wißbegierigen Schülern auch Lateinunterricht gaben. Freilich nahmen an dieser Unterweisung in jener Zeit nur Knaben vom dritten bis fünften Lebensjahr teil. Diese erste Schule von Maisach bestand aber nicht lange. Kriegsereignisse, Not und unruhige Zeiten brachten es mit sich, daß der Schulbetrieb zunächst wieder eingestellt werden mußte. Erst im Jahre 1667 hören wir wieder von einem Lehrer namens Johann Mayr.

Jetzt wurde wieder ordentlicher Unterricht erteilt. Die Schulkinder von Maisach gingen damals in ein Schulhaus, das aus Kirchenmitteln unterhalten wurde. Im Jahre 1785 mußte es als baufällig bezeichnet werden, weshalb man von diesem Jahr an wieder einmal ohne Schulhaus dastand. Mit dem Schulunterricht wurde es damit wieder sehr viel schwieriger.

Im Jahre 1820 taten sich der Pfarrer von Maisach und ein Müllersohn zusammen, um für eine Schulfondstiftung Geld zu sammeln. Mehr als zehn Jahre lang trugen sie so eifrig Geld zusammen, daß schon im Jahre 1833 ein für die damaligen Verhältnisse respektabler Neubau für Knaben und Mädchen errichtet werden konnte.

50 Jahre später gab es für die Maisacher Volksschule eine ganz große Neuigkeit: Eine Hilfslehrerinnenstelle wurde eingerichtet. Als eine der ganz wenigen Schulen im weiten Umkreis hatte Maisach ein »Schulfräulein«. Im Jahre 1904 schließlich wurde ein weiteres Schulhaus gebaut. Das neue Zentralschulhaus von Maisach wurde im Jahre 1954 feierlich seiner Bestimmung übergeben, womit die alte Tradition würdig fortgesetzt wurde. Mit allen schulischen und technischen Hilfsmitteln ist dieser Bau ausgestaltet. Freilich war er schon nach wenigen Jahren wieder zu klein geworden. 1962/63 mußte ein Erweiterungsbau angefügt werden.

## Wissenswert — Sehenwert

Maisachs Geschichte in Stichworten: Unter Bischof Atto wird der Ort im Jahre 806 erstmals urkundlich erwähnt. Doch ein Edler Deoduld von Maisaha lag zu dieser Zeit bereits in der alten Sankt Lorenzkirche begraben. Um die Jahrtausendwende wurde Maisach Herzogbesitz, dies geht aus Eintragungen im Wessobrunner Traditionskodex hervor. — Kaiser Ludwig der Baier schenkte dem Ort zusammen mit Esting und Germerswang im Jahre 1341 an das Kloster Ettal, das zehn Jahre vorher von ihm gestiftet worden war. In den Jahren 1422, 1632 und 1704 brannte Maisach fast vollkommen ab. Pest, Plünderungen und Geldentwertungen brachten den Dorfbewohnern schwere Schicksalsschläge.

Die Pfarrkirche Sankt Vitus in Maisach stammt in ihrem ältesten Teil wahrscheinlich aus dem Jahre 1425. Der einst gotische Chor ist noch heute zu erkennen. Im Jahre 1721 schmückte Benedikt Heiß von Dachau die Kirche mit feinen Stuckarbeiten. Das Deckengemälde ist neueren Datums. Josef Kögl aus Pasing schuf es im Jahre 1910.

Besonders sehenswert ist eine wertvolle barocke Kreuzigungsgruppe. Der Kirchturm, sehr schön gegliedert, aus dem Jahre 1759, wurde 1929 erhöht und mit einer Zwiebelhaube versehen. Während der beiden Weltkriege wurden die Glocken abgenommen und eingeschmolzen. Das neue Geläute wurde 1950 aufgezogen.

Am S-Bahnhof in Gernlinden lädt eine kleine Anlage zum Verweilen ein. Hier sieht man auf einem Gedenkstein das Bronzebild des »Gründers von Gernlinden«, Graf Toerring.

Die kleine Filialkirche zum heiligen Konrad von Parzham in Gernlinden wurde im Jahre 1934 errichtet.

Die Wohnsiedlung Hasenheide bei Gernlinden entstand durch die Aktivität von Flüchtlingsfamilien.

Gernlinden war im Jahre 1870 noch eine Einöde mit nur acht Einwohnern, die in zwei Häusern wohnten. Nach dem ersten Weltkrieg entstand sehr rasch nach einer Landgewährung von Graf Toerring auf Seefeld der heutige Ort. 1935 wurde eine Schule gebaut, 1956 und 1963 mußte sie schon erweitert werden. Heute gehört Gernlinden dank seiner günstigen Lage an der S-Bahn-Strecke zu den aufstrebenden Orten in dieser Gegend.

## Einkehr am Weg

**Maisach** — »Schlammerl«, Hauptstraße.
»Oberwirt«, Kirchenstraße, Montag geschlossen.
»Maisacher Sommerkeller«, Äußere Brucker Straße, Montag geschlossen.
»Mathäser«, Äußere Brucker Straße.

**Moosalm** — »Gastwirtschaft Moosalm«, Donnerstag geschlossen.

# Mit der S 3 nach Gernlinden 28

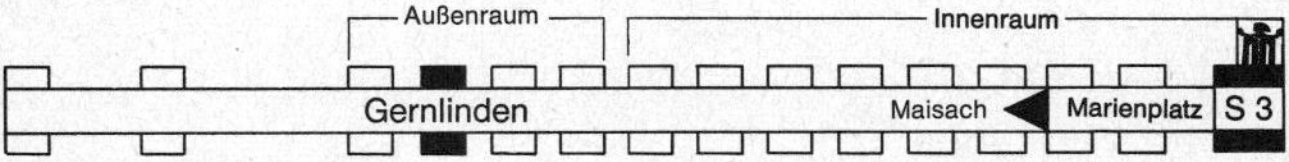


| Abfahrt in München, Marienplatz | | | Rückfahrt in Olching | | |
|---|---|---|---|---|---|
| 5.53 | 6.33 | 7.13 | 16.05 | 16.45 | 17.25 |
| 7.53 | 8.33 | 9.13 | 18.05 | 18.45 | 19.25 |
| 9.53 | 10.33 | 11.13 | 20.05 | 20.45 | 21.25 |
| 11.53 | 12.23 | 13.13 | 22.05 | 22.45 | 23.25 |

Der Fahrplan gilt Samstag, Sonntag und Feiertag.
Weitere Fahrzeiten im amtlichen Fahrplan.
Fahrzeit: München—Gernlinden ca. 32 Minuten. Olching —München ca. 30 Minuten.
Zonen: München—Gernlinden = 4 Zonen. Olching—München = 3 Zonen.

## Unterwegs ein altes Schloß

Vor 100 Jahren war Gernlinden eine Einöde. Nach dem ersten Weltkrieg gab Graf Toerring Land für eine Siedlung, und von da an wuchs der Ort stark an. Wenn wir den S-Bahn-Haltepunkt Gernlinden verlassen, sehen wir schon nach wenigen Schritten in einer kleinen gepflegten Anlage ein Bronzebild des Grafen, das ihm die Einwohner von Gernlinden als dem Gründer ihres Ortes gewidmet haben.
Wir wandern hinüber nach Esting, wo uns ein altes Schloß überrascht. Die Schloßkapelle liegt unmittelbar an der Straße, und eine lateinische Inschrift — aus dem Jahre 1920 — besagt: Außerhalb Esting gibt es kein Leben so wie in Esting. Im Lateinischen ließ sich dieser Satz als hübsches Wortspiel anbringen.
Kurz vor Esting müssen wir die neugebaute Bundesstraße überqueren (Vorsicht!). Von Esting aus führen dann bequeme Wege hinüber nach Olching, das ebenfalls vor 100 Jahren noch ein kleiner, verträumter Ort mit Bauernhöfen

war. Erst nachdem die Bahn in Betrieb genommen war, entwickelte sich auch Olching zu einer großen Siedlungsgemeinde. Industrie- und Gewerbegebiete haben sich hier in größerer Zahl niedergelassen. Die Entwicklung Olchings ist noch nicht beendet. Bekannt wurde der Ort in den letzten Jahren durch seinen See, ehemals ein wenig attraktiver Baggersee der Deutschen Bundesbahn. Durch den Verein zur Sicherstellung überörtlicher Erholungsgebiete in den Landkreisen um München wurde er zu einem wertvollen Freizeitparadies ausgebaut. Wer nicht gerade aufs Baden aus ist, kann hier auch zu anderen Jahreszeiten, selbst im Winter, erholsame Wanderungen unternehmen.

## Wandern

Route: *Vom S-Bahnhof Gernlinden über Esting ins Ampertal zum Bahnhof Olching — 4 km.*

Am S-Bahnhof Gernlinden wenden wir uns in die südliche Brucker Straße und schwenken schon bald nach links in die Schillerstraße ein. Die Siedlungsstraße mündet in einen Feldweg, der (nach einer kleinen Linkskurve) fast schnurgerade zur neuen Bundesstraße 471 führt. Wir überqueren die vielbefahrene Straße und gehen auf der anderen Straßenseite geradeaus weiter nach Esting. Über die Kreuzstraße kommen wir auf die Hauptstraße. Hier, beim Feldkreuz, machen wir einen kleinen Abstecher in den Ort, um das Schloß mit der Schloßkirche und vielleicht auch die Pfarrkirche anzuschauen.
Beim Feldkreuz, an dem wir vorher nach rechts in den Ort gingen, führt auf der anderen Straßenseite ein Fußweg hinunter in die Amperau. Beim Sportplatz gehen wir auf der Toni-März-Straße weiter, überqueren den Mühlbach im Verlauf der Neuestinger Straße und biegen am Nöscher-Platz nach links in die Hauptstraße ein. Auf ihr kommen wir schließlich zum S-Bahnhof Olching, von wo wir zurück nach München fahren können. (Wer will, kann auch zum Olchinger See weiterwandern und sich dort aufhalten.)

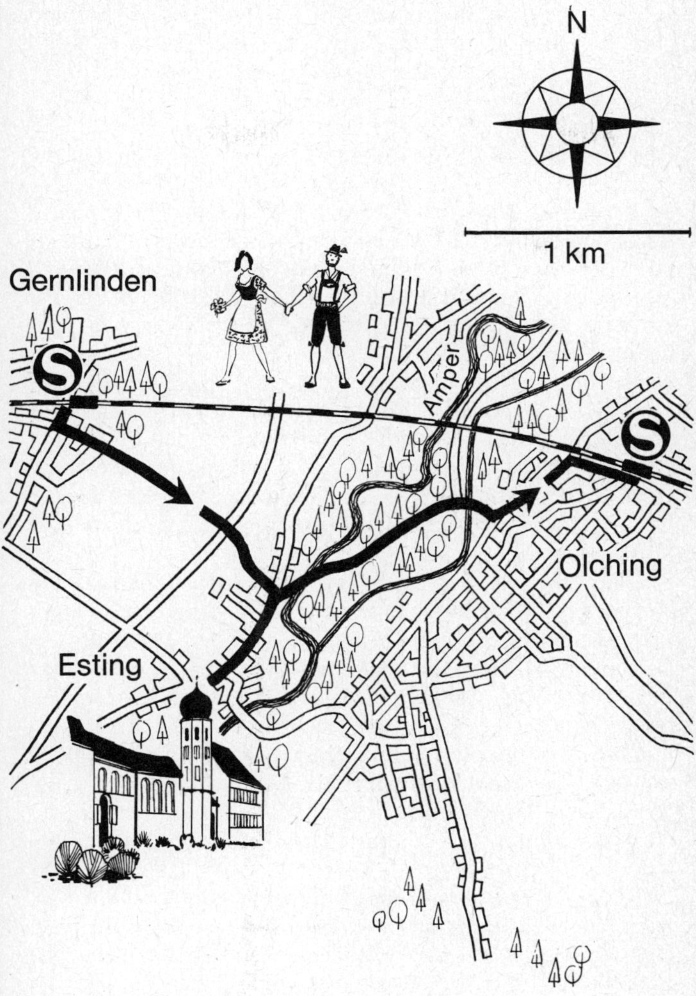
N
1 km
Gernlinden
Amper
Olching
Esting

**Hinweise:** An diesem Spaziergang können gut auch Kinder teilnehmen. (Vorsicht beim Überqueren der Bundesstraße!) Geeignet zum Wandern sind alle Jahreszeiten. Tip für den Sommer: Baden im Olchinger See. Tip für den Winter: Rodeln in den Amperauen vor Olching.

## Der »Tabakkönig« von Esting

In der Geschichte der bayerischen Tabakindustrie kennt man seinen Namen, die Raucher indessen wissen kaum etwas von ihm: Johann Senser hieß der Mann, der im 17. Jahrhundert den Tabak in Bayern heimisch machte. Er war kurfürstlicher Kammerrat und ist mit der Geschichte des Estinger Schlosses eng verbunden.
Nach 1666 war das Estinger Schloß fast völlig zerstört. Johann Senser machte sich drei Jahrzehnte später daran, es neu aufzubauen. In dieses Schloß kam immer wieder der Kurfürst selbst, wenn er im Emmeringer und Olchinger Forst Jagden veranstaltet hatte. Da wurde viel gegessen und getrunken. Es gab große Feste im Schloß zu Esting in jener Zeit.
Um das Jahr 1750 erhielt die Schloßkapelle von Esting den wunderschönen Rokokoaltar. Auf ihm steht eine spätgotische Madonna. Sie genießt im Volke große Verehrung.
Das heute unmittelbar an der Straße gelegene »Vorwerk« des eigentlichen Schloßbaues fällt durch seine hübschen Freskenmalerien auf. Wenn man nicht genau hinschaut, möchte man meinen, sie seien schon sehr alt. Doch sie stammen erst aus dem Jahre 1925. Der Olchinger Kunstmaler Karl Sonner schuf sie. Er hielt im Bild verschiedene seiner Zeitgenossen fest, darunter auch die heutigen Schloßherren.
Die Ortsgeschichte von Esting in Stichworten: Die ersten Schloßherren von Esting waren die Estinga. Man schrieb das Jahr 793(!), als sie ins Schloß einzogen. Bald wurden die Estinger einflußreiche Leute.
In den späteren Jahrhunderten setzte ein häufiger Wechsel unter den Schloßherren ein. In der Schloßgeschichte liest man die Namen der Preysings, Höhenkirchner, Senser,

Spreti und anderer Familien. Sie kümmerten sich schon von jeher sehr um die Erhaltung der Schloßkapelle und um die Dorfkirche Sankt Stephan.

## Wissenswert — Sehenswert

Die Stefanskirche von Esting gehört zu den ältesten Kirchenbauten im weiten Umkreis. Sie steht auf Fundamenten aus dem 12. und 13. Jahrhundert. Diese waren zum Teil aus Feld- oder Ampersteinen gelegt worden. Die Kirche ist noch heute in romanischem Stil erhalten. Fresken aus der Zeit der Gotik wurden freigelegt.
Seit dem Jahre 1315 war Esting keine eigene Pfarrei mehr. Erstmals im Jahre 1738 begann ein Schloßbenefiziat hier zu wirken. Bis 1898 hatten Benefiziaten die Seelsorge in Esting inne. Für sie wurde neben der Schloßkapelle ein eigenes Haus gebaut. Dort hielten sie auch den Schulunterricht für die Estinger Kinder. Im Jahre 1874 erst erhielt das Dorf eine eigene Schule.
Neu-Esting ist erst um die Jahrhundertwende entstanden. Ursache für die Neugründung wurde die einsetzende Siedlungstätigkeit.
Am 1. Januar des Jahres 1962 wurde das Kuratbenefizium Esting zur Pfarrkuratie Sankt Stefanus Esting erhoben. Nahezu die gesamte Einwohnerschaft ist katholisch.
Im Jahre 1838 wurde die Bahn nach Olching gebaut. Sie wurde bald Versuchsstrecke für sämtliche Elektrizitätseinrichtungen. Auch die fugenlose Gleisverbindung wurde hier erstmals erprobt. Mit der Bahn nahm Olching seinen Aufschwung.
Die Ortsgeschichte von Olching reicht weit zurück. Schon in prähistorischer Zeit dürften hier Menschen gesiedelt haben. Ludwig der Strenge wollte an diesem Ort zunächst das Kloster Fürstenfeld gründen.
Die heutige Kirche von Olching wurde erst im Jahre 1903 in neuromanischem Stil errichtet. Die Fresken malte Professor Josef Bergmann. Im gleichen Jahr wurde die alte Olchinger Steinkirche, die schon 1000 Jahre stand, abgetragen. Sie

krönte das Kirchbergl und war den Apostelfürsten Peter und Paul geweiht. (Mehr über Olching: siehe Tip 29, Seite 165.)

## Einkehr am Weg

**Esting** — »Café Amperstüberl«, Montag geschlossen.
»Gastwirtschaft Braumiller«, Donnerstag geschlossen.

**Olching** — »Daxer Hof«, Dachauer Straße, Donnerstag geschlossen.
»Gaststätte/Café zum Bahnhof«, Hauptstraße.
»Gaststätte Westermeyer«, Hauptstraße, kein Ruhetag.
»Bräustüberl«, Nöscherplatz, Montag geschlossen.
»Sportgaststätte SC«, Amperufer, Montag geschlossen.
»Am See«, nur während der Sommermonate geöffnet.

# Mit der S 3 nach Olching **29**

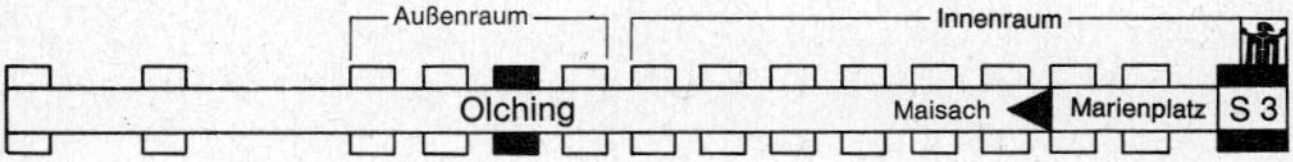


| Abfahrt in München, Marienplatz | | | Rückfahrt in Olching | | |
|---|---|---|---|---|---|
| 5.53 | 6.33 | 7.13 | 16.05 | 16.45 | 17.25 |
| 7.53 | 8.33 | 9.13 | 18.05 | 18.45 | 19.25 |
| 9.53 | 10.33 | 11.13 | 20.05 | 20.45 | 21.25 |
| 11.53 | 12.33 | 13.13 | 22.05 | 22.45 | 23.25 |

Der Fahrplan gilt Samstag, Sonntag und Feiertag.
Weitere Fahrzeiten im amtlichen Fahrplan.
Fahrzeit: einfache Fahrt ca. 30 Minuten.
Zonen: München—Olching und zurück = zweimal 3 Zonen.

## Ins Freizeitparadies von Olching

Wer heute von Olching spricht, denkt wohl an den Olchinger See, einst ein wenig attraktiver Baggersee neben dem Bahndamm, heute eine der schönsten Freizeiteinrichtungen im weiten Umkreis. Das kam so: Der »Verein zur Sicherstellung überörtlicher Erholungsgebiete in den Landkreisen um München e.V.«, der am 22. Dezember des Jahres 1965 gegründet wurde, kaufte das Gelände von der Deutschen Bundesbahn mit dem Ziel, daraus ein Erholungsgebiet zu machen. Mit ungewöhnlichem Elan gingen die Verantwortlichen an die Arbeit. Gemeinde und Landkreis setzten sich besonders ein. Das Ergebnis der Bemühungen liegt nach einem kurzen Spaziergang vom Bahnhof hierher vor uns: Ein Badesee, wie man ihn sich schöner kaum vorstellen kann. Eine Gaststätte wurde errichtet, eine Rettungsstation steht zur Verfügung, auf zwei Kinderspielplätzen können sich die Kleinen tummeln, für die Älteren wurde ein Bolzplatz angelegt. In einem Kiosk kann man sich die notwendigen Kleinigkeiten kaufen. Natürlich sind

auch die entsprechenden sanitären Einrichtungen vorhanden. Und für die Autofahrer wichtig: Auf vier Parkplätzen können über 1000 Autos abgestellt werden. Wir freilich fahren mit der S-Bahn und brauchen uns um keinen Wagen zu kümmern.
Der Olchinger See lädt nicht nur im Sommer ein. Er hat zu allen Jahreszeiten seinen Reiz. Er ist im Frühjahr so schön wie im Herbst, selbst eine Winterwanderung rund um den See kann sehr reizvoll sein. Wer in aller Frühe kommt, kann die Angler beim Fischen beobachten. Es wurde nämlich ein eigenes Fisch-Schongebiet ausgewiesen.

## Wandern

Route: *Vom S-Bahnhof Olching zum Olchinger See — ein Spaziergang — 2 km.*

Wir verlassen den S-Bahnhof Olching in südlicher Richtung, gehen die Straße »Am Bahnhof« rechts, unterqueren die Bahnlinie und gehen auf der Dachauer Straße (Gehwege) bis zur rechts abzweigenden Daxer-Straße. Die fünfte links abzweigende Straße ist die Max-Reger-Straße. Ihr folgen wir bis zur Neufeld-Straße. Hier spazieren wir nun rechts bis zum Olchinger See.
Nach dem Parkplatz biegen wir rechts in den Seeweg ein. Hier können wir uns den Weg selbst aussuchen. Wollen wir rund um den See wandern, müssen wir im nördlichen Teil ein kurzes Stück auf der Autostraße gehen. Zurück wandern wir auf der bekannten Route: Seeweg, Neufeld-Straße, Max-Reger-Straße, Daxer-Straße, Dachauer Straße, Bahnhof.

**Hinweise:** Ein Sonntagsspaziergang für die ganze Familie. Im Sommer ein Badeausflug, im Frühjahr und Herbst eine erholsame Kurzwanderung rund um den See. Auch im Winter kann man hinausspazieren zum See.

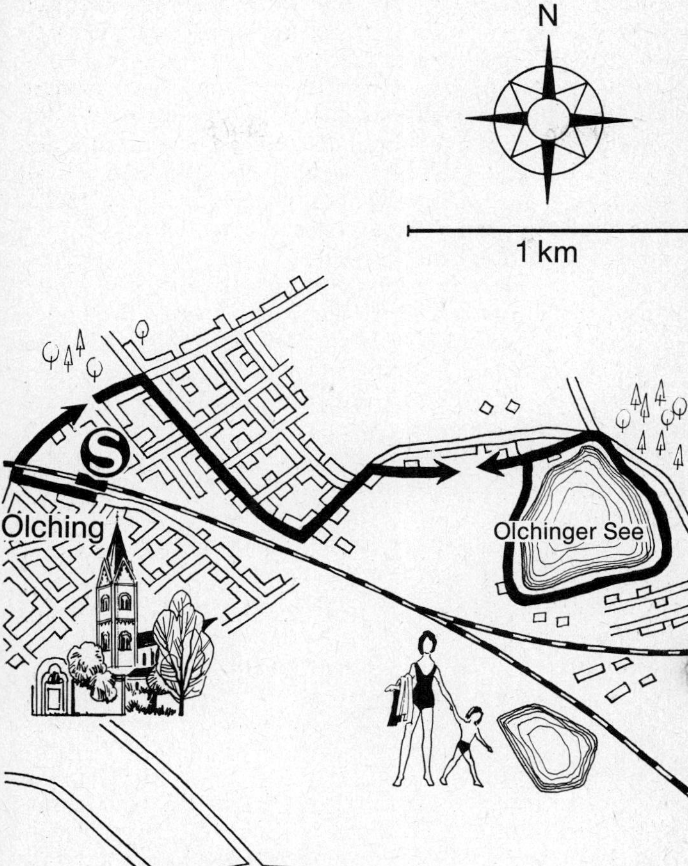
N
1 km
Olching
Olchinger See
S

## Mit der Bahn kam der Aufschwung

Olching ist, geschichtlich gesehen, eine uralte Ansiedlung. So richtig lebendig aber wurde es in dem Ort an der Amper erst an dem Tage, an dem beschlossen war, daß eine Bahn gebaut würde. Das war im Jahre 1838. Von der neuen technischen Errungenschaft war man so begeistert, daß man ohne Gewissensbisse auch die letzten Quadratmeter Wald opferte. Ein großes Problem für die Bauingenieure waren die Moorgebiete. Man mußte die Schienen im sogenannten Schachbrettverfahren legen. Nicht lange dauerte es, da wurde die Bahnlinie München—Olching Versuchsstrecke für sämtliche Elektrizitätseinrichtungen der Bahnen.
Noch zur Jahrhundertwende war Olching eine Gemeinde, in der es nur Bauern gab. Etwa 1000 Einwohner zählte sie um diese Zeit. Man konnte damals noch nicht ahnen, daß einmal eine Entwicklung einsetzen würde, die Olching rasch verfünffachen, versechsfachen, ja versiebenfachen würde. Die Verkehrsverbindungen waren schon mit der Bahn sehr günstig geworden. Dazu kam die gut ausgebaute Zubringerstraße zur Autobahn München—Augsburg—Stuttgart. Immer mehr Städter behielten zwar ihren Arbeitsplatz in München, vertauschten aber ihre Stadtwohnungen mit einem Häuschen draußen im Grünen.
Interessant wurde schließlich der Ort auch für kleinere und größere Industriebetriebe. Es begann eine Entwicklung, die heute bei weitem noch nicht abgeschlossen ist. Nach dem Zweiten Weltkrieg zogen 2000 Flüchtlinge zu. Sie brachten einen enormen Aufbauwillen und ihre reichen beruflichen Erfahrungen mit.
Als einen schweren Rückschlag in der Gemeindegeschichte verzeichnet man im Olchinger Rathaus das Ausscheiden von Gröbenzell aus dem Gemeindeverband. Am 1. August 1952 machte sich Gröbenzell, inzwischen sehr stark angewachsen, selbständig. Mit einem Schlag verringerte sich die Einwohnerzahl Olchings ganz erheblich. Aber die Zahlen steigen nun wieder, weitaus rascher als man will.

## Aus der Olchinger Ortsgeschichte

Wie viele Orte an der Amper, so ist auch Olching schon sehr alt. Es gibt kaum einen Zweifel, daß das Gebiet des heutigen Ortes schon in prähistorischer Zeit von Menschen bewohnt war.
Zum erstenmal hört man in einer Urkunde von Olching im Jahre 1052. Der etwas eigenwillige Name weist auf eine alemannische Ackerbausiedlung hin. Eine Kirche dürfte Olching schon im siebten oder achten Jahrhundert besessen haben.
Als der Ortsadel erlosch, ging der gesamte Besitz an den Landesfürsten. Ludwig der Strenge wollte im Jahre 1261 die Zisterzienser, die aus Thal bei Aibling gekommen waren, hier ansässig machen. Die Mönche zogen aber bald weiter, als sich herausstellte, daß der Ort bereits an einen anderen vergeben worden war.
Hier in Olching hatten sie allerdings noch ihren ersten Abt, Anselmus, gewählt. Er war im Mutterkloster der Kellermeister gewesen. Ob diese frühere Tätigkeit des Mönchs auf seine Wahl zum Abt Einfluß hatte, darüber wird in der Chronik nicht berichtet. Die letzte Station der Mönche aus Aibling auf ihrem Weg zur Gründung einer Klosterniederlassung wurde des »fürsten aigen feld«, das nahe Fürstenfeldbruck.
1000 Jahre alt war die erste Olchinger Steinkirche am Nöscherplatz, die im Jahre 1903 samt Friedhof abgetragen wurde. Im neuromanischen Stil wurde eine neue Kirche errichtet, in die wertvolle Kunstschätze aus dem alten Kirchlein Peter und Paul übernommen wurden. Professor Josef Bergmann schuf im Jahre 1920 die Fresken mit der Geschichte der Apostelfürsten Petrus und Paulus.
Bis zum Jahre 1738 war die Gemeinde Emmering für die Seelsorge in Olching zuständig. Anschließend wurde diese Aufgabe vom Schloßbenefiziaten von Esting wahrgenommen. Im Jahre 1897 zog dieser selbst nach Olching. 1909 schließlich wurde Olching eine eigene Pfarrei.
Einer der bedeutendsten Ortsbewohner von Olching war der im Jahre 1949 verstorbene bayerische Staatsminister für Arbeit und soziale Fürsorge, Albert Roßhaupter. Weithin

bekannt wurde der Fliegerschriftsteller Peter Supf, der hier lebte und im Jahre 1961 starb.
Heute pflegt die Gemeinde Olching mit der Schwesternstadt Feurs gute Beziehungen in der deutsch-französischen Freundschaft.

## Einkehr am Weg

**Olching** — »Daxer Hof«, Dachauer Straße, Donnerstag geschlossen.
»Gastwirtschaft/Café zum Bahnhof«, Hauptstraße.
»Gastwirtschaft Westermeyer«, Hauptstraße, kein Ruhetag.
»Bräustüberl«, Nöscherplatz, Montag geschlossen.
»Sportgaststätte SC«, Amperufer, Montag geschlossen.
»Am See«, nur während der Sommermonate geöffnet.

# Mit der S 3 nach Olching **30**

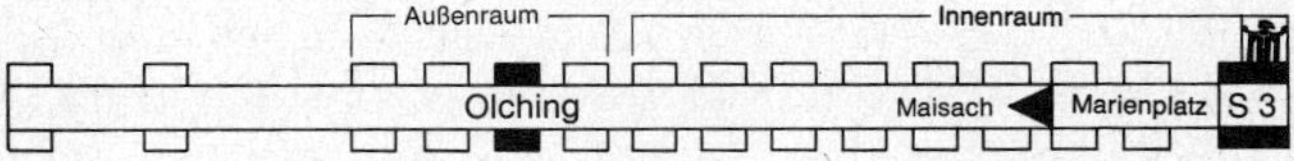


| **Abfahrt** in München, Marienplatz | | | **Rückfahrt** in Olching | | |
|---|---|---|---|---|---|
| 5.53 | 6.33 | 7.13 | 16.05 | 16.45 | 17.25 |
| 7.53 | 8.33 | 9.13 | 18.05 | 18.45 | 19.25 |
| 9.53 | 10.33 | 11.13 | 20.05 | 20.45 | 21.25 |
| 11.53 | 12.33 | 13.13 | 22.05 | 22.45 | 23.25 |

Der Fahrplan gilt Samstag, Sonntag und Feiertag.
Weitere Fahrzeiten im amtlichen Fahrplan.
Fahrzeit: einfache Fahrt ca. 30 Minuten.
Zonen: München—Olching und zurück = zweimal 3 Zonen.

## Am Rand des Dachauer Mooses

Schon der Name erinnert uns daran, daß wir in Höhe von Geiselbullach nahe an das Dachauer Moos herangewandert sind. Bullach leitet sich von Poll-ach = Moorwasser ab. Das Moos bedeutete für die Geiselbullacher Bauern durch die Brenntorfgewinnung die Haupteinnahmequelle. Torf wurde noch bis zum Jahr 1945 gestochen. Moore, Amperauen, Heidelandschaft mit seltener Flora und Fauna und der nahe Autobahnsee laden das ganze Jahr über zur Erholung ein.
Die Geschichte dieses Gebietes reicht weit zurück. Man fand römische Münzen aus der Zeit der Kaiser Mark Aurel und Trajan. 833 schon wird ein Ort namens »Poah« erwähnt.
Der eigentliche Gründer des heutigen Ortes war der kurfürstliche Hofkammerrat Johannes Nepomuk Geisler. Er kaufte im Jahre 1723 die ausgedehnten Ödlandflächen am »Puellach« auf und nannte die noch kleine Siedlung mit amtlicher Genehmigung »Geiselbullach«. Dann kam jene

Zeit, in der man mit Torf gutes Geld machen konnte. Vor allem aus der Oberpfalz kamen damals die Torfstecher, siedelten sich an und schufen im Laufe der Zeit aus dem Moorgrund sogar nutzbares Ackerland. Das Schloßgut ist heute Privatbesitz und bekannt für seine Versuche in der Getreidesamenveredelung.

## Wandern

Route: *Vom S-Bahnhof Olching über Geiselbullach, Graßlfing, am Olchinger See vorbei zum Bahnhof zurück — 6 km.*

Den S-Bahnhof Olching verlassen wir in südlicher Richtung, gehen die Straße »Am Bahnhof« entlang, unterqueren die Bahn und wandern die Dachauer Straße (Gehwege) bis zur Riedlstraße hinaus. Hier wenden wir uns nach links. Der »Kirchenweg« führt uns durchs Ampertal nach Geiselbullach. Vor Geiselbullach mündet der Fußweg in die Schulstraße. Hier gehen wir links über die Amperbrücke bis zur Hauptstraße. An der Kreuzung wenden wir uns wieder links. Wir stehen vor dem Schloß Geiselbullach — auf der anderen Seite sehen wir die Schloßkapelle Sankt Johannes Nepomuk.
Unsere Wanderroute führt uns die vorhergehende Wegstrecke wieder zurück. Wir bleiben dann aber auf der Schulstraße und wandern zum Gut Graßlfing. Hier überqueren wir die Olchinger Straße und folgen nun der wenig befahrenen schmalen Ascherbacher Straße. Sie führt uns nach einem Kilometer direkt zum Olchinger See. Hier können wir in den Seeweg einbiegen und nach Belieben auf dem gut erschlossenen Gelände spazierengehen. Zurück zum Bahnhof wandern wir auf folgender Route: Seeweg, Neufeld-Straße, Max-Reger-Straße, Daxer-Straße, Dachauer Straße, Bahnhof.

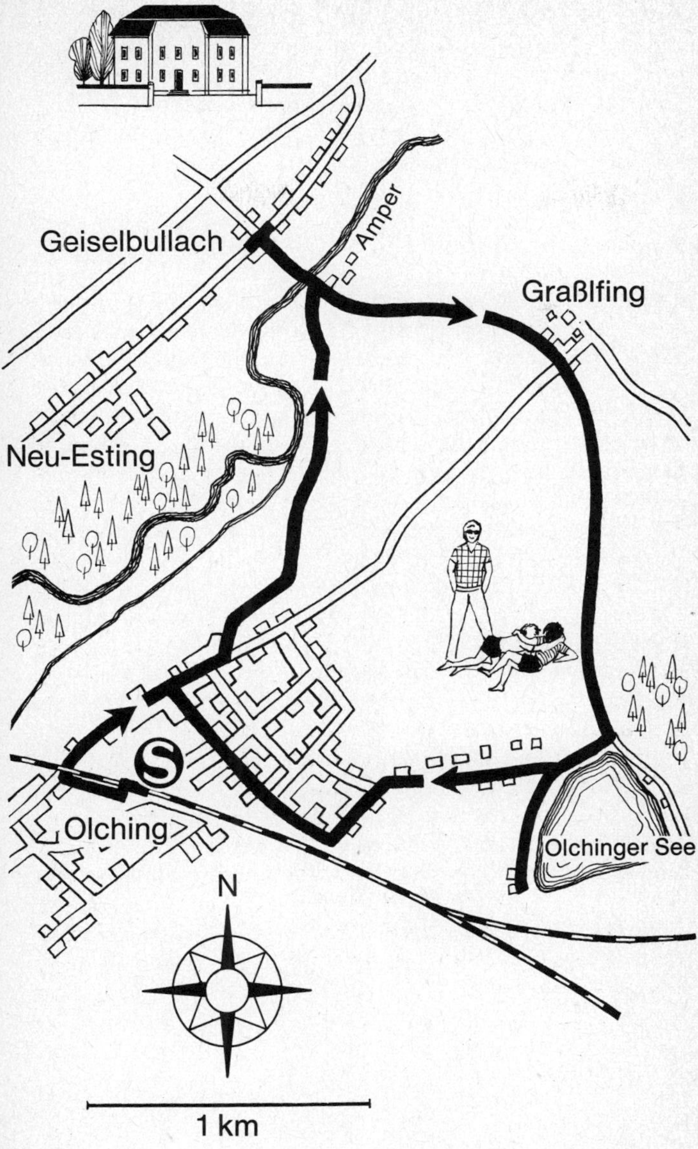
Geiselbullach
Amper
Graßlfing
Neu-Esting
S
Olching
Olchinger See
N
1 km

**Hinweise:** An diesem Ausflug können sich auch Kinder beteiligen. Die Route verläuft auf befestigten Wegen, teilweise sind sie auch geteert. Die Tour kann man zu allen Jahreszeiten machen, auch im Winter. Im Sommer läßt sich bei entsprechenden Temperaturen der Ausflug mit einem Bad im Olchinger See verbinden.

## Die Siedlung Graßlfing

Der spätere Kurfürst Maximilian I. kam oft und gern nach Graßlfing zur Jagd. Im Jahre 1609 machte Maximilian aus dem »einschichtigen Bauerngut« eine Schwaige, nachdem er 3000 Tagwerk Moosgrund dazu gekauft hatte. Er baute auch eine kleine Marienkapelle. Sie wurde später von einem Hofkaplan betreut. Im Jahre 1681 brannte die Schwaige samt Kapelle ab. Auf einem Stich aus dieser Zeit kann man die Wirtschaftsgebäude noch schön gemauert sehen. Die Dächer waren mit Ziegeln gedeckt. Ein Bretterzaun umgab das Ganze.
(Mehr über Olching: siehe Tip 29, Seite 165.)

## Einkehr am Weg

**Olching** — »Daxer Hof«, Dachauer Straße, Donnerstag geschlossen.
»Gaststätte/Café zum Bahnhof«, Hauptstraße.
»Gastwirtschaft Westermeyer«, Hauptstraße, kein Ruhetag.
»Bräustüberl«, Nöscherplatz, Montag geschlossen.
»Sportgaststätte SC«, Amperufer, Montag geschlossen.
»Zum See«, nur während der Sommermonate geöffnet.

**Geiselbullach** — »Gasthaus Geiselbullach«, Freitag geschlossen.

# Mit der S 3 nach Lochhausen **31**

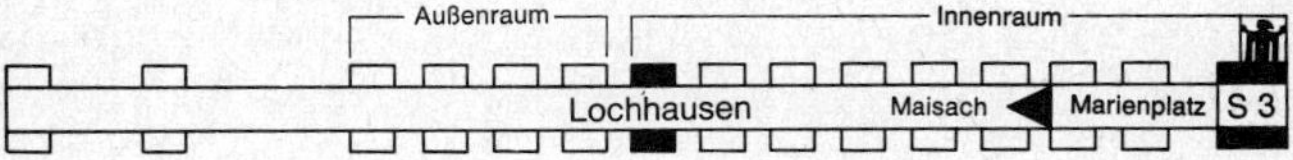


| Abfahrt in München, Marienplatz | | | Rückfahrt in Freiham | | |
|---|---|---|---|---|---|
| 5.53 | 6.33 | 7.13 | 18.29 | 18.49 | 19.09 |
| 7.53 | 8.33 | 9.13 | 19.29 | 19.49 | 20.09 |
| 9.53 | 10.33 | 11.13 | 20.29 | — | 21.09 |
| 11.53 | 12.33 | 13.13 | — | 21.45 | — |

Der Fahrplan gilt Samstag, Sonntag und Feiertag.
Weitere Fahrzeiten im amtlichen Fahrplan.
Fahrzeit: München—Lochhausen ca. 20 Minuten. Freiham—München ca. 22 Minuten.
Zonen: München—Lochhausen = 2 Zonen (Innenraum). Freiham—München = 2 Zonen (Innenraum).

## Ruhige Insel vor der Millionenstadt

Wäre die Aubinger Lohe (Loh = Wald) im Jahre 1941 nicht zum Landschaftsschutzgebiet erklärt worden, das Gebiet wäre heute längst mit modernen Wohnmaschinen bebaut. Ein landschaftliches Idyll, noch dazu mit interessanten Hinweisen auf die Vergangenheit, wäre verloren. Doch zum Glück war man voraussehend genug, so daß uns der herrliche Spazierweg wie auf einer ruhigen Insel vor der Millionenstadt erhalten geblieben ist.
Der Naturlehrpfad, auf dem wir wandern, ist mit gelben Pfeilen markiert. Aus Anlaß des Europäischen Naturschutzjahres 1970 wurde er im Auftrag der Landeshauptstadt vom Forstamt München-Nord zusammen mit dem Bund Naturschutz in Bayern und der Pädagogischen Hochschule angelegt.

## Wandern

Route: *Vom S-Bahn-Haltepunkt Lochhausen durch die Aubinger Lohe nach Freiham — 8 km.*

Am Bahnhof in Lochhausen benützen wir die Treppe zur Unterführung, halten uns dort rechts und kommen schließlich auf die Henschelstraße. In diese schwenken wir links ein. Nach ein paar Schritten kommen wir gegenüber auf den Fußweg. Hier beginnt der Naturlehrpfad. Wir wandern zunächst über freies Gelände und stoßen schon bald auf ein Teersträßchen. Wir überqueren es und wandern nun auf dem Pfad weiter, der rechts abzweigt. Wo dieser Weg endet, gehen wir rechts weiter und an der Weggabelung wieder rechts.
Wir kommen nun zu einem hübschen Aussichtspunkt und erreichen dann einen Weg, auf dem wir rechts ein kurzes Stück bleiben. Der Pfad links führt uns schließlich wiederum auf einen Weg, auf dem wir links weiterwandern. Wir kommen an die Keltenschanze mit Erdwerk und Graben. Dahinter folgen wir dem rechts abzweigenden Weg. Bei der nächsten Weggabelung gehen wir links weiter und erreichen bald die keltische Viereckschanze.
Wir wandern nun bis zur Eichenauer Straße, auf dieser ein kurzes Stück rechts und überqueren die Bahn. Wir gehen eine kleine Strecke und folgen bei der Abzweigung dem Weg links. Wiederum links abbiegend wandern wir nun am Erlbach entlang zum Gut Moosschwaige. Hier geht es nun links in der Ahornallee weiter. Am Ende der Allee gehen wir rechts weiter (links nach Aubing) und halten nun auf die B 12 zu. Neben der Bundesstraße können wir ein kurzes Stück links auf einem Fußweg gehen, bis wir die Straße überqueren und nach Gut Freiham kommen.

**Hinweise:** Der Natur- und Waldlehrpfad ist mit einem gelben Dreieck markiert. Besonders schön ist die Tour, auf der ausschließlich Feld- und Waldwege benützt werden, im Herbst. Man kann jedoch auch in den übrigen Jahreszeiten, selbst im Winter, hierher kommen, um sich in der frischen Luft zu erholen.

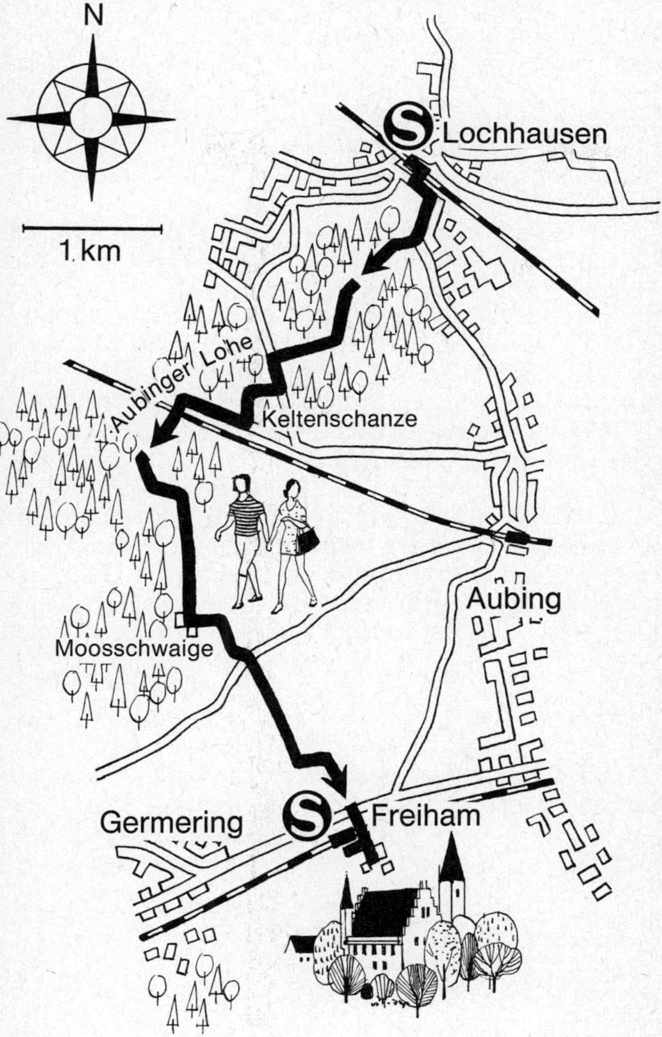
N
1 km
Lochhausen
Aubinger Lohe
Keltenschanze
Aubing
Moosschwaige
Germering
Freiham

## Wissenswert — Sehenswert

Der Chorraum der Michaelskirche in Lochhausen ist spätgotisch, der übrige Teil der Kirche ist jüngeren Datums. Der Turm stammt ebenfalls noch aus dem 15. Jahrhundert. Sehenswert ist die Kanzel aus dem 18. Jahrhundert.
Auf dem Naturlehrpfad trifft man einen Burgstall an. Heute sind nur noch die Reste einer Turmhügelburg aus dem Mittelalter zu sehen.
Den Wissenschaftlern gibt ein keltisches Erdwerk in der Aubinger Lohe noch Rätsel auf. Vor allem weiß man nicht, warum die Anlage nicht vollendet worden ist.
Noch vollständig erhalten sind Wall- und Grabenanlagen einer keltischen Viereckschanze, die man ebenfalls während der Wanderung nach Freiham sehen kann.
Das Gut Freiham war einst als Hofmark nicht abgabepflichtig. Von dem kleinen idyllischen Landschloß hört man zum erstenmal in einer Urkunde aus dem Jahre 1190. Ab 1400 kommt es in den Besitz der Münchner Patrizierfamilien Barth, Pütrich, Ligsalz und Lindauer. Im 18. Jahrhundert besitzen die Reichsgrafen von Yrsch das Schloß samt Gut. Diese verkaufen es schließlich 1887 an Hugo von Maffei. — Die Schloßkirche von Freiham war in früheren Jahren eine beliebte Hochzeitskirche der Münchner.

## Einkehr am Weg

**Lochhausen** — »Deutsche Eiche«, Dienstag geschlossen. »Bahnhofsgaststätte«, Montag geschlossen.

**Freiham** — »Schloßgaststätte«, Dienstag geschlossen.

# Mit der S 2 nach Dachau **32**

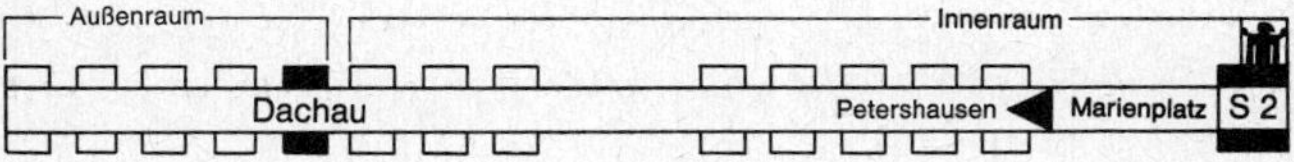


| Abfahrt in München, Marienplatz | | | Rückfahrt in Dachau | | |
|---|---|---|---|---|---|
| 6.15 | 6.55 | 7.35 | 12.47 | 13.27 | 14.07 |
| 8.15 | 8.55 | 9.35 | 14.47 | 15.27 | 16.07 |
| 10.15 | 10.55 | 11.35 | 16.47 | 17.27 | 18.07 |
| 12.15 | 12.55 | 13.35 | 18.47 | 19.27 | 20.07 |
| 14.15 | 14.55 | 15.35 | 20.47 | 21.27 | 22.07 |

Der Fahrplan gilt Samstag, Sonntag und Feiertag.
Weitere Fahrzeiten im amtlichen Fahrplan.
Fahrzeit: einfache Fahrt ca. 22 Minuten.
Zonen: München—Dachau und zurück = zweimal 3 Zonen.

## Ins Dachauer Moosland

Der seit 1939 in Polen vermißte Dachauer Heimatschriftsteller Otto Erhart, der »Löns Altbayerns«, beschreibt das Dachauer Moos, wie es noch vor 40 Jahren war:
»Wenn einer bei klarem Wetter auf das südwestliche Nock des Dachauer Schloßgartens tritt, wird er überraschend froh gefesselt: Sein Blick sinkt jäh über den festungsartig-hohen Garten hinab; er sieht hinter hohen Bäumen in der Tiefe das ruhige Geglitzer eines Flusses, die Amper, die hier mit sanfter Krümmung den Hügelort umfließt. Hinter den Wassern, hinter sich langsam entbreitenden Gärten, Häusern und einzelnen Gehöften läuft dunkler Wald. Die Einsamkeit nimmt zu und mit ihr wieder die Fläche, bis endlich nichts mehr ist als Weite, die scheinbar ununterbrochen bis an die fernen, am Horizont blaß verdämmernden Berge reicht . . .
Nach der warm verregneten Frühlingsnacht wandere ich noch vor Tag durch das Moor. Die Landschaft gleicht einem

grauen Meer, darüber zerblasene Wolken wehen. In den Himmelstiefen brennen klare, ruhige Sterne. Man sieht nicht weit. Der Pfad läuft schwarz im Dusterland dahin. Weiden hocken an den Seiten, aus der dicken Watte ragen bisweilen kleine Inseln, die dunklen Kronen niederer Föhren. Das ist ein Schreiten wie ins Leere. Man tappt dahin auf mürbem Grund; der Körper ist noch steif und ohne Schwung. Die Gedanken mahlen müd und wollen keinen Eindruck fassen . . .

In dem leichten Frühwind, der jetzt die Schleier regt, öffnen sich allerlei Sichten. Die Binsen knirschen, das Rohr sägt und das Schilf wird laut. Es nahen Schuppen, Brüche, Stiche mit blanken Wasserschwärzen und endlich die alte Kiefer, unter der ich Stand beziehen will. Schon zacken und meckern im Balzflug die ersten Bekassinen. Ginge ich noch weiter, ich würde nur das Wild vergrämen. Warten und Horchen. Endlich! Unter den Nebelschwaden, keine zwanzig Schritte von hier, faucht und zischt es auf: »Tschu-chii-tschu-tschu-chii«. Jetzt kullert es laut. Und da und dort unter den lockeren Watten, unsichtbar noch und deshalb doppelt so erregend, beginnen die Spielhähne zu kullern und zu blasen.

Silberlicht west, Nebel sacken. Jetzt sieht man schon einzelne Hähne; schwarze Kämpfer, deren Rosen rot glühen, mit weißen Binden und mit noch helleren Unterstößen. Sie rennen sich an und bibbern und fauchen. Der Morgenschein schürt ihren Mut. Über diesem wunderbaren Spiel in Silber und Grau, da sich alles scheu verhüllt und doch immer wieder nur mehr preisgeben muß, ist ein neues Lied erstanden. Überall schweben die wunderbaren Flötentriller der Brachvögel.

Was vorher ohne Formen war, wird klares Bild, wird Wald, wird Bruch, wird Strauch. Tau funkelt. Nebelschlangen ringeln sich tief durchs Gras. Jeder Tümpel blitzt froh; jeder Bach fließt wie Licht. Alles glitzert, alles sprüht, alles blänkert, alles leuchtet. Groß und feurig schwänzelnd rädert die Sonne am Rand des Moores, und der junge Tag steht plötzlich da und strahlt. Überall jubelt, überall schreit es. Kiebitze fetzen durch die Luft, Brachvögel flöten, Fasane gocken, der Rebhahn ruft, die Vögel schlagen, der Bussard

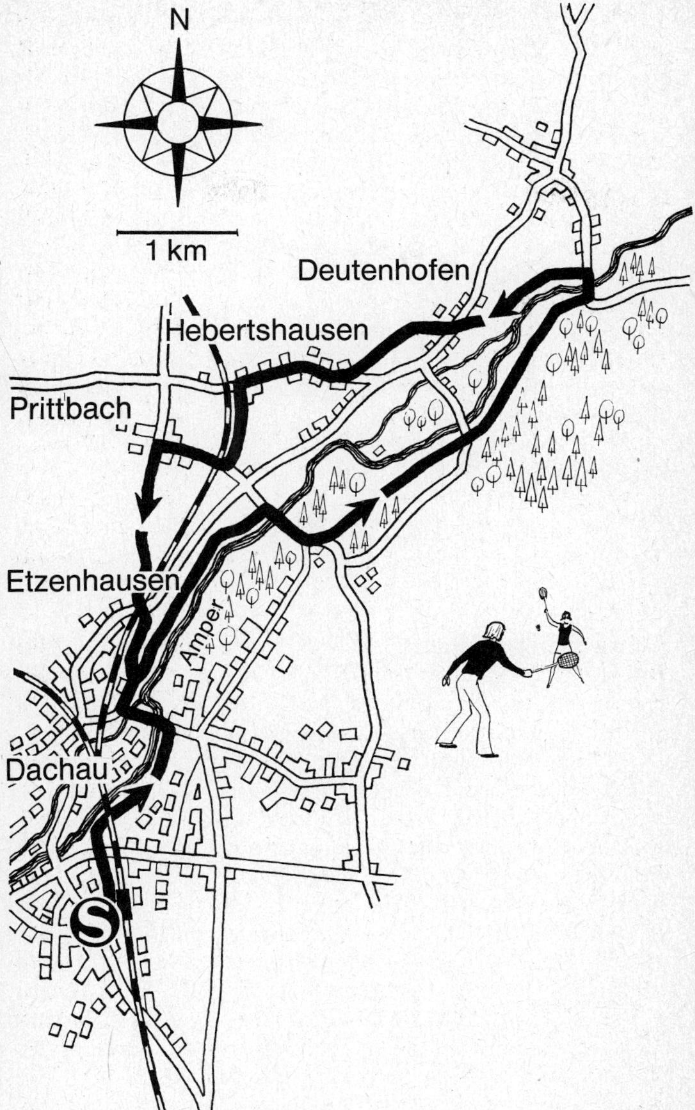
N
1 km
Deutenhofen
Hebertshausen
Prittbach
Etzenhausen
Amper
Dachau
S

miaut, Enten klingeln über den Bachweiden, und drüben, über den Wiesengräben, im Hackenmoor, wo sie gefröschelt haben, werfen sich fünf schwerköpfige Reiher hoch und streichen ab. Im Erdmoos, vor den hellen Birken, äsen Rehe. Am Fuhrweg hoppelt ein Hase herein, jetzt bleibt er hocken, schüttelt sich den Tau von den Gamaschen und beginnt, sich trocken zu lecken. Ein Löffel hängt ihm gemütlich wie eine Quaste aufs Fell hinab, der andere horcht steil in die schöne, aber oft gefährliche Welt. Der Himmel ist ganz blank geworden. Durch die nasse Nacht ist nun ein frischer Duft am Werken, der die Brust ganz frei und die Sinne glücklich macht . . .«

Wandern wir hinüber ins Hackenmoos. Schließen wir Herz und Seele auf, um ein wenig von dem mitzufühlen, was Otto Erhart geschildert hat.

## Wandern

Route: *Vom S-Bahnhof Dachau entlang der Amper in das Hackenmoos und über die Höhen westlich der Amper zurück nach Dachau — 13 km.*

Vom S-Bahnhof Dachau aus wenden wir uns rechts, folgen der Frühlingsstraße bis zur Schleißheimer Straße, überqueren diese und biegen vor der Amperbrücke rechts in den Amperweg ein, der bis zur Erich-Ollenhauer-Straße führt. Wir überqueren die Amper und den Mühlbach und folgen rechts dem schmalen Weg zunächst am Mühlbach, dann an der Amper entlang bis zur Brücke in Eisingertshofen. Auf ihr überqueren wir die Amper und wandern auf der Straße weiter bis zur Würmmühle. Hier gehen wir an der kleinen Kapelle vorbei und biegen nach etwa 100 Metern nach links in den Wald ein. Wir durchqueren ihn und das sich anschließende Gehölz und gelangen so ins Hackenmoos. Hier treffen wir auf eine Fahrstraße, der wir nach links bis zur Amperbrücke folgen. Noch vor der Brücke wenden wir uns nach rechts und wandern amperabwärts bis zur nächsten Brücke. Diese überqueren wir, verlassen gleich nach der Brücke die Straße und kommen, wieder amperaufwärts, nach Deutenhofen.

In Deutenhofen wandern wir am Altenheim vorbei und nördlich um dieses herum zu einem Gehöft. Dort wenden wir uns nach links und erreichen über einen Höhenweg Hebertshausen. Nun gehen wir auf der Bahnhofstraße nach Westen bis zum Bahnhof Walpertshofen.
Noch vor dem Bahnkörper folgen wir der Strecke in Richtung Dachau bis zur Fahrstraße nach Prittlbach. Auf dieser Straße geht es unter der Bahnlinie hindurch nach Prittlbach zur Kirche. Kurz nach der Kirche führt uns ein betonierter Feldweg aus dem Ort und auf einen Höhenrücken nach Süden. Über den Friedhof am Leitenberg, der zum Gedenken an die Opfer des Konzentrationslagers Dachau errichtet wurde, gelangen wir hinab zur Bahnlinie. Beim beschrankten Bahnübergang überqueren wir die Gleise und gehen auf der Teerstraße südlich der Bahnlinie nach Etzenhausen und zurück zum Ausgangspunkt.

**Hinweise:** Diese Tour ist für Kinder im allgemeinen wohl zu anstrengend. Die Gehzeit beträgt etwa dreieinhalb bis vier Stunden. Besonders geeignete Jahreszeit: Herbst.

## Wissenswert — Sehenswert

**Dachau** — Die alte romantische Stadt an der Amper (älter als München!) ist mit dem Namen Ludwig Thoma eng verbunden. In jungen Jahren schon ließ sich Thoma hier nieder. Er selbst erzählt: »An einem Augustabend fuhr ich mit meinem Freunde nach Dachau. Wie wir den Berg hinaufkamen und der Marktplatz mit seinen Giebelhäusern recht feierabendlich vor mir lag, überkam mich eine starke Sehnsucht, in dieser Stille zu leben. Ich besann mich nicht lange, folgte einem plötzlichen Einfalle und ich hatte es nicht zu bereuen . . .« Das war im Jahre 1894.
Der Name Dachau wird »im fünften Jahre nach der Krönung Karls des Glorreichen Kaisers« (805) zum erstenmal in einer Urkunde erwähnt. Um 1100 war der Ort an der Amper Sitz der Grafen von Dachau, anschließend ging er in den Besitz der Wittelsbacher über. Im 13. Jahrhundert wurde ihm das Marktrecht verliehen. Im 16. Jahrhundert

entstand an der Stelle der alten Herzogsburg der prachtvolle Renaissanceschloßbau. Im Jahre 1806 wurden drei Flügel des Schlosses abgebrochen, der wertvolle Westflügel blieb erhalten.

**Hebertshausen** wird zwischen 783 und 789 zum erstenmal in einer Urkunde genannt. Im 13. Jahrhundert gibt es hier schon einen Ortsadel, im 14. Jahrhundert ein Dorfgericht. Die Pfarrkirche von Hebertshausen bestand schon im Jahre 1292. Im Jahre 1888 wurde sie nach Westen erweitert. Teile des Langhauses stammen noch aus der alten Kirche.

**Deutenhofen** — Auf die sehr frühe Besiedlung dieser Gegend weisen Funde aus vorchristlicher Zeit hin. Als »Tetinhova« wird Deutenhofen zum erstenmal im Jahre 789 genannt. Bis 1300 waren die Edlen von Deutenhofen Freisinger Vasallen. Das Schloß brannte 1632 ab und wurde anschließend wieder aufgebaut. Zwischen 1896 und 1901 war in dem Gebäude eine Bildhauer- und Malerschule untergebracht, nach 1945 wurde es Hilfskrankenhaus. Heute ist es ein Altersheim.

## Einkehr am Weg

**Dachau** — »Bahnhofsrestaurant«, am Bahnhof, Samstag geschlossen.
»Wienerwald«, Bahnhofstraße, kein Ruhetag.
»Ziegler-Keller«, Schloßstraße, Samstag geschlossen.
»Schloßcafé«, Schloßstraße, kein Ruhetag.
»Der Bierhahn«, Hörhammerbräu, Schloßstraße, Mittwoch geschlossen.
»Amalfi«, Karlsberg.
»Karlsfelder Stuben«, Münchner Straße, Mittwoch geschlossen.
**Deutenhofen** — »Bei Angela«, Montag und Dienstag geschlossen.

»Waldfrieden«, Dienstag geschlossen.

**Hebertshausen** — »Landgasthof Herzog«, Montag geschlossen.

# Mit der S 3 nach Unterföhring **33**

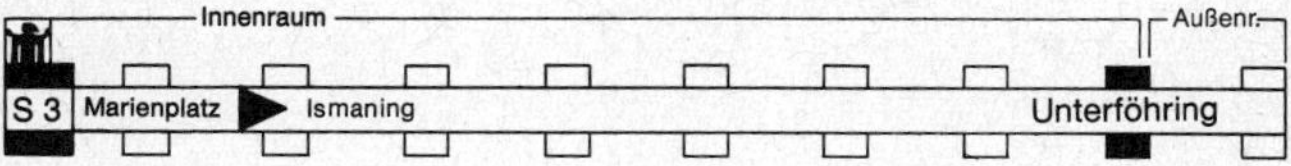


| **Abfahrt** in München, Marienplatz | | | **Rückfahrt** in Ismaning | | |
|---|---|---|---|---|---|
| 6.37 | 7.17 | 7.57 | 16.08 | 16.48 | 17.28 |
| 8.37 | 9.17 | 9.57 | 18.08 | 18.48 | 19.28 |
| 10.37 | 11.17 | 11.57 | 20.08 | 20.48 | 21.28 |
| 12.37 | 13.17 | 13.57 | 22.08 | 22.48 | 23.28 |

Der Fahrplan gilt Samstag, Sonntag und Feiertag.
Weitere Fahrzeiten im amtlichen Fahrplan.
Fahrzeit: München—Unterföhring ca. 22 Minuten. Ismaning—München ca. 25 Minuten.
Zonen: München—Unterföhring = 2 Zonen (Innenraum).
Ismaning—München = 3 Zonen.

## Spaziergang in den Isarauen

Graf Rumford schuf im Jahre 1789 im Auftrag des Kurfürsten Karl Theodor die Urzelle für den Englischen Garten. Heute bietet sich neuerdings eine Chance an: Der Englische Garten könnte 30 Kilometer weit nach Norden, bis nach Freising, durch die Isarauen verlängert werden. Ein phantastisches Projekt. Die Pläne liegen vor. Indessen: Großflughafen, Straßenbauten, Autobahnen, Starkstromleitungen und andere Maßnahmen der Infrastruktur drohen dieses Vorhaben schon im Keim zu ersticken. Es ist Eile geboten, eine einzigartige Chance zu nützen. Wir wandern zwischen Unterföhring und Ismaning durch eines der schönsten Gebiete der nördlichen Isarauen. In diesem Bereich wird auch bei der Ausführung des vorliegenden Projektes kaum mehr etwas verändert werden müssen. Hier sind die Isarauen »fertig«.

## Wandern

Route: *Vom S-Bahnhof Unterföhring durch die Isarauen nach Ismaning — 9 km.*

Am S-Bahnhof in Unterföhring gehen wir rechts zur Bahnhofstraße, dort links bis zur Münchner Straße. Wir überqueren diese und spazieren gegenüber auf der Kanalstraße und dann hinunter zum Isarufer. Dabei müssen wir über einen Treppenaufgang auf einer Brücke den Mittleren Isarkanal überqueren. Wir wandern nun am Isarufer entlang in nördlicher Richtung. Bald erreichen wir den Unterföhringer See mit dem großzügig angelegten Erholungsgebiet. An den Parkplätzen vorbei setzen wir unsere Wanderung fort. Auf der Teerstraße gehen wir links weiter bis zu einem querverlaufenden Weg. Hier wandern wir nun rechts, immer am Isarufer entlang, weiter bis zur Isarbrücke im Verlauf der Straße zwischen Garching und Ismaning. Wir verlassen nun das Isarufer nach rechts und wandern ein Stück auf einem Gehweg an der Bundesstraße entlang bis zur Kreuzung mit der Freisinger Landstraße. Wir gehen nun ortseinwärts über die Freisinger Straße und Aschheimer Straße zum S-Bahnhof Ismaning.

**Hinweise:** Diese Tour, an der auch Kinder teilnehmen können, ist zu allen Jahreszeiten, auch im Winter, schön. Besonders geeignete Jahreszeiten sind Frühjahr und Herbst. Abgesehen von den Anschlußstraßen in Unterföhring und Ismaning werden nur ruhige Wanderwege benützt.

## Wissenswert — Sehenswert

**Unterföhring** — Das ehemalige Bauerndorf, heute Wohnsiedlungsgemeinde, reicht bei Sankt Emeram bis an die nördliche Burgfriedensgrenze der Landeshauptstadt.
Bis vor wenigen Jahren bildeten die vielen Ziegeleien im Gebiet von Unterföhring ein blühendes Gewerbe. Die letzte Ziegelei wurde erst 1968 stillgelegt.
Aus der Ortsgeschichte: Im Jahre 750 wird Unterföhring

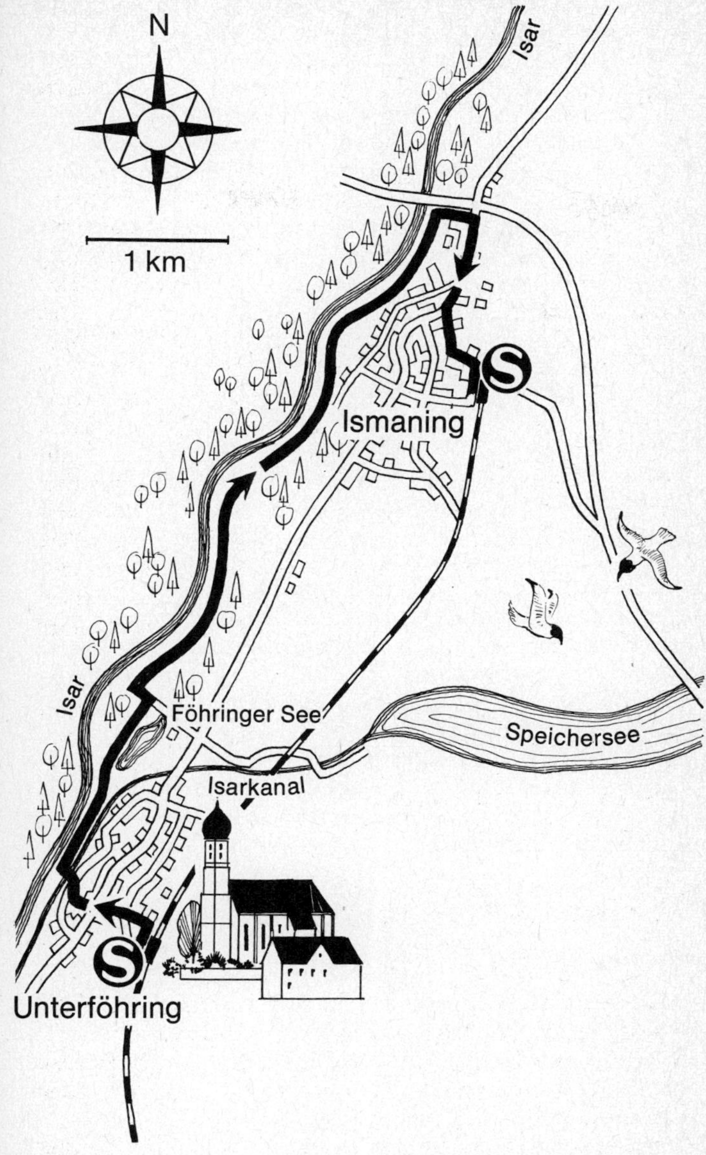
N
1 km
Isar
Ismaning
Isar
Föhringer See
Speichersee
Isarkanal
Unterföhring

zum erstenmal urkundlich genannt. Vor 4000 Jahren aber schon siedelten hier die Jungsteinzeitmenschen, wie aus Fundstücken hervorgeht.
Die Pfarrkirche Sankt Valentin wurde im Jahre 1718 vollendet. Sehenswert ist im Chor ein Kruzifix aus der Zeit um 1720. Der Hochaltar mit sechs Säulen stammt aus dem Jahre 1741.
Seit 1965 stehen in Unterföhring die Fernsehstudios des Bayerischen Rundfunks, seit 1967 die des Zweiten Deutschen Fernsehens.

**Ismaning** — Der Ort ist bekannt als die Krautkammer Oberbayerns. Kraut wurde hier schon im Mittelalter angebaut.
In der Ortsmitte von Ismaning fällt der Schloßpark mit dem Schloß auf. Eine Tafel erzählt aus der Geschichte. Daraus geht hervor, daß um 750 die Weideplätze am Isarrain vom Fürstengeschlecht der Fagana an den Bischof von Freising verliehen wurden. Schon Ende des achten Jahrhunderts taucht der Name »Ismaninga« auf. Der heutige Schloßbau wurde im Jahre 1717 vollendet. Von Johann Baptist Zimmermann ausgeschmückt, diente er lange Zeit als fürstbischöfliche Sommerresidenz. Nach der Säkularisation (1803) hatte der Bau sehr gelitten. Der Münchner Baumeister Leo von Klenze baute im Jahre 1817 das Schloß um und gestaltete auch den Park neu. Heute ist in einem Teil des Schlosses die Gemeindeverwaltung untergebracht.
Die Ismaninger Pfarrkirche wurde in den Jahren 1903/1904 gebaut. Sie ist Johannes dem Täufer geweiht.
(Mehr über Unterföhring und Umgebung: Siehe Tip 34, Seite 189.)

## Einkehr am Weg

**Ismaning** — »Bahnhofsgaststätte«, Mittwoch geschlossen.
»Sportlerheim«, Montag geschlossen.
»Kiosk Becka«, Leuchtenbergstraße, Dienstag geschlossen.
»Neuwirt«, kein Ruhetag.
»Gasthof Mühle«, kein Ruhetag.
»Zur Post«, kein Ruhetag.

# Mit der S 3 nach Ismaning **34**

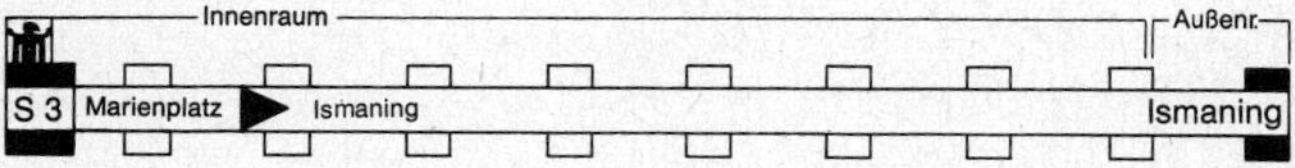


| Abfahrt in München, Marienplatz | | | Rückfahrt in Ismaning | | |
|---|---|---|---|---|---|
| 6.37 | 7.17 | 7.57 | 16.08 | 16.48 | 17.28 |
| 8.37 | 9.17 | 9.57 | 18.08 | 18.48 | 19.28 |
| 10.37 | 11.17 | 11.57 | 20.08 | 20.48 | 21.28 |
| 12.37 | 13.17 | 13.57 | 22.08 | 22.48 | 23.28 |

Der Fahrplan gilt Samstag, Sonntag und Feiertag.
Weitere Fahrzeiten im amtlichen Fahrplan.
Fahrzeit: einfache Fahrt ca. 25 Minuten.
Zonen: München—Ismaning und zurück = zweimal 3 Zonen.

## Zum Vogelparadies am Speichersee

Erster Höhepunkt bei dieser Wanderung: der Speichersee, das bekannte Vogelparadies. Ein künstliches Staubecken zwar für die Gewinnung von elektrischem Strom, aber auch Heimat und Brutstätte vieler hundert Vogelarten; das Teichgebiet wurde deshalb als bisher einziges in Bayern zum Europa-Reservat erklärt. Damit steht es auf der Liste der international bedeutsamen Gewässer in Europa.
Der Speichersee ist sieben Kilometer lang und etwa einen Kilometer breit. Er wurde unter anderem für die Kraftwerke Aufkirchen, Eitting und Pfrombach angelegt. Aus den Leitungen dieser Werke fließt auch Strom für die Münchner S-Bahn. Die Bayernwerke AG, die als private Gesellschaft die Herstellung elektrischer Energie betreibt, wurde am 5. April 1921 vom Bayerischen Staat nach den Ideen von Oskar von Miller, dem Schöpfer des Deutschen Museums in München, gegründet.

## Wandern

Route: *Vom S-Bahnhof Ismaning am Speichersee vorbei zur Großsendeanlage des Bayerischen Rundfunks, von dort über Fischerhäuser in die Isarauen und zurück nach Ismaning — 20 km.*

Am S-Bahnhof von Ismaning gehen wir zuerst rechts bis zur Aschheimer Straße. Dieser folgen wir rechts ein kurzes Stück. Hinter der Kurve biegen wir nach links in den Weg (erkennbar an dem Schild »Stichstraße«) ein. Auf diesem Weg wandern wir immer geradeaus, überqueren die Bundesstraße 471 und wandern auf der anderen Seite in der gleichen Richtung weiter. Wir erreichen nach einiger Zeit eine Wegkreuzung — links steht ein Bauernhof im freien Gelände. Hier gehen wir rechts weiter. Bald taucht vor uns der Damm des Speichersees auf. Wir sind ganz nahe am See, wenn wir auf einen querverlaufenden Weg stoßen. Hier gehen wir links weiter und wenig später auf der Teerstraße ein kurzes Stück. Gleich nach der Kurve verlassen wir die Straße wieder und nehmen den Pfad, der uns auf den Damm hinaufführt.
Am Speichersee wandern wir nun entlang, bis wir vor uns den Damm erkennen, auf dem eine Straße zum anderen Ufer führt. An dem kleinen Platz gehen wir den Hang hinunter, überqueren die Straße und wandern eine kurze Strecke geradeaus weiter bis zu dem Schild »Vorfahrt achten«. Hier biegen wir links ein und nach ein paar hundert Metern nehmen wir rechts die Landshamer Straße. Wir befinden uns im Finsingermoos. Immer wieder tritt die schwarze Erde zutage, sonst ist vom Moos nicht mehr allzuviel erkennbar.
Wir stoßen nach kurzer Zeit auf eine querverlaufende Straße. Hier gehen wir rechts weiter und folgen der Kurve gleich wieder links. An der nächsten Kurve gehen wir geradeaus auf dem Weg weiter. Mitten in der Landschaft erheben sich die weiß-rot gekennzeichneten Gittermasten der Sendeanlage. Bauern bestellen ihre Felder, Kühe weiden auf dem weichen Gelände. Ausgeklügelte Technik und gewachsene Natur treffen sich hier, ohne sich zu stören.

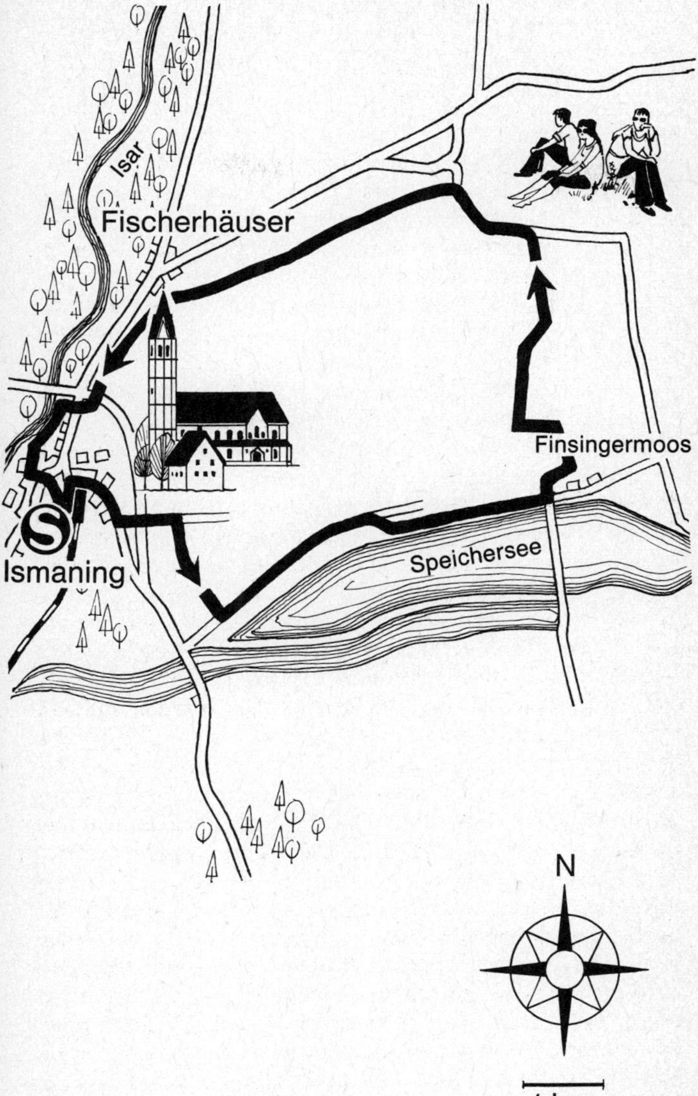
Isar
Fischerhäuser
Finsingermoos
Ismaning
Speichersee
N
1 km

Wo der Weg im Bereich der Sendeanlage von einer Umfriedung abgeschnitten wird, gehen wir rechts am Zaun entlang und umgehen das Viereck, bis wir wieder auf den Weg treffen. Vor uns erhebt sich der große Sendemast, in seiner Form ähnlich dem Eiffelturm in Paris. Vom ehemaligen Moos ist hier nicht mehr viel zu sehen. Das Land ist kultiviert und technisiert. Birken und kleine Baumgruppen lockern das sonst recht eintönige Bild der Landschaft auf. Unsere Aufmerksamkeit wird denn auch mehr von der Sendeanlage in Anspruch genommen. Friedliche Ruhe herrscht hier draußen, obwohl wir rings von Stahl, Eisen und Draht umgeben sind. Das Klappern einer Landmaschine oder das Brummen eines modernen Düsenjets sind oft die einzigen Geräusche.
Wo wir nach dem Umgehen des umzäunten Teils auf die Straße treffen, halten wir uns links und gehen dann gleich wieder rechts. Wir wandern am Stampfbach entlang bis zu einer querverlaufenden Straße. Hier gehen wir links über die Brücke und dann geradeaus weiter. Auch an der Kurve behalten wir die eingeschlagene Richtung bei. Vor dem letzten Funkmast biegen wir in den Weg links ein und wandern nun über das moosige Gelände geradeaus. Auch an der Wegkreuzung — links eine Birkenallee — bleiben wir noch in der bisherigen Richtung. Hier sind wir ganz allein. Niemand und nichts stört uns. Und doch: Nur wenige Meter weiter sind Ätherwellen in Verbindung mit der Welt.
Inzwischen sind wir zu einem querverlaufenden Schotterweg gekommen. Hier wandern wir nun rechts weiter bis zum Ende des Weges, dann biegen wir links ein. Etwa 500 Meter nach der Ansiedlung nehmen wir den Weg rechts. Wo wir auf die Bundesstraße 388 treffen, gehen wir auf dem Fußweg in Richtung Ismaning weiter. Nach der Unterführung überqueren wir die Straße nach rechts, um auf den gegenüberliegenden Gehweg zu kommen. Hier gehen wir ein kurzes Stück zurück und nun in Richtung Garching entlang der Straße, ebenfalls auf einem geschützten Fußweg, weiter. Vor der Isarbrücke wandern wir hinunter zum Fluß, wo wir nun am Ufer entlang Ismaning anstreben.
Nach etwa einer halben Stunde Gehzeit kündigt uns das Rauschen des Wassers ein Isarwehr an. Hier verlassen wir

die Isarauen auf dem zweiten Weg links. Über die Eichenstraße kommen wir in die Lindenstraße (Gehweg) und zum Sportgelände. An dessen Ende wandern wir rechts weiter, den Hang hinauf (Schloßfeld-Straße) und biegen dann links in die Straße »An der Isarau« ein. Wir überqueren die Münchner Straße und erreichen über die Bahnhofstraße den S-Bahnhof Ismaning.

**Hinweise**: Eine Tour, zu der man gut zu Fuß sein muß, etwas für geübte Wanderer. Für Kinder ist sie nicht geeignet. An heißen Sommertagen sollte man die Route meiden; denn unterwegs bietet sich auf dem größten Streckenteil nur wenig Schatten. Besonders geeignete Jahreszeiten sind Frühjahr und Herbst. Es werden fast ausschließlich Feldwege und Ortsverbindungswege benützt.

## Die Großsendeanlage bei Ismaning

Zweiter Höhepunkt bei dieser Wanderung: Die Großsendeanlage bei Ismaning, die im Jahre 1972 40 Jahre alt geworden ist. Am 3. Dezember 1932 begann mit der Inbetriebnahme des Mittelwellensenders München-Ismaning in Bayern das Zeitalter der Groß-Rundfunksender. Auf einem 120 Tagwerk großen Gelände, nordöstlich von Ismaning, hatte die ehemalige Deutsche Reichspost diese seinerzeit nach modernsten Gesichtspunkten projektierte und ausgeführte Senderanlage errichtet.
Die Antenne des Senders war ursprünglich zwischen je zwei 115 Meter hohen Holztürmen als Dreifach-T-Antenne gespannt. Der Abstand zwischen den beiden Antennenträgern betrug 240 Meter. Um das Abstrahlungsdiagramm der Antenne nicht zu beeinträchtigen, verwendete man damals für die Antennenträger Holz als Baumaterial. Damit es allen Witterungsansprüchen gerecht wurde, nahm man die besonders witterungsbeständige amerikanische Pechkiefer.
Gleichzeitig mit der Erhöhung der Senderleistung auf 100 kW wurde die Antennenanlage verbessert. Einer der beiden Holztürme erhielt einen rund 40 Meter hohen Unterbau. Er erreichte mit 156 Metern fast die Höhe des Kölner Domes (157 Meter). Durch den Unterbau gewann das Bauwerk eine Ähnlichkeit mit dem Pariser Eiffelturm.

Ein zweiter Mittelwellensender wurde in Ismaning im August 1939, ebenfalls mit einer Leistung von 100 kW, in Betrieb genommen. Beide Anlagen überstanden den Zweiten Weltkrieg und wurden am 1. Mai 1945 von der Besatzungsmacht übernommen. Der Sender II strahlte fortan das AFN-Programm aus. Der Sender I nahm am 12. Mai 1945 als Sender »Radio München« wieder den Dienst auf.
Während der alte Sender in Ismaning längst durch eine moderne Anlage ersetzt ist, steht der Holzmast dank regelmäßiger Pflege noch heute. Er dient jetzt dem UKW-Empfang und bildet nach wie vor ein weithin sichtbares Wahrzeichen des Ismaninger Senderzentrums.
Ein Kurzwellensender mit 10 kW Leistung kam im November 1947 in Betrieb. In das Jahr 1949 fällt auch die Wiederbegründung des Bayerischen Rundfunks.
Seit dem 15. Oktober 1969 arbeitet in Ismaning ein leistungsstarker Mittelwellensender mit einer Strahlungsleistung von 370 kW. Die Antennentechnik hat in der Zwischenzeit Fortschritte gemacht. Heute ist es üblich, Stahlrohrmaste zur Ausstrahlung im Mittelwellenbereich zu verwenden. Sie sind vom Erdboden isoliert aufgestellt und strahlen die Senderenergie selbst ab. Man nennt sie »selbstschwingend« oder »selbststrahlend«.
Der neue Sender erhielt eine solche neue Antenne, einen Stahlrohrmast von 1,6 Meter Durchmesser und 171,5 Meter Höhe. Das Mastgewicht von 110 Tonnen wird von einem großen Isolator am Fußpunkt aufgenommen.
Ismaning ist die Einspeisungszentrale aller drei Hörfunkprogramme für die Sender in Südbayern und gleichzeitig Sitz der Senderbetriebsleitung für ganz Bayern.
(Mehr über Ismaning und Umgebung: Siehe Tip 33, Seite 185.)

## Einkehr am Weg

**Ismaning** — »Bahnhofsgaststätte«, Mittwoch geschlossen.
»Neuwirt«, kein Ruhetag.
»Gasthaus Mühle«, kein Ruhetag.
»Zur Post«, kein Ruhetag.

# Mit der S 6 nach Altenerding 35

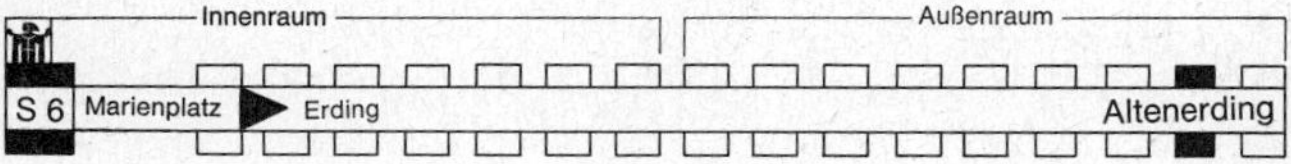


| Abfahrt in München, Marienplatz | | | Rückfahrt in Altenerding | | |
|---|---|---|---|---|---|
| 6.01 | 6.41 | 7.21 | 14.24 | 15.04 | 15.44 |
| 8.01 | 8.41 | 9.21 | 16.24 | 17.04 | 17.44 |
| 10.01 | 10.41 | 11.21 | 18.24 | 19.04 | 19.44 |
| 12.01 | 12.41 | 13.21 | 20.24 | 21.04 | 21.44 |
| 14.01 | 14.41 | 15.21 | 22.24 | 23.04 | 23.44 |

Der Fahrplan gilt Samstag, Sonntag und Feiertag.
Weitere Fahrzeiten im amtlichen Fahrplan.
Fahrzeit: einfache Fahrt ca. 45 Minuten.
Zonen: München—Altenerding und zurück = zweimal 6 Zonen.

## Wallfahrt nach Maria Thalheim

Eine uralte bayerische Marienwallfahrt ist das Ziel dieses Tagesausflugs: Maria Thalheim. Mehrmals im Jahr herrscht Betriebsamkeit in dem sonst stillen Dorf am Ratschenbach. Von weither kommen die Wallfahrer.

Seit dem Jahre 1753 steht das Gnadenbild, eine spätgotische Marienfigur, auf dem Hochaltar, bekleidet mit kostbaren Gewändern. Der Freisinger Weihbischof war damals bei der feierlichen Überführung vom rechten vorderen Seitenaltar in den Mittelpunkt der Kirche anwesend. Zu dieser Zeit — die Arbeiten hatte man schon 1734 aufgenommen — erhielt die Kirche ihren überaus reichen und farbenfrohen Innenschmuck, der sie zu einem Juwel im Erdinger Land machte.

Die Wallfahrt in Maria Thalheim begann schon sehr früh, jedenfalls schon vor 1400. Zwischen den Ästen eines Holunderbaumes, so erzählt die Legende, wurde seinerzeit das Marienbild verehrt. Als man auf einem Hügel in der Nähe

ein Kirchlein bauen wollte, kehrte das Gnadenbild immer wieder an die alte Stelle im Holunderbaum zurück. Schließlich baute man die Kirche an dieser Stelle. Schon Herzog Ludwig der Reiche von Landshut war als Pilger im Jahre 1436 bei »unserer lieben Frauen zu Thalham«. Nach dem Dreißigjährigen Krieg brach auch in Maria Thalheim die Hochblüte im Wallfahrtsleben an. Hatte die Kirche ursprünglich drei Altäre, so bekam sie jetzt sieben.
Thalheim ist ein gastliches Dorf in einer einladenden Landschaft.

## Wandern

Route: *Vom S-Bahnhof Altenerding über Ammersdorf, Salmannskirchen, Thal, Bockhorn, Hecken, Grünbach, Großhündlbach, Thalheim, Rappoltskirchen, Ferteln, Grünbach, Bockhorn, Salmannskirchen zurück nach Altenerding — 25 km.*

Am S-Bahnhof in Altenerding folgen wir links der Bahnhofstraße, später der Ardeostraße bis zur Kreuzung mit der Hohenlindener Straße. Wir überqueren die Straße (Fußgängerunterführung) und wandern nun auf dem Weg gegenüber bis Ammersdorf weiter. Wir überqueren dort die Dorfener Straße, wandern durch den kleinen Ort, folgen der Rechtskurve und verlassen das Dorf auf einem Feldweg, der uns ins freie Erdinger Hinterland führt. Bei der Weggabelung bleiben wir rechts. Den Turm von Salmannskirchen vor uns, wandern wir bis zum Ende des Weges. Hier schlagen wir, etwa entlang der Starkstromleitung, die Richtung nach rechts ein, gehen an einem Feldrain entlang, bis wir wieder auf einen Feldweg kommen, der uns nun direkt nach Salmannskirchen führt.
Wir wandern dort links an der Kirche vorbei nach Thal. Bei der Vorfahrtstraße in Bockhorn halten wir uns links und schwenken nach der Kirche gleich wieder rechts in das Sträßchen nach Hecken ein. Am Ortsbeginn von Hecken kommen wir an eine Birkengruppe. Hier führt uns der Weg rechts nach Grünbach.

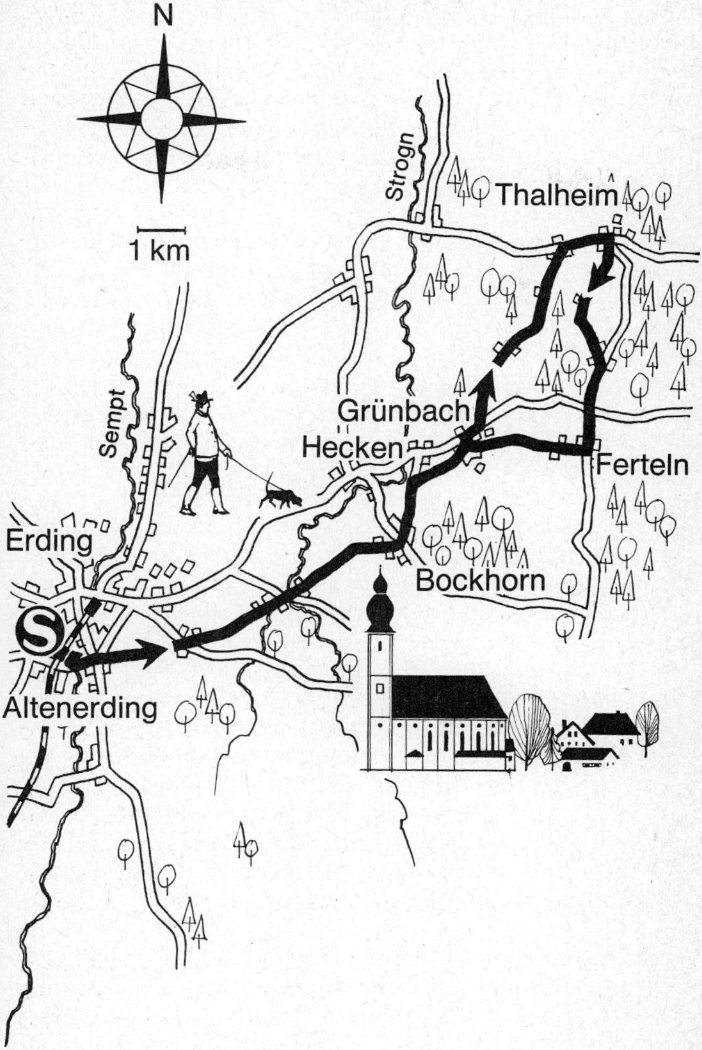
N
1 km
Strogn
Thalheim
Sempt
Grünbach
Hecken
Ferteln
Erding
Bockhorn
Altenerding

In Grünbach gehen wir zunächst etwa 200 Meter auf der Bundesstraße in Richtung Taufkirchen/Vils. Bei einem verwitterten Hinweisschild biegen wir links auf einen Feldweg ein, dem wir hügelaufwärts und durch einen Wald folgen. An einer Wegkreuzung im Wald gehen wir geradeaus, dem Hinweisschild »Großhündlbach« folgend. An einem Wegkreuz vorbei führt der Weg in die Ortschaft Großhündlbach. Dort bleiben wir auf der oberen, geradeaus führenden Teerstraße.
Nach dem Ortsausgang halten wir uns links, biegen bald in Richtung eines Transformatorenhäuschens ab und steigen an diesem vorbei einen Hügelzug hinauf. An den Gehöften von Grün und Kleinstürzelham vorbei gelangen wir über Kleinthalheim nach Thalheim. Hier können wir rasten und, wenn wir wollen, einkehren.
Die Wallfahrtskirche Maria Thalheim mit dem spätgotischen Gnadenbild und ihrer großartigen Rokokoausstattung sollte man unbedingt besichtigen.
Unsere Tour führt nun wie folgt weiter: Am Dorfplatz wenden wir uns nach rechts abwärts, um dann am Ende eines Biergartens den Weg rechter Hand zu benutzen, der hügelaufwärts am neuen Friedhof vorbeiführt. Oben auf der Hügelkette folgen wir dem nach rechts abbiegenden Fahrweg und gelangen auf diesem zu den Häusern von Großstürzlham. Dort gehen wir links zum Wald hinauf und über den einzelstehenden Hof Lodermoos treffen wir auf die Teerstraße nach Rappoltskirchen.
An Rappoltskirchen vorbei kommen wir zur Bundesstraße 388, überqueren diese und gehen durch das Köhlholz bis zu den Häusern von Ferteln. Hier biegen wir rechts ab und gelangen über die Ortschaft Hammerthal zurück nach Grünbach. Von dort wandern wir auf dem eingangs beschriebenen Weg zurück nach Altenerding.

**Hinweise:** Eine Tour für trainierte Wanderer, für Kinder ist sie nicht geeignet. Die beste Jahreszeit zum Wandern hinter Erding ist der Herbst. Benützt werden Feld- und Waldwege sowie Ortsverbindungswege. Teilweise liegen auch Teerstraßen auf der Route. Empfohlen wird, eine Wanderkarte mitzunehmen.

## Wissenswert — Sehenswert

**Altenerding** ist aus einem Königshof der Karolinger entstanden. Der Ort war schon in früher Zeit sehr bekannt. Zahlreiche vor- und frühgeschichtliche Funde weisen auf die Vergangenheit hin. Im Jahre 1957 erhielt Altenerding ein Stadtwappen: auf Rot zwei voneinander abgewendete silberne Pflugscharen; Symbole der Edlen von Aerding.
Die Pfarrkirche von Altenerding ist ein Werk des Erdinger Stadtbaumeisters Anton Kogler aus dem Jahre 1724. Besonders sehenswert ist die Schiffskanzel von Johann Christian Jorhan dem Älteren. Petrus führt das Ruder, Christus predigt vom Boot aus, in dessen Mitte sich der Kanzelkorb erhebt.

**Salmannskirchen** — Der kleine Ort an der Strogn birgt die Kirche »eines Salomon« (daraus hat sich einst der Ortsname entwickelt). Das heutige Gotteshaus ist dem heiligen Oswald geweiht. Im Jahre 1955 wurde es gründlich restauriert.

**Bockhorn** — Der Ortsname hat weder etwas mit dem Bock noch mit dem Horn zu tun. Im Jahre 926 erscheint der Ortsname als »Pacharun«, im Jahre 1212 als Pacharen oder Pacharn, das bedeutet: Die Leute am Bach.
Im Jahre 1315 schon wird Bockhorn als Pfarrei geführt. In der Kirche Mariä Heimsuchung findet man viele alte Grabplatten. Die älteste, hinter dem Hochaltar, erinnert an den im Jahre 1485 verstorbenen Pfarrer Georg Kürn. Die ursprünglich gotische Kirche war im Jahre 1712 abgerissen worden. Im Jahre 1723 wurde die neue Kirche, erbaut von Anton Kogler, eingeweiht. Im Jahre 1778 wurde der Turm durch einen Blitzschlag zerschmettert. Daraufhin setzte man eine neue Kuppel auf. Im Inneren birgt die Kirche eine wertvolle Marienplastik aus der Zeit um 1500.
Das schloßartige Pfarrhaus wurde im Jahre 1775 errichtet. Im Jahre 1962 erwarb es die »Internationale Grotius-Stiftung zur Verbreitung des Völkerrechts«.

**Hecken** — Die Friedhofskirche ist der heiligen Margareta geweiht. Sie wurde 1755 an der Stelle einer älteren Kirche errichtet. Die Innenausstattung ist sehenswert.

**Grünbach** — Der Ortsname taucht zum erstenmal im Jahre 816 in den Freisinger Traditionen auf. Früher stand in Grünbach ein ansehnliches Schloß. Der Burgstall aus dem 12. Jahrhundert ist im Schloßpark heute noch zu erkennen. — Die Andreaskirche wurde im 17. Jahrhundert von der Familie Preysing errichtet. In einer Unterkirche (Krypta) wurde eine Gruft eingebaut. Hier steht heute noch ein romanischer Taufstein.

**Rappoltskirchen** — Die Kirche Sankt Stefan birgt einen gotischen Kern. Im Jahre 1760 wurde die Antoniuskapelle angebaut.
(Mehr über Altenerding und Umgebung: Siehe Tip 36, Seite 201).

## Einkehr am Weg

**Altenerding** — »Gasthof Widl«, Nähe Kirche, Mittwoch sowie am letzten Samstag und Sonntag des Monats geschlossen.
»Gasthaus Adlberger«, Nähe Kirche, Montag geschlossen.

**Bockhorn** — »Gasthaus Möllner«, Donnerstag ab 13 Uhr geschlossen.

**Hecken** — »Gastwirtschaft Auer«.

**Grünbach** — »Bräustüberl«, Schloßbrauerei, Donnerstag geschlossen.
»Gasthaus Forster«, Mittwoch geschlossen.

**Thalheim** — »Café Sellmair«, Mittwochnachmittag geschlossen.
»Gastwirtschaft Stuhlberger«, kein Ruhetag.
»Gastwirtschaft Reitmeir«.

**Rappoltskirchen** — »Tafernwirtschaft des Thomas Sellmair«, Montag geschlossen.

# Mit der S 6 nach Altenerding **36**

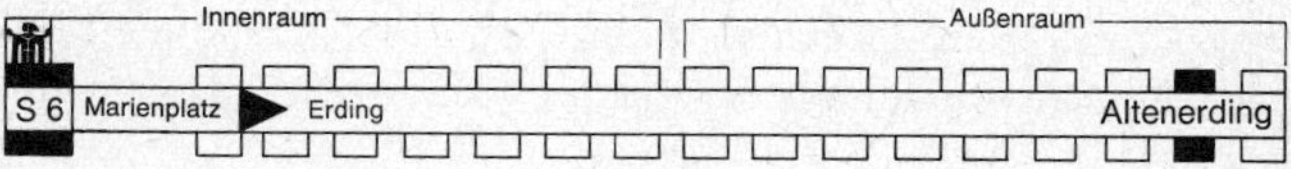


| **Abfahrt** in München, Marienplatz | | | **Rückfahrt** in Altenerding | | |
|---|---|---|---|---|---|
| 6.01 | 6.41 | 7.21 | 14.24 | 15.04 | 15.44 |
| 8.01 | 8.41 | 9.21 | 16.24 | 17.04 | 17.44 |
| 10.01 | 10.41 | 11.21 | 18.24 | 19.04 | 19.44 |
| 12.01 | 12.41 | 13.21 | 20.24 | 21.04 | 21.44 |
| 14.01 | 14.41 | 15.21 | 22.24 | 23.04 | 23.44 |

Der Fahrplan gilt Samstag, Sonntag und Feiertag.
Weitere Fahrzeiten im amtlichen Fahrplan.
Fahrzeit: einfache Fahrt ca. 45 Minuten.
Zonen: München—Altenerding und zurück = zweimal 6 Zonen.

## Zum bayerischen Braupionier

In Grünbach schlug die Geburtsstunde des modernen bayerischen Brauwesens. Von hier nahm das Reinheitsgebot seinen Lauf durch die Braugeschichte unseres Landes. An den Braupionier erinnert bei der Friedhofskirche in Hecken ein Grabstein, auf dem zu lesen ist: »Hier ruhet Benno Scharl, Verwalter in Grünbach, Gott lieb, sich gleich, den Menschen hold, im Dienste treu und rein wie Gold. Dem Andenken seiner Verdienste, Graf Karl von Seinsheim. Geboren 6. Juni 1741, gestorben 2. März 1812.«
Dieser Benno Scharl ist noch heute allen ein Begriff, die mit der Bierherstellung zu tun haben. Im »Bräustüberl« in Grünbach ist ihm ein Zimmer zum Andenken gewidmet.
In Seefeld am Ammersee geboren, holten die Grafen von Seinsheim Benno Scharl, der als Braumeister und Gutsverwalter einen ausgezeichneten Ruf hatte, im Jahre 1787 nach Grünbach. Er sollte dort auf einem völlig heruntergekommenen Hof mit einem nicht weniger gepflegten Schloß und

einer total veralteten Brauerei die Dinge wieder in Ordnung bringen. Eine Aufgabe, die Scharl damit zu lösen begann, daß er zuerst einmal ein modernes Brauhaus baute und mit der bisherigen Bierbraumethode brach. Die Braumeister jener Zeit gerieten ob der Erfolge ins Staunen und sie baten ihren erfahrenen Fachkollegen, sein Wissen schriftlich niederzulegen. Scharl gab dem Drängen nach und verfaßte zwei Schriften, nach denen bald das bayerische Brauwesen neu orientiert wurde.

## Wandern

Route: *Vom S-Bahnhof Altenerding über Ammersdorf, Salmannskirchen, Thal, Bockhorn, Hecken, Grünbach, Hammerthal, Ferteln, Eschlbach, Oppolding nach Grünbach — 18 km.*

Vom S-Bahnhof Altenerding bis Grünbach — siehe die Beschreibung bei Tip 35. In Grünbach beginnt die Wanderung an der Schloßbrauerei und führt über die Ortschaft Hammerthal zum Gehöft Ferteln. Dieses Straßenstück bietet einen schönen Ausblick auf das Erdinger Hügelland. Von Ferteln aus können wir auf der Teerstraße südwärts nach Eschlbach gelangen. Unsere Wanderroute führt allerdings in Ferteln über diese Teerstraße, um zu einem Feldweg zu gelangen, der auf den Wald zu führt, dann einige hundert Meter am Waldrand entlang verläuft, um schließlich in südöstlicher Richtung den Wald zu durchqueren. An einer Wegkreuzung folgen wir dem rechten Waldweg, der hügelabwärts nach etwa 200 Metern den Wald verläßt. Der Weg führt hinab nach Eschlbach.
Die kleine Marienkirche in Eschlbach sollten wir nicht übersehen. Von Eschlbach führt der Weg weiter nach Oppolding. Dieser kleine Ort, der bereits 972 erstmals urkundlich erwähnt wird, besitzt eine Kirche, die wegen ihrer einzigartigen Rokokoausstattung Beachtung verdient. Die Kanzel ist ein Meisterwerk eines aus Dorfen gebürtigen Stukkateurs.
Hinter Oppolding stoßen wir auf eine geteerte Straße, der wir geradeaus folgen. Diese Straße führt direkt nach Grün-

Langengeisling
Strogn
Grünbach
Ferteln
Hecken
Erding
Bockhorn
Eschlbach
S
Salmannskirchen
Ammersdorf
Altenerding
Sempt
N
1 km

bach. Von dort wandern wir auf dem schon bekannten Weg zurück nach Altenerding.

**Hinweise:** Zu dieser Tour sollten nur geübte Wanderer aufbrechen, und zwar am besten mit einer guten Wanderkarte. Für Kinder ist die Route nicht geeignet. Größtenteils werden Feld- und Waldwege benützt sowie verkehrsarme Ortsverbindungswege. An einigen Stellen liegen auch Teerstrecken auf der Route. Besonders geeignete Jahreszeiten sind Frühjahr und Herbst.

## Wissenswert — Sehenswert

**Eschlbach** — Kostbar ausgestattet wurde die Kirche Mariä Heimsuchung durch die Initiative des Pfarrers Ludwig Max Dapsal in den Jahren zwischen 1745 und 1787.

**Oppolding** — Sehenswert ist die einmalig schöne Rokokokanzel in der Kirche Sankt Martin aus dem Jahre 1764. Sie gilt als ein Meisterwerk.
(Mehr über Altenerding und Umgebung: siehe Tip 35, Seite 195.)

## Einkehr am Weg

**Altenerding** — »Gasthaus Widl«, Nähe Kirche, Mittwoch sowie am letzten Samstag und Sonntag des Monats geschlossen.
»Gastwirtschaft Adlberger«, Nähe Kirche, Montag geschlossen.

**Bockhorn** — »Gastwirtschaft Möllner«, Donnerstag ab 13 Uhr geschlossen.

**Hecken** — »Gastwirtschaft Auer«.

**Grünbach** — »Bräustüberl«, Schloßbrauerei, Donnerstag geschlossen.
»Gasthaus Forster«, Mittwoch geschlossen.

# Mit der S 6 nach St. Koloman **37**

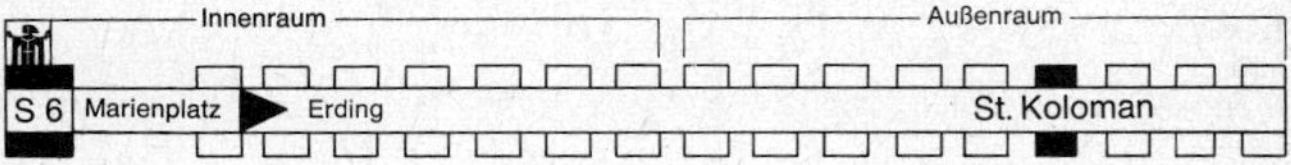


| **Abfahrt** in München, Marienplatz | | | **Rückfahrt** in St. Koloman | | |
|---|---|---|---|---|---|
| 6.01 | 6.41 | 7.21 | 14.30 | 15.10 | 15.50 |
| 8.01 | 8.41 | 9.21 | 16.30 | 17.10 | 17.50 |
| 10.01 | 10.41 | 11.21 | 18.30 | 19.10 | 19.50 |
| 12.01 | 12.41 | 13.21 | 20.30 | 21.10 | 21.50 |
| 14.01 | 14.41 | 15.21 | 22.30 | 23.10 | 23.50 |

Der Fahrplan gilt Samstag, Sonntag und Feiertag.
Weitere Fahrzeiten im amtlichen Fahrplan.
Fahrzeit: einfache Fahrt ca. 39 Minuten.
Zonen: München—St. Koloman und zurück = zweimal 5 Zonen.

## Wo heiratslustige Mädchen erhört wurden

Heiratslustige Mädchen erhofften in früherer Zeit Erhörung ihrer Bitten in dem kleinen Kirchlein, das dem S-Bahn-Haltepunkt, bei dem diese Wanderung beginnt, seinen Namen gab. Sie riefen Sankt Koloman an und baten ihn: »Heiliger Koloman, schenk mir einen braven Mann.« Der Spruch hat sich bis in unsere Tage erhalten. Freilich findet man schwerlich einen Hinweis darauf, warum Koloman zum Patron der Mädchen erkoren wurde. Der Reim in der Bitte mag hier dem Volksglauben nachgeholfen haben.
Kolomans Hauptaugenmerk nämlich sollte auf den Haustieren liegen. Gab es Krankheiten im Stall, wurde er der Überlieferung nach von den Bauern angerufen.
Der heutige Bau des Kolomankirchleins stammt aus dem Jahre 1715. Es wurde damals an der Stelle einer älteren Wallfahrtskirche errichtet. Besonders sehenswert ist eine bemalte Holzfigur des Kirchenpatrons aus dem 16. Jahrhundert.

Route: *Vom S-Bahn-Haltepunkt St. Koloman über Hofsingelding am Isarkanal entlang nach Wifling und zum S-Bahn-Haltepunkt St. Koloman zurück — 6 km.*

Wir verlassen den hübsch gelegenen S-Bahn-Haltepunkt Sankt Koloman und wandern ein kurzes Stück auf der Hauptstraße bis zur Bahnüberführung. Hier wenden wir uns nach links und steigen durch das Wäldchen die Anhöhe hinauf nach Hofsingelding. Wir durchqueren den Ort und wandern bei der Kurve am Ortsende auf dem Weg geradeaus weiter. Nach etwa 200 Metern stoßen wir auf einen rechts abzweigenden Weg. Hier gehen wir rechts auf das Feldkreuz zu, dort links weiter in Richtung Riexing.
Am Ortsende von Riexing wandern wir ein kurzes Stück auf der Teerstraße ortsauswärts. An der Kurve gehen wir dann geradeaus auf dem geschotterten Weg nach Niederneuching weiter. Bei föhnigem Wetter können wir von hier den Fernsehturm von München erkennen.
Am Ortsbeginn von Niederneuching biegen wir gleich nach links in die Straße nach Oberneuching ab. Auch hier kommen wir schon nach wenigen Minuten an eine Linkskurve. Dort gehen wir auf dem Weg geradeaus, am Kanal entlang, weiter.
Nach dem kleinen Bachübergang wenden wir uns nach links und halten auf Oberneuching zu. Dort gehen wir rechts weiter und an der Kurve geradeaus. Wir kommen an der Kirche und am Maibaum vorbei und biegen später (beim Autohaus) rechts in den Weg nach Euxleben ab. Diesen Weg nehmen wir aber nur ein kurzes Stück, dann folgen wir links dem Wegweiser nach Lausbach.
Wir stoßen bald auf eine querverlaufende Teerstraße. Hier gehen wir links weiter nach Holzhausen hinauf. Die bisherige Richtung beibehaltend überqueren wir die Kreuzung und wandern nach Harlachen hinein. Nach dem letzten Haus biegen wir dort links in einen Feldweg ab. Etwa 50 Meter vor einem einzelstehenden Baum mit Hochsitz zweigt nach rechts ein Weg ab. Diesem folgen wir. Er führt uns auf die Eisenbahnlinie zu. Wir unterqueren sie und er-

N
1 km
Riexing
Niederneuching
Isarkanal
Hofsingelding
St. Koloman
Oberneuching
Sempt
Wifling
Holzhausen
Harlachen
Lausbach

reichen bald die Straße vor Wifling. Etwa 500 Meter gehen wir auf der Straße links weiter, dann biegen wir links in einen Feldweg ein. Er führt uns auf den Bahndamm hinauf. Nach dem Überqueren der Schienen gehen wir rechts weiter. Oberhalb des Bahndammes wandern wir nun dem Ausgangspunkt unserer Tour entgegen. Von hier oben haben wir einen schönen Ausblick auf Altenerding und auf die Kreisstadt Erding.
Nach wenigen hundert Metern betreten wir einen lichten Wald, und plötzlich sehen wir vor uns das Kirchlein Sankt Koloman. Von der Kirche führt rechts ein Fußweg in Stufen hinunter zum Bahnhof.

**Hinweise:** Zu dieser Wanderung kann man auch ältere Kinder mitnehmen. Die Route verläuft meist auf verkehrsfreien Wegen. Beste Jahreszeiten: Frühjahr und Herbst. An heißen Sommertagen sollte man diese Route meiden.

## Sempt und Schwillach

In der internationalen Fischereiliteratur kennt man Schwillach und Sempt als zwei der besten Salmonidengewässer Europas. Sie durchfließen ein Gebiet von schönster Urwüchsigkeit. Mitten in diesem zauberhaften Land liegt die Gemeinde Wörth mit ihren vielen kleinen Orten.
Bis vor die Tore von Erding hatte sich einst der Altmoränenzug aus der vorletzten Rißeiszeit vor 80 000 bis 200 000 Jahren geschoben. Der Ortsname Wörth = Insel könnte darauf hinweisen, daß sich hier einst ein Schmelzwassersee ausbreitete.
Die Siedlungen im Gebiet von Schwillach und Sempt lagen sehr vorteilhaft an den damals wichtigen Straßenzügen. Die landwirtschaftlichen Gegebenheiten waren gut, es gab reiche Jagdgründe und eine gute Fischwaid. An zahlreichen Stellen wurde der in vergangenen Jahrhunderten als Baumaterial begehrte Tuffstein gebrochen. Die Lager sind heute ausgebeutet.

## Torf aus dem Erdinger Moos

Die Münchner, Erdinger und Freisinger Brauereien leisteten für die Menschen in der Gegend des Erdinger Mooses im vergangenen Jahrhundert eine Art Entwicklungshilfe: Sie sorgten dafür, daß sich die kärglichen landwirtschaftlichen Betriebe, die vom Torfstich lebten, halten konnten. Sie brauchten nämlich vor allem genügend Arbeitskräfte, um die Produktion aufrechterhalten zu können. Der Torf diente als billiges Heizmaterial. Die Brauereien nahmen also die Ware ab und hielten so die Torfstecher auch als Arbeitskräfte bei der Stange.
Das Moränengebiet am Erdinger Moos ist uraltes bayerisches Siedlungsland. Vor wenigen Jahren erst stieß man bei Bauarbeiten in Itzling auf alte Menschenreste. Man hatte eine Spur der Bajuwaren gefunden!
Am Rand des Erdinger Mooses wurde früher neben dem Torf der häufig vorkommende »Almkalk« abgegraben und als Schleif- und Poliermittel verkauft.
Mit der Kultivierung des Moores hatten die ersten Kolonisten in diesem Gebiet ein hartes Leben. Von Osten her drangen sie immer weiter in den sumpfigen Grund vor. Sie verfuhren nach der Humustheorie und legten kleine Höfe an. Bald entstanden Güter, in denen musterhaft gewirtschaftet wurde. Weizen wuchs auf Ländereien, »wo früher die Spatzen verhungerten«. Heute werden hier auch Kartoffeln und Gemüse angebaut. Milchvieh und Schweine werden gehalten. Für diese neue Fruchtbarkeit freilich hatte man erst die Methode ändern müssen: Der Grundwasserspiegel wurde abgesenkt und so das Moor nutzbar gemacht.

## Erding und Altenerding

Bei dieser Wanderung sehen wir kurz vor St. Koloman von der Höhe aus hinüber nach Erding und Altenerding, das Zentrum in diesem Gebiet. Und so ist es entstanden: In der ersten Hälfte des 13. Jahrhunderts lagen sich der Bischof von Freising und die Wittelsbacher in den Haaren. Dies gab den Anlaß, östlich der Sempt, bei Klettham, einen Platz zu

befestigen. Die Wittelsbacher wollten dem Bischof die kalte Schulter zeigen.
Ludwig der Kelheimer oder Otto II. ließ den Platz von Anfang an besonders wehrhaft machen. Wall und Graben allein genügten ihm nicht, er leitete auch noch den Fehlbach in ein neues Bett ab und hatte damit eine doppelte Flußsicherung. Das Gelände, auf dem so die Stadt Erding entstand, gehörte dem Ebersberger Kloster.
Die Anlage wurde Zug um Zug immer raffinierter und sicherer ausgebaut, was darauf schließen läßt, daß es nicht so schnell zum Frieden zwischen beiden befehdeten Parteien gekommen war.
Was heute in Erding noch an alten Mauerresten und Türmen steht, stammt meist aus dem 15. und 17. Jahrhundert. Alle früheren Bauten sind verschwunden. Im 19. Jahrhundert fielen die Stadtmauer, Türme und Tore der Spitzhacke anheim. Merian, Ertl und Wening haben in Stichen das alte Erding festgehalten. Das schönste noch erhaltene Erinnerungsstück an diese Zeit ist das Landshuter Tor, genannt der »Schöne Turm«. Das Tor wurde zu Ehren der von Landshut her einreitenden Herzöge um 1500 errichtet.
Altenerding nahm eine andere Entwicklung. Es ist aus einem alten karolingischen Königshof entstanden. Schon in sehr früher Zeit war der Ort weithin bekannt. Die Altenerdinger Pfarrkirche ist ein Werk des Erdinger Stadtbaumeisters Anton Kogler aus dem Jahre 1724. Besonders sehenswert ist die Schiffskanzel von Johann Christian Jorhan dem Älteren.

## Einkehr am Weg

**Oberneuching** — »Wagnerbräu«, Bräustüberl, Ortsmitte. »Gastwirtschaft Neuwirt«, Ortsmitte.

**Wifling** — «Gastwirtschaft Holzer«, Nähe Kirche, Samstag geschlossen, werktags ab 18 Uhr geschlossen.

# Mit der S 6 nach Ottenhofen **38**

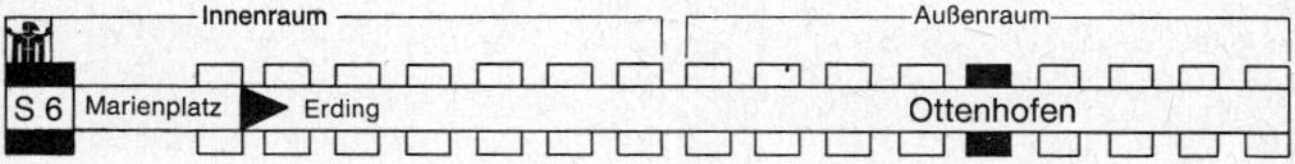


| Abfahrt in München, Marienplatz | | | Rückfahrt in Ottenhofen | | |
|---|---|---|---|---|---|
| 6.01 | 6.41 | 7.21 | 14.35 | 15.15 | 15.55 |
| 8.01 | 8.41 | 9.21 | 16.35 | 17.15 | 17.55 |
| 10.01 | 10.41 | 11.21 | 18.35 | 19.15 | 19.55 |
| 12.01 | 12.41 | 13.21 | 20.35 | 21.15 | 21.55 |
| 14.01 | 14.41 | 15.21 | 22.35 | 22.15 | 23.55 |

Der Fahrplan gilt Samstag, Sonntag und Feiertag.
Weitere Fahrzeiten im amtlichen Fahrplan.
Fahrzeit: einfache Fahrt ca. 34 Minuten.
Zonen: München—Ottenhofen und zurück = zweimal 5 Zonen.

## Ein Dokument am gewissen Ort

In dem hübschen S-Bahn-Ort Ottenhofen schlummert — leider für die Öffentlichkeit nicht zugänglich — die wohl originellste Bauurkunde, die man sich denken kann. Dazu erst die »Vorgeschichte«:
Über dem Tal der Sempt sollte einmal unter der Familie Perusa ein großartiges Bauwerk entstehen, von dem noch heute die Pläne erhalten sind. Es wurde allerdings nicht verwirklicht. An den alten Ottenhofener Schloßbesitz erinnert aber noch der kleine Teepavillon, der sich heute in Privatbesitz befindet.
Das hübsche Gartenhaus hat im Erdgeschoß einen mit Spiegeln, Stukkaturen und Schnitzwerk ausgestatteten Raum. Man braucht nicht viel Phantasie, um sich vorzustellen, daß hier sicher einmal Konzerte und sonstige gesellschaftliche Veranstaltungen stattgefunden haben. Über eine Treppe erreicht man einen reizvoll ausgestatteten Raum, der wohl einmal als Gästezimmer diente.

Hinter dem großen Aufenthaltsraum im Parterre findet man das »stille Örtchen« vor. Und eben dort lagert jenes Dokument, das berichtet: »An den 8. Oct. umb 10 Uhr ists verfertiget Anno 1760.«
Geschrieben steht dieses auf der Unterseite des Deckels, der das aus Eichenholz kunstvoll gearbeitete »Sitzmöbel« abdeckt. Schade eben, daß man den schmucken Bau nur durch die Baumlücken von außen sehen kann. Dies ist jedoch verständlich, wenn man weiß, daß der Pavillon unter hohem Kostenaufwand vor noch nicht langer Zeit wiederhergestellt wurde.

## Wandern

Route: *Vom S-Bahn-Haltepunkt Ottenhofen über Unterschwillach, Taing, Wimpasing nach Ottenhofen zurück — 7 km.*

Vom S-Bahn-Haltepunkt Ottenhofen gehen wir die Stufen hinunter zur Hauptstraße und hier auf dem Gehweg ortseinwärts. Nach der Kirche schwenken wir nach links ein — ein halbes Dutzend Hinweisschilder trifft man hier an — und nehmen an der Weggabelung die kaum befahrene Straße links nach Unterschwillach. Unter der Bahnlinie hindurch kommen wir in das Dorf mit seiner mauerumgebenen Kirche.
Wir wandern geradeaus weiter und erreichen nach zehn Minuten das Dörfchen Taing, zu dem wir von der Straße aus rechts den Zufahrtsweg hinaufsteigen müssen. In Taing gehen wir um die Kirche herum und wandern nun geradeaus nach Grund, folgen dort der Kurve nach links und wenig später wieder nach rechts. Bald haben wir Wimpasing erreicht. Wir überqueren die Bahn und wandern nun den Hang hinunter nach Ottenhofen.

**Hinweise:** Ein Zwei-Stunden-Spaziergang, der zu allen Jahreszeiten der ganzen Familie Freude macht. Benützt werden Ortsverbindungswege, die teilweise auch geteert sind. Besonders schön ist es hier im Herbst; auch im Winter kann man die Tour machen.

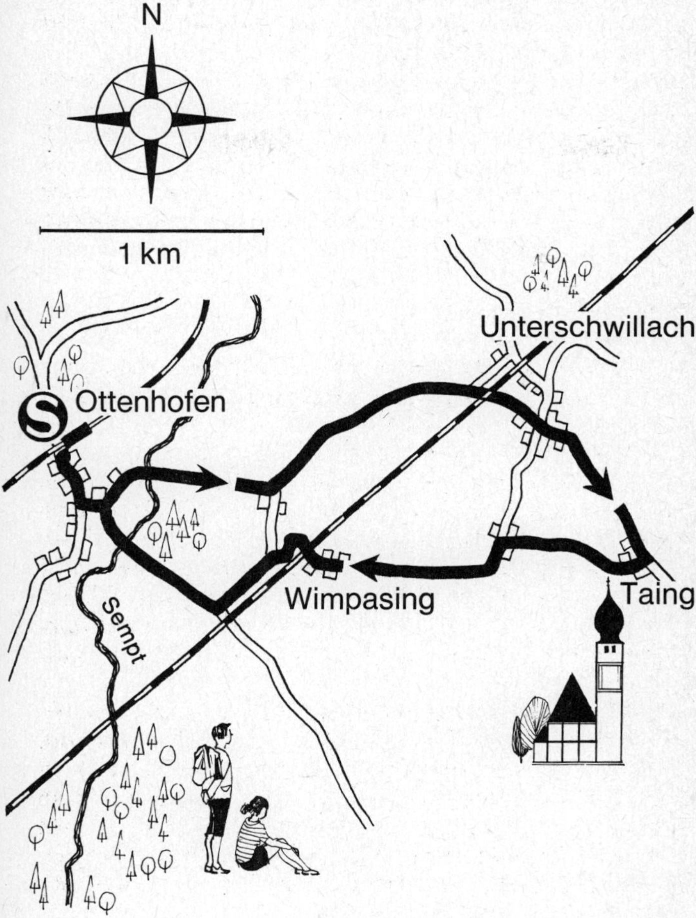
N
1 km
Unterschwillach
Ottenhofen
Sempt
Wimpasing
Taing

## Wissenswert — Sehenswert

**Ottenhofen** — Die Kirche Sankt Katharina in Ottenhofen stand schon um das Jahr 1315. Im Jahre 1960 wurde sie renoviert. Das in seinen Grundzügen noch romanische Langhaus wurde um 1700 erweitert. 50 Jahre vorher schon wurden die drei Altäre der Kirche aufgestellt. Aus der gleichen Zeit stammen die Seitenfiguren des heiligen Ulrich und des heiligen Nikolaus. Noch viel früher, in den Jahren 1500 bis 1520, dürften die bemalten Holzfiguren der heiligen Wolfgang, Nikolaus, Sebastian und Christophorus entstanden sein.

**Unterschwillach** — Die Kirche von Unterschwillach geht in ihrer heutigen Gestalt auf das Jahr 1718 zurück. Die Altäre und die Kanzel wurden um 1700 geschaffen. Sehenswert ist eine Holzplastik von Maria mit dem Kind aus dem Jahre 1520. Noch älter ist eine Holzfigur des heiligen Leonhard aus dem Jahre 1480.

**Taing** — Die Ottilienkirche von Taing ragt hoch über das Tal der Schwillach hinaus. Sie wurde zwischen 1430 und 1450 gebaut. Weit reicht auch die Ottilienwallfahrt zurück. Besonders im 18. und 19. Jahrhundert kamen die Pilger sehr zahlreich hierher. Viele Votivgaben künden davon. In der Kirche sind sehenswerte Holzschnitzarbeiten: Die Figuren des heiligen Wolfgang und des heiligen Georg, beide aus der Zeit um 1500. Eine Plastik der Kirchenpatronin, der heiligen Ottilia, steht auf dem Opferstock. Sie stammt aus dem Jahre 1420.

## Einkehr am Weg

**Ottenhofen** — »Schloßgaststätte«, Ortsmitte, Dienstag geschlossen.

# Mit der S 4 nach Ebersberg 39

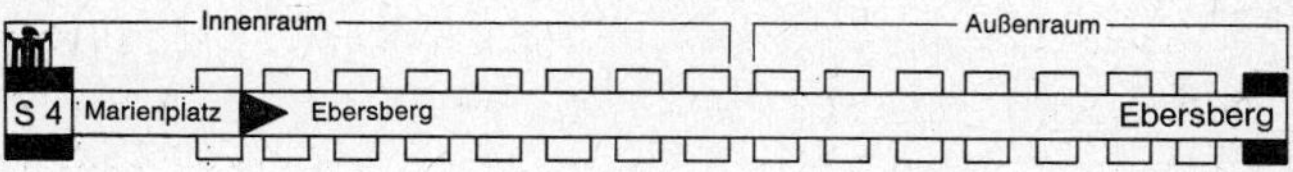


| **Abfahrt** in München, Marienplatz | | | **Rückfahrt** in Ebersberg | | |
|---|---|---|---|---|---|
| 7.27 | — | — | 14.13 | 14.53 | 15.33 |
| 8.27 | 9.07 | 9.47 | 16.13 | 16.53 | 17.33 |
| 10.27 | 11.07 | 11.47 | 18.06 (x) | 18.53 | 19.33 |
| 12.27 | 13.07 | 13.47 | 20.13 | 20.53 | 21.33 |
| 14.27 | 15.07 | 15.47 | 22.13 | 22.53 | 23.33 |

(x) : weicht vom Fahrplanschema ab.
Der Fahrplan gilt Samstag, Sonntag und Feiertag.
Weitere Fahrzeiten im amtlichen Fahrplan.
Fahrzeit: einfache Fahrt ca. 50 Minuten.
Zonen: München—Ebersberg und zurück = zweimal 6 Zonen.

## Den Alltag vergessen . . .

Wollen wir den Alltag weit hinter uns lassen? Dann setzen wir uns in die S-Bahn und fahren ostwärts — und folgen damit nicht dem großen Strom in südlicher Richtung. Nach einer guten halben Stunde Fahrt beginnt sich uns schon im Zug eine Landschaft aufzuschließen, die schnell die Großstadt vergessen läßt. Sie wirkt ursprünglich und natürlich, von den Krallen moderner Expansion noch nicht zerstört.
Bald haben wir Ebersberg erreicht, den Ausgangspunkt für unsere Wanderung. Wir könnten hier in allen Himmelsrichtungen losmarschieren, wir würden überall das gleiche erleben: das Staunen vor einer so unberührt scheinenden Landschaft. Unsere Wandertour führt uns zunächst hinunter zum Marktplatz von Ebersberg, einem historischen Bezirk, der von den Jahrhunderten der Stadtgeschichte geprägt wurde.

Wir wandern weiter und verlassen die letzte Häuserzeile der hübschen Kreisstadt. Und plötzlich befinden wir uns mitten in der überwältigenden Landschaft, die uns die jüngste der Eiszeiten beschert hat. Langgezogene Hänge senken sich weit nach unten, tiefe Täler grüßen herauf, das Bild ändert sich ständig. Fruchtbare Felder wechseln mit saftigen Weiden, der Wald ist urplötzlich da, wo wir eben noch über freies Land gewandert sind. Hier ein kleiner Tümpel, da ein anmutig gelegener See. Die mächtigen Eisberge haben eine Wunderlandschaft modelliert und für uns zurückgelassen . . .

## Wandern

Route: *Vom S-Bahnhof Ebersberg über Haselbach, Kumpfmühle, durch die Jesuitengasse zurück nach Ebersberg — 6 km.*

Vom S-Bahnhof Ebersberg aus wenden wir uns rechts bis zur Bahnhofstraße, folgen dieser stadteinwärts, überqueren den Marienplatz und gehen dann nördlich die Sieghartstraße entlang, bis wir das Hinweisschild »Klostersee« sehen. Hier biegen wir nach rechts in die Abt-Häfele-Straße ein. Nach etwa 200 Metern sehen wir links einen kleinen Wegweiser »Haselbach, 15 Minuten«. Diesem Weg folgen wir. Er bringt uns hinaus aus der Stadt in die eindrucksvolle Hügellandschaft nördlich von Ebersberg.
Bei der Weggabelung an der Feldkapelle gehen wir rechts und bei der nächsten Weggabelung wieder rechts (der linke Weg führt nach Kalteneck) hinauf nach Haselbach. Dort schlagen wir die Richtung Kumpfmühle ein und gehen etwa 300 Meter an der Bundesstraße entlang, dann biegen wir nach rechts in einen hübschen Fußweg, die Jesuitengasse, ein. Direkt an der Kirche kommen wir so wieder in das Stadtzentrum von Ebersberg zurück.

**Hinweise:** Eine Wanderung für die Familie, Kinder können also teilnehmen. Abgesehen von heißen Sommertagen, kann man diese Route das ganze Jahr hindurch, auch im Winter, gehen. Sie verläuft auf Feld- und Waldwegen.

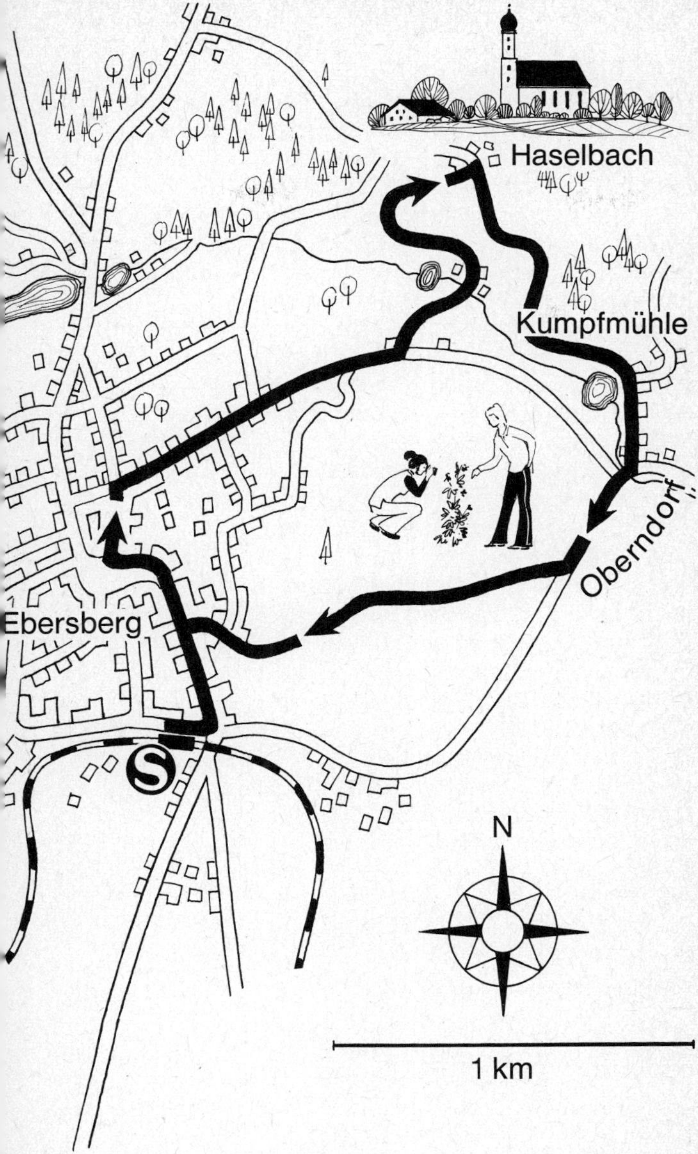
Haselbach
Kumpfmühle
Oberndorf
Ebersberg
N
1 km

## Seit wenigen Jahren erst »bekannt«

Der Osten Münchens ist noch gar nicht so lange »bekannt«. Noch vor dem Zweiten Weltkrieg gab es in München nicht allzuviele, die hierher fuhren, wenn sie nicht mußten. Heimatfreunde freilich und Kenner der herrlichen Landschaft rund um Ebersberg schätzten dieses Gebiet schon seit jeher. Sie ließen und lassen sich von der bunten buckeligen Welt der vielen Hügel und den schönen Aussichten, den kleinen Seen mit dem kristallklaren Wasser, den idyllischen Bächen und den bäuerlichen Siedlungen anziehen.
Sie mögen betrübt sein, die Naturfreunde und Heimatkenner, daß dieses Land östlich der bayerischen Landeshauptstadt nun auch Zug um Zug in den Großraum München einverleibt wird. Es bestehen bereits Siedlungsprojekte, die fast bis nach Ebersberg hinausreichen. In der Kreisstadt selbst wuchsen die Wohnhäuser und Siedlungen wie die Pilze nach dem warmen Regen aus dem Boden.
Die Zeit ist nicht stehengeblieben. Mit der S-Bahn ist nun auch der Osten Münchens zu einem leicht erreichbaren Erholungs- und Ausflugsgebiet geworden. Wir erleben hier im Ebersberger Raum ein einzigartiges Geschenk der Eiszeit, jener vierten Entwicklungsepoche der Erde, die acht bis zehn Jahrtausende dauerte. Auch das macht den Reiz dieser Landschaft aus, daß man noch heute den Weg der mächtigen Eislager verfolgen kann. Man entdeckt die Rinnen und Furchen, man sieht noch die Stellen der beim Rückzug abgesplitterten Eisteile, die Seen und Tümpel entstehen ließen. Hier ein riesiger Findling, einst aus dem Gebirge herantransportiert — die Landschaft ist voller Überraschungen.

## Wissenswert — Sehenswert

**Ebersberg** — Die Stadtpfarrkirche Sankt Sebastian stammt in ihrer heutigen Gestalt aus den Jahren 1733/34. Früher war sie gotisch, auch romanische Bestandteile sind noch nachzuweisen.

In der Sebastianskapelle aus dem Jahre 1668 befindet sich eine kostbare Silberbüste mit der Hirnschale des Heiligen.
Eine Sage berichtet von der Gründung Ebersbergs: Unter einer riesigen Linde hauste in einer Höhle ein wilder Eber. Graf Sighart von Sempt, dessen Stammburg (sie war nach dem Flüßchen Sempt benannt) nördlich von Forstinning stand, versuchte vergeblich, das Tier zu jagen. Ein gewisser Konrad von Hewen am Bodensee deutete dies als ein schlechtes Vorzeichen und kündigte an, daß Gott wohl die Hunnen schicken werde. Sighart möge deshalb an dieser Stelle eine Basilika bauen und Festungswerke errichten, um der Gefahr zu begegnen. — Sicher ist, daß der drohende Hunneneinfall den Grund zum Bau einer Burg in Ebersberg gab.
Der Ortsname Ebersberg soll sich aus »Burg des Eberhard« ableiten. Eine Verwandtschaft mit dem Flüßchen Ebrach, das hier entspringt, wird nicht gesehen.
Der Augustinerprobst Hunfried brachte die Hirnschale des heiligen Sebastian von einer Pilgerfahrt aus Rom mit. Graf Eberhard ließ daraufhin im Jahre 934 eine neue Kirche bauen. Damit nahm eine große Wallfahrt ihren Anfang.
Die erste Ebersberger Wasserleitung im modernen Sinne legten im 18. Jahrhundert die Malteser an. Sie hatten am 23. September 1781 das Kloster von den Jesuiten übernommen. Mit dieser ersten Pumpanlage wurde das Wasser dem Marktbrunnen, der Taferne und dem Kloster zugeführt. An der Mariensäule befindet sich eine Erinnerungstafel, eine zweite wird im Rathaus verwahrt.
Das Rathaus von Ebersberg ist der bedeutendste spätgotische Profanbau des Landkreises. Es wurde im Jahre 1529 errichtet.
Die älteste deutsche Waldordnung wurde vor 600 Jahren im Ebersberger Kloster geschrieben.
Der Aussichtsturm auf der Ludwigshöhe wurde vor 50 Jahren aus Beton mit einer Höhe von 30 Metern errichtet. Von hier aus soll man 424 Berggipfel sehen können.
(Mehr über Ebersberg und Umgebung: siehe die Tips 40, 41, 42, 43, 44 und 45, Seiten 221, 225, 229, 233, 239 und 243.)

## Einkehr am Weg

**Ebersberg** — »Neuwirt«, Marienplatz, Freitag geschlossen. »Alte Post«, Marienplatz, Mittwoch geschlossen. »Oberwirt«, am Rathaus, Dienstag geschlossen. »Sieghartshof«, Sieghartstraße, Montag geschlossen. »Ebersberger Hof«, Sieghartstraße, Montag geschlossen.

# Mit der S 4 nach Ebersberg 40

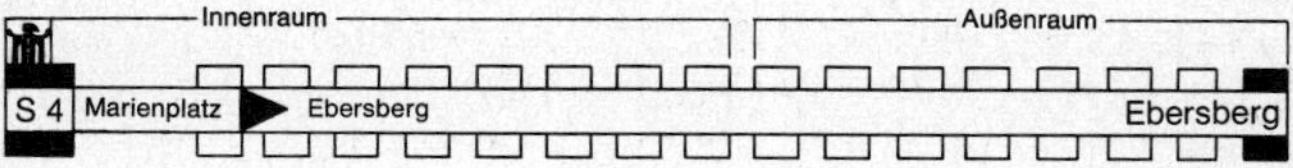


| Abfahrt in München, Marienplatz | | | Rückfahrt in Kirchseeon | | |
|---|---|---|---|---|---|
| 7.27 | — | — | 11.44 | 12.24 | 13.04 |
| 8.27 | 9.07 | 9.47 | 13.44 | 14.24 | 15.04 |
| 10.27 | 11.07 | 11.47 | 15.44 | 16.24 | 17.04 |
| 12.27 | 13.07 | 13.47 | 17.44 | 18.24 | 19.04 |
| 14.27 | 15.07 | 15.47 | 19.44 | 20.24 | 21.04 |

Der Fahrplan gilt Samstag, Sonntag und Feiertag.
Weitere Fahrzeiten im amtlichen Fahrplan.
Fahrzeit: München—Ebersberg ca. 50 Minuten. Kirchseeon—München ca. 35 Minuten.
Zonen: München—Ebersberg = 6 Zonen. Kirchseeon—München = 4 Zonen.

## Am See der Ebersberger Mönche

Früher hieß der Eggelburger See »Ziegelweiher« und das mit Recht: An seinem Nordufer brannten die Ebersberger Benediktinermönche einst ihre Ziegel zum Bau der Klosteranlagen.
Vor 20 Jahren wurde der See unter Landschaftsschutz gestellt, am 19. Juli 1973 teilte das Bayerische Staatsministerium für Landesentwicklung und Umweltfragen mit: »Unter Naturschutz gestellt wurden der Eggelburger See und seine Umgebung«. In der Begründung der staatlichen Mitteilung heißt es: »Die Schutzwürdigkeit des 77 Hektar großen Naturschutzgebietes Vogelfreistätte Eggelburger See beruht auf seiner Eigenschaft als ideales Brutgebiet für seltene Wasservögel. Am Eggelburger See nisten bis zu 1500 Lachmöwen. Zur ausgeprägten Wasservogelwelt gehören außerdem Ente, Bläß- und Teichhuhn, Großer Haubentaucher, Zwergsumpfhuhn und Wasserralle«.

Die Natur- und Wanderfreunde sind froh über diese Entscheidung; denn seit Jahren schon hatte man sich Sorgen um den Weiterbestand dieses Sees und seiner Vogelwelt gemacht. Jetzt sind dem Zugriff zerstörender Unvernunft Grenzen gesetzt.

## Wandern

Route: *Vom S-Bahnhof Ebersberg, am Klostersee und am Eggelburger See vorbei, über Vordereggelburg, Forstseeon nach Kirchseeon — 10 km.*

Vom S-Bahnhof Ebersberg gehen wir zunächst stadteinwärts. Wir überqueren den Marienplatz und kommen auf dem schmalen Straßenstück hinter dem Rathaus (Hinweisschilder »Markt Schwaben/Hohenlinden«) in die Eberhardstraße. Dieser Straße folgen wir nun stadtauswärts. Auf einem Gehweg erreichen wir bald den Klostersee. Hier wandern wir nun links weiter, am Langweiher und Seeweberweiher vorbei zum Eggelburger See. Dort schlagen wir die Richtung nach rechts ein. Wir kommen an eine Weggabelung, gehen auf dem rechten Weg weiter und verlassen diesen nun nicht mehr, bis wir am Waldrand sind. Ein kurzes Stück wandern wir in den Wald hinein und biegen dann nach links ab. Am Nordufer des Eggelburger Sees entlang, später nach links schwenkend kommen wir, durch ein landschaftlich einzigartiges Gebiet, nach Vordereggelburg. In der Ortsmitte biegen wir rechts nach Forstseeon ab. Dort nehmen wir das kurze Verbindungsstück auf der Teerstraße zur Bundesstraße 304. An dieser entlang führt ein hübscher Fußweg, der uns den Spannleitenberg hinunterführt. Wir überqueren die Straße und wandern nun geradewegs auf den Bahnhof zu.

**Hinweise:** An dieser Wanderung können ältere Kinder auch teilnehmen. Besonders schön ist die Landschaft am Eggelburger See im Herbst. Benützt werden ruhige Feld- und Waldwege.

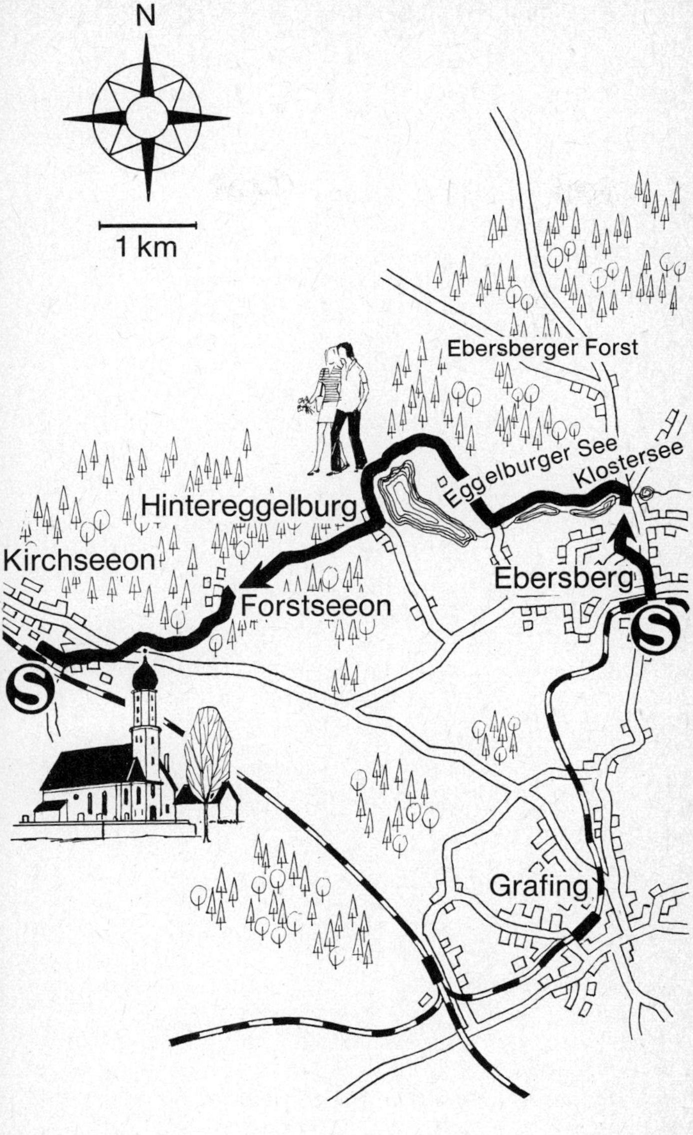

N
1 km
Ebersberger Forst
Eggelburger See
Klostersee
Hintereggelburg
Kirchseeon
Ebersberg
Forstseeon
S
S
Grafing

## Wissenswert — Sehenswert

**Forstseeon** — Der kleine Ort ist einer der vielen Seeons in diesem Gebiet.

**Kirchseeon** — Den Ort gibt es gleich in mehrfacher Ausführung: Kirchseeon-Dorf, Kirchseeon-Bahnhof, Kirchseeon-Moos, Kirchseeon-Ort und Markt Kirchseeon. Neben Forstseeon gibt es auch noch Osterseeon. Die Stammsiedlung ist das östlich gelegene Kirchseeon-Dorf mit seiner alten Kirche Sankt Koloman. Um 980 schon taucht der Ortsname als »Sevun« (ad sevun = bei den Seen) im Ebersberger Cartular auf. Die Anfänge der Kolomanskirche gehen auf die Zeit um 1200 zurück.
Auf dem Erdmoränenwall zwischen Kirchseeon und Forstseeon stand einmal eine Burg. Der Burggraben ist noch heute erkennbar.
Die Josefskirche in Kirchseeon wurde im Jahre 1901 gebaut. Nach dem Zweiten Weltkrieg wurde sie erweitert.
(Mehr über Ebersberg und Umgebung: siehe die Tips 39, 41, 42, 43, 44 und 45, Seiten 215, 225, 229, 233, 239 und 243.)

## Einkehr am Weg

**Ebersberg** — »Neuwirt«, Marienplatz, Freitag geschlossen.
»Alte Post«, Marienplatz, Mittwoch geschlossen.
»Oberwirt«, am Rathaus, Dienstag geschlossen.
»Sieghartshof«, Sieghartstraße, Montag geschlossen.
»Ebersberger Hof«, Sieghartstraße, Montag geschlossen.
»Kiosk am See«, am Klostersee, Mittwoch ab 12.30 Uhr geschlossen.
»Sportalm«, Ludwigshöhe, Dienstag geschlossen.

**Kirchseeon** — Stehausschank, am Bahnhof, Donnerstag geschlossen.
»Alter Wirt«, Mittwoch geschlossen.
»Brückenwirt«, Montag geschlossen.
»Bahnhofsrestaurant«, Dienstag geschlossen.
»Eisenschmid«, Dienstag geschlossen.

# Mit der S 4 nach Ebersberg 41

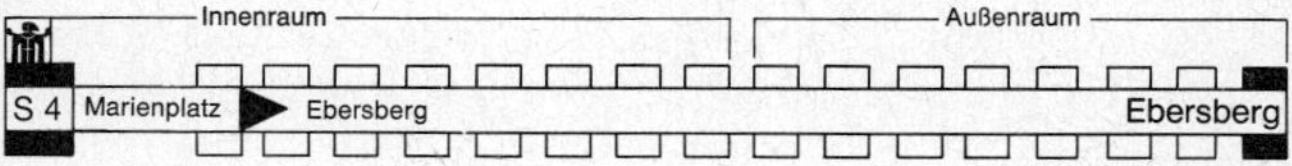


| Abfahrt in München, Marienplatz | | | Rückfahrt in Ebersberg | | |
|---|---|---|---|---|---|
| 7.27 | — | — | 14.13 | 14.53 | 15.33 |
| 8.27 | 9.07 | 9.47 | 16.13 | 16.53 | 17.33 |
| 10.27 | 11.07 | 11.47 | 18.06 x | 18.53 | 19.33 |
| 12.27 | 13.07 | 13.47 | 20.13 | 20.53 | 21.33 |
| 14.27 | 15.07 | 15.47 | 22.13 | 22.53 | 23.33 |

(x): weicht vom Fahrplanschema ab.

Der Fahrplan gilt Samstag, Sonntag und Feiertag.
Weitere Fahrzeiten im amtlichen Fahrplan.
Fahrzeit: einfache Fahrt ca. 50 Minuten.
Zonen: München—Ebersberg und zurück = zweimal 6 Zonen.

## Vom Jagdrevier zum Erholungswald

Der römische Geschichtsschreiber Tacitus berichtete von den »schrecklichen Wäldern« Germaniens und meinte damit wohl auch jenen Waldgürtel, der noch 1000 nach Christus vom Inn bis zum Lech reichte. Dann begann die Siedlungstätigkeit und die große Waldfläche wurde »durchlöchert«. Viele Waldteile entstanden, darunter auch der mit dem Namen »Ebersberger Forst«.
90 Quadratkilometer groß und von keiner Siedlung unterbrochen, gilt er heute als das größte geschlossene Forstgebiet in ganz Deutschland. Daß er bis auf unsere Tage erhalten blieb, ist zwei Umständen zu danken: Zum einen lag der Grundwasserspiegel so tief, daß er nicht nutzbar gemacht werden konnte (wo kein Wasser war, konnte man auch nicht siedeln), zum anderen hatten die jeweiligen Besitzer großes Interesse an der Jagd.

In unseren Tagen soll der Ebersberger Forst nach und nach in einen Erholungswald verwandelt werden. Waldlehrpfade, Wanderwege und andere zweckdienliche Einrichtungen werden geschaffen. Für den alten Forst ist die »Neuzeit« angebrochen . . . (Mehr über Ebersberg und Umgebung: siehe die Tips 39, 40, 42, 43, 44 und 45, Seiten 215, 221, 229, 233, 239 und 243.)

## Wandern

Route: *Vom S-Bahnhof Ebersberg am Klostersee vorbei zur Ludwigshöhe. Von dort über Sankt Hubertus zur Sauschütt und über die Ludwigshöhe zurück nach Ebersberg — 20 km.*

Vom S-Bahnhof Ebersberg gehen wir zunächst stadteinwärts. An der Stadtpfarrkirche vorbei kommen wir zum Marienplatz. Wir überqueren ihn, folgen — am Rathaus vorbei — dem Hinweis »Markt Schwaben« und erreichen die Eberhardstraße. Auf ihr wenden wir uns (Gehwege) stadtauswärts. Am Klostersee biegen wir nach links ein und schon bald, an der kleinen Steigung, nach rechts. Wir wandern nun durch die Heldenallee, bis wir wiederum an einen querverlaufenden Weg kommen. Hier gehen wir links und bald wieder, nach einem Bauernhof, rechts. Durch den Wald kommen wir, an der Ludwigshöhe vorbei, in das Gelände des Ebersberger Sportparks. Dort, wo im Winter der Skilift in Betrieb ist, wandern wir den Hang hinab und treffen nun auf die Anzinger Straße. Ihr folgen wir auf einem Pfad neben der Straße nach links auf den Ebersberger Forst zu. Wo der Pfad endet, gehen wir auf der kaum befahrenen Straße weiter bis zum Forsthaus Sankt Hubertus. Dort können wir eine Rast einlegen.
(Man kann auch von der Ludwigshöhe aus in nordwestliche Richtung wandern und trifft dann erst später auf die Anzinger Straße. Am Gatter führt ein Fußweg zum Forsthaus Sankt Hubertus. Ein Wegweiser gibt die Richtung an.)
Auf dem Weg, auf dem wir gekommen sind, wandern wir nun in der gleichen Richtung weiter, bis wir nach einer guten halben Stunde auf die Markt Schwabener Straße stoßen.

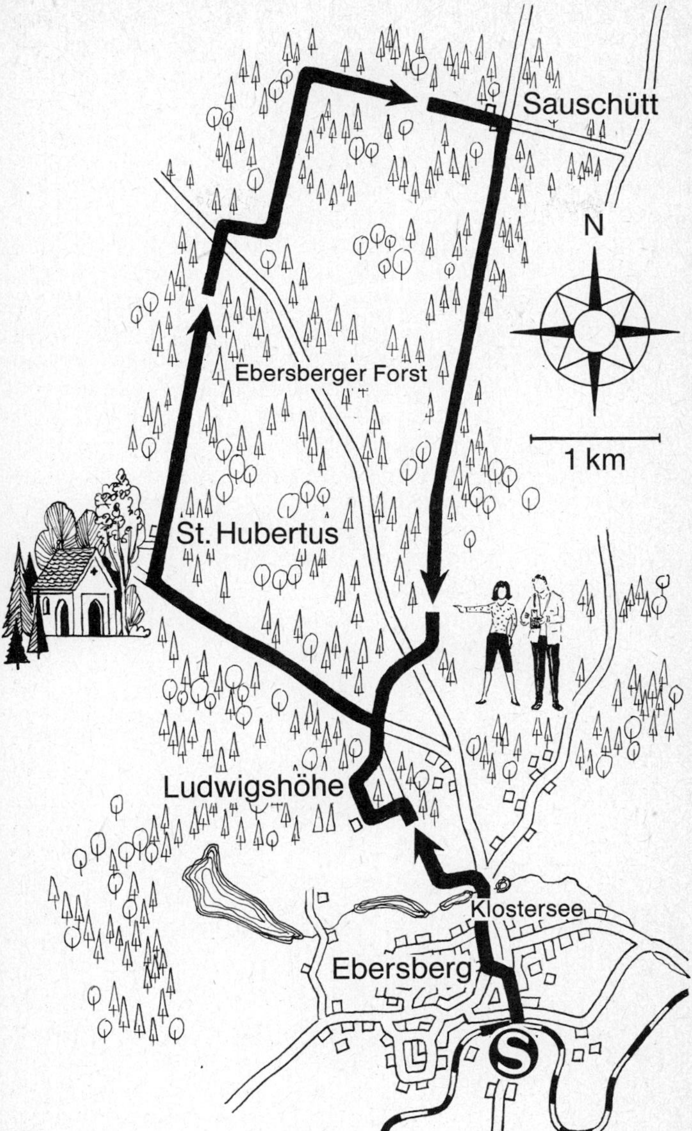
Sauschütt
N
1 km
Ebersberger Forst
St. Hubertus
Ludwigshöhe
Klostersee
Ebersberg
S

Auf ihr gehen wir links ein paar Meter weiter, um dann nach rechts dem Weg zu folgen. Nach etwa zwei Kilometern kommen wir nach dem vierten Querweg auf eine größere Wegkreuzung. Hier biegen wir nach links ab und wandern nun geradewegs auf die Sauschütt zu, wo wir rechts abbiegen. Nach einer Rast gehen wir von der Sauschütt aus zunächst noch etwa 500 Meter in der bisherigen Richtung weiter. Dann kommen wir an eine Wegkreuzung. Hier gehen wir rechts und folgen nun der Markierung bis zum Ende des Ebersberger Forstes. Wir gehen rechts weiter, überqueren die Schwabener Straße und wandern nun am Waldrand entlang, bald im rechten Winkel nach links, über das Waldsportgelände, an der Ludwigshöhe vorbei zur Heldenallee von Ebersberg und von dort am Klostersee vorbei zurück zum S-Bahnhof Ebersberg.

**Hinweise**: Eine typische Sommertour, die aber auch im Herbst noch ihre Reize hat. Benützt werden fast ausschließlich Forstwege und Waldpfade. Empfohlen wird zur Sicherheit eine gute Wanderkarte. Kinder können an dieser Wanderung nicht teilnehmen.

## Einkehr am Weg

**Ebersberg** — »Neuwirt«, Marienplatz, Freitag geschlossen.
»Alte Post«, Marienplatz, Mittwoch geschlossen.
»Oberwirt«, am Rathaus, Dienstag geschlossen.
»Sieghartshof«, Sieghartstraße, Montag geschlossen.
»Ebersberger Hof«, Sieghartstraße, Montag geschlossen.
»Kiosk am See«, Klostersee, Mittwoch ab 12.30 Uhr geschlossen.
»Sportalm«, Ludwigshöhe, Dienstag geschlossen.
»Forsthaus Sankt Hubertus«, Ebersberger Forst, nur am Freitag, Samstag und Sonntag geöffnet sowie an Feiertagen und an deren Vortagen.
»Forsthaus Sauschütte«, Ebersberger Forst, Freitag geschlossen.

# Mit der S 4 nach Ebersberg 42

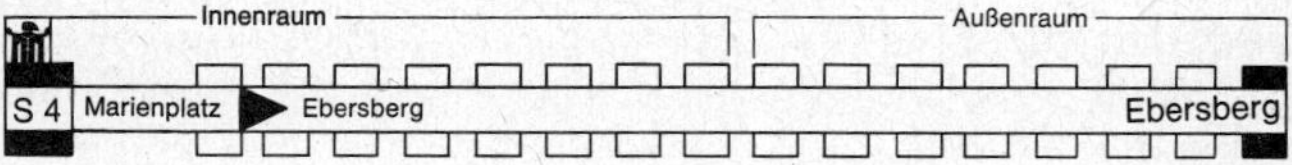


| **Abfahrt** in München, Marienplatz | | | **Rückfahrt** in Ebersberg | | |
|---|---|---|---|---|---|
| 7.27 | — | — | 14.13 | 14.53 | 15.33 |
| 8.27 | 9.07 | 9.47 | 16.13 | 16.53 | 17.33 |
| 10.27 | 11.07 | 11.47 | 18.06 (x) | 18.53 | 19.33 |
| 12.27 | 13.07 | 13.47 | 20.13 | 20.53 | 21.33 |
| 14.27 | 15.07 | 15.47 | 22.13 | 22.53 | 23.33 |

(x): weicht vom Fahrplanschema ab.

Der Fahrplan gilt Samstag, Sonntag und Feiertag.
Weitere Fahrzeiten im amtlichen Fahrplan.
Fahrzeit: einfache Fahrt ca. 50 Minuten.
Zonen: München—Ebersberg und zurück = zweimal 6 Zonen.

## Zum Waldlehrpfad an der Sauschütt

Schon kurze Zeit nach seiner Eröffnung im Sommer 1967 wurde der Waldlehrpfad an der Hohenlindener Sauschütt zu einer vielbesuchten Attraktion des Ebersberger Forstes.
Der drei Kilometer lange Rundkurs beginnt am romantisch gelegenen Forsthaus. Man kann ihn gemütlich in zwei bis drei Stunden gehen, Besichtigungen eingeschlossen. Der Naturfreund sieht hier im Freien einheimische und fremdländische Waldbäume, Sträucher, Farne, Moose und Pilze. Er lernt die Tiere des Waldes kennen und erfährt manch Wissenswertes über die Waldwirtschaft.
In einem großen Schaugehege kann man Damwild und Wildschweine beobachten. Ein weiteres, etwa 15 000 Quadratmeter großes Gehege ist derzeit im Entstehen. An Schautafeln wird der Besucher ausreichend informiert. Ru-

hebänke laden zum Verweilen und auch zum Brotzeitmachen ein. Aber bitte keine Abfälle im Wald wegwerfen!
Ein Tip für größere Wandergruppen, die im Forsthaus essen wollen: Vorher anmelden, dann kann man sich das köstlich zubereitete Wildbret schmecken lassen.
Um diesen Hohenlindener Waldlehrpfad hat sich der Naturschutzbeauftragte des Landkreises Ebersberg, Hans Sponholz, verdient gemacht. Zusammen mit der Forstdienststelle gestaltete er ihn in mühevoller Kleinarbeit, legte ihn mit an und übergab ihn schließlich der Öffentlichkeit.

## Kontakt mit der Natur

Der bayerische Staatsminister für Ernährung, Landwirtschaft und Forsten, Dr. Hans Eisenmann, sagt zum Zweck solcher Waldlehrpfade:
»Das Industriezeitalter zwingt uns alle zu einer Lebensweise, die sich immer mehr von der Natur entfernt. Unser Alltag spielt sich in Beton und Glas, in Staub und Abgasen, in Lärm und Hetze ab. Über die Hälfte der Einwohner leidet in manchen Industrieländern an Herz- und Kreislauferkrankungen. Der vorzeitig verbrauchte Mensch droht zum Schreckgespenst unseres Jahrhunderts zu werden.
Daher muß wenigstens zeitweise die Überflutung des Menschen mit technischen Reizen durch den Kontakt mit der Natur ausgeglichen werden. Der Wald schenkt uns Entspannung und Erholung, er bietet uns Ruhe und saubere Luft.«

## Wandern

Route: *Vom S-Bahnhof Ebersberg zum Waldlehrpfad Hohenlinden und zurück — 15 km.*

Vom S-Bahnhof Ebersberg gehen wir stadteinwärts, überqueren den Marienplatz und folgen dem Hinweisschild »Markt Schwaben«. An der Eberhardstraße entlang (Gehwege) erreichen wir bald den Klostersee. Hier biegen wir

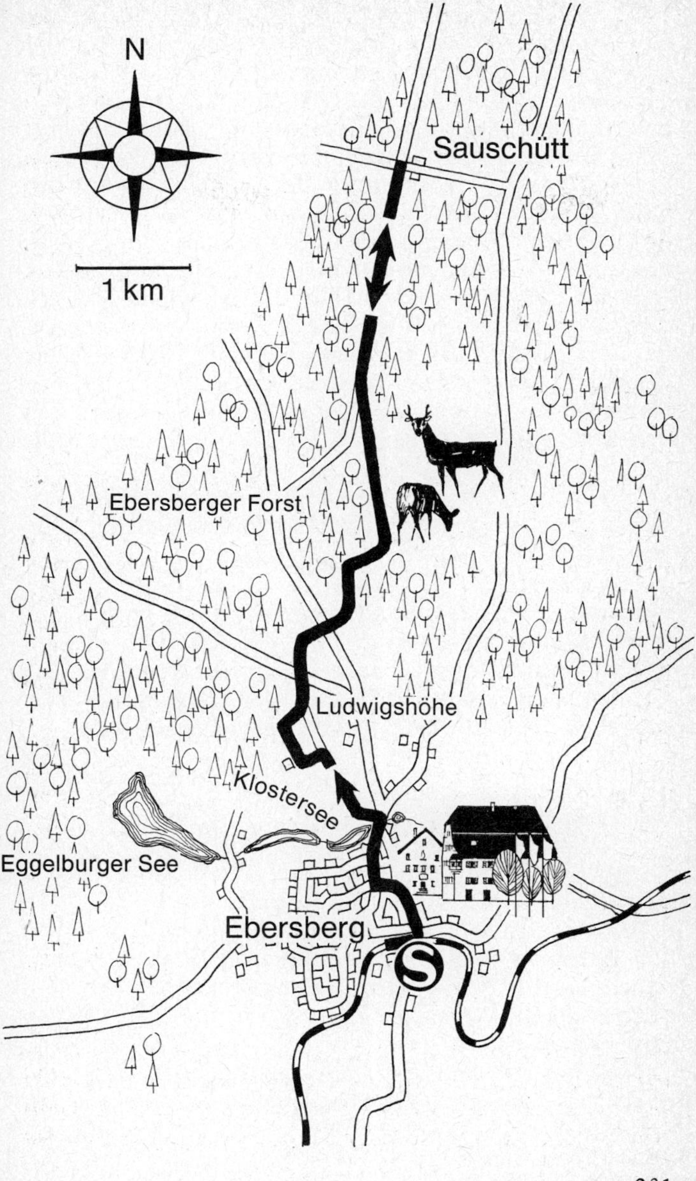
N
1 km
Sauschütt
Ebersberger Forst
Ludwigshöhe
Klostersee
Eggelburger See
Ebersberg
S

nach links ab und gehen bald wieder, an der kleinen Steigung, rechts den Weg zur Heldenallee. Am Ende der Allee stoßen wir auf einen querverlaufenden Weg. Hier gehen wir links weiter und nach dem Bauernhof rechts. Nach ein paar hundert Metern wandern wir auf einem Waldweg rechts zur Ludwigshöhe hinauf. Bald sind wir am Ebersberger Skihang. Auf dem Gelände des Skilifts gehen wir den Hang hinunter, überqueren die Anzinger Straße und folgen nun dem Waldrand bis zur Schwabener Straße. Diese überqueren wir und biegen nach etwa einem Kilometer links ab. Hier müssen wir nun die Markierung des Weges, der teilweise im freien Waldgelände verläuft, genau beachten. Schließlich stoßen wir wieder auf einen Forstweg. Hier gehen wir rechts weiter und bald wieder links. Zur Sauschütt können wir uns praktisch nicht mehr verlaufen. Für den Rückweg zum S-Bahnhof Ebersberg nehmen wir die gleiche Route.
Der Waldlehrpfad beginnt an der Forstwirtschaft Sauschütt. Er ist dort genau beschrieben und beschildert. Gehzeit: Rund zwei Stunden.

**Hinweise:** Für diese Wanderung, die keine großen Anstrengungen erfordert, ist der Sommer wohl die beste Jahreszeit. Da man mit einer Gehzeit von vier bis fünf Stunden rechnen muß, können nur ältere, wandergeübte Kinder mitgehen. Benützt werden ausschließlich Forstwege.

## Einkehr am Weg

**Ebersberg** — »Neuwirt«, Marienplatz, Freitag geschlossen.
»Alte Post«, Marienplatz, Mittwoch geschlossen.
»Oberwirt«, am Rathaus, Dienstag geschlossen.
»Sieghartshof«, Sieghartstraße, Montag geschlossen.
»Ebersberger Hof«, Sieghartstraße, Montag geschlossen.
»Kiosk am See«, Klostersee, Mittwoch ab 12.30 Uhr geschlossen.
»Sportalm«, Ludwigshöhe, Dienstag geschlossen.
»Forsthaus Sauschütt«, Ebersberger Forst.

# Mit der S 4 nach Kirchseeon 43

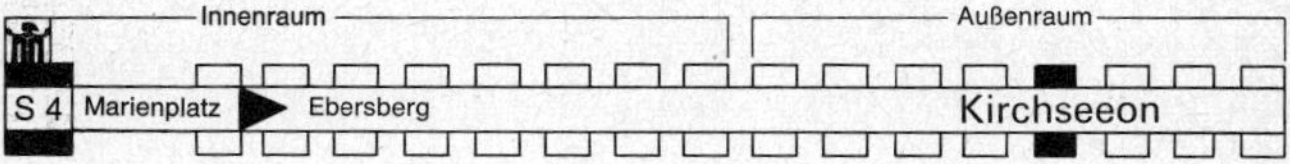


| Abfahrt in München, Marienplatz | | | Rückfahrt in Ebersberg | | |
|---|---|---|---|---|---|
| 5.47 | — | — | 14.13 | 14.53 | 15.33 |
| 6.47 | 7.27 | — | 16.13 | 16.53 | 17.33 |
| — | 8.27 | 9.07 | 18.06 (x) | 18.53 | 19.33 |
| 9.47 | 10.27 | 11.07 | 20.13 | 20.53 | 21.33 |
| 11.47 | 12.27 | 13.07 | 22.13 | 22.53 | 23.33 |

(x): weicht vom Fahrplanschema ab.

Der Fahrplan gilt Samstag, Sonntag und Feiertag.
Weitere Fahrzeiten im amtlichen Fahrplan.
Fahrzeit: München—Kirchseeon ca. 35 Minuten. Ebersberg—München ca. 50 Minuten.
Zonen: München—Kirchseeon = 4 Zonen. Ebersberg—München = 6 Zonen.

## Im Forst »bei den Nonnen«

Vor 100 Jahren schon war Kirchseeon Ausgangspunkt für Waldwanderungen. Ziel war meist die Ludwigshöhe in Ebersberg. Unser Wanderweg verläuft zwar nicht auf der »klassischen« Route, er endet aber ebenfalls in Ebersberg, unterhalb der Ludwigshöhe. Wer will, kann vom Klostersee aus einen Abstecher dorthin unternehmen.
Die »Nonne« war schuld, daß sich Kirchseeon von 1889 an plötzlich sehr stark vergrößerte: Die Raupe des Nonnenfalters, eines gefürchteten Waldschädlings, hatte sich damals des Forstes bemächtigt und innerhalb kurzer Zeit ein großes Baumsterben verursacht. Wirbelstürme von ungeheurer Gewalt folgten, wodurch schließlich mehr als ein Drittel der Waldfläche vernichtet wurde. Eine »Waldbahn« mußte in

den Forst gelegt werden, um die großen Holzmengen schnell abtransportieren zu können.
Von weither kamen seinerzeit die Waldarbeiter, viele blieben hier und wurden seßhaft. Wie groß und bekannt die Katastrophe damals gewesen sein mußte, erkennt man schon daran, daß Briefe auch dann ankamen, wenn als Adresse »Bei den Nonnen« angegeben war.
Im Jahr 1954 vermehrte sich die »Nonne« wiederum in großem Ausmaß. Doch inzwischen kannte man die DDT-Mittel. Damit konnte eine Katastrophe verhindert werden.

## Wandern

Route: *Vom S-Bahnhof Kirchseeon zum Forsthaus Diana und von dort zum Eggelburger See und nach Ebersberg — 9 km.*

Wenn wir den S-Bahnhof Kirchseeon verlassen, wenden wir uns geradeaus ortseinwärts. Wir überqueren die Hauptstraße und wandern nun auf der anderen Straßenseite auf einem hübschen Fußweg weiter. Wo wir auf der linken Seite den Waldfriedhof sehen, biegen wir nach links ab, gehen über den Parkplatz auf das Gatter zu und wandern nun auf dem Weg rechts weiter. Wir verlassen diesen Weg, der bald eine Linkskurve beschreibt, nicht mehr, bis wir das Forsthaus Diana erreicht haben. An der Wegkreuzung dort biegen wir nach rechts ab und folgen diesem Weg nun bis zur Nordseite des Eggelburger Sees. Wir wandern am See entlang in östlicher Richtung, bis wir einen querverlaufenden Weg treffen. Hier gehen wir rechts weiter. Der Weg führt uns bald ganz nahe an den See heran. Hier zweigt nach links der Weg zum Langweiher und zum Klostersee ab. Nach dem Klostersee gehen wir an der Eberhardstraße (Gehwege) stadteinwärts, am Rathaus vorbei zum Marienplatz und dort weiter durch die Bahnhofstraße zum S-Bahnhof Ebersberg.

**Hinweise:** Diese Tour plant man am besten für den Sommer, noch besser für den Frühherbst. Ältere Kinder können mitgehen. Die Route verläuft auf Feld- und Waldwegen.

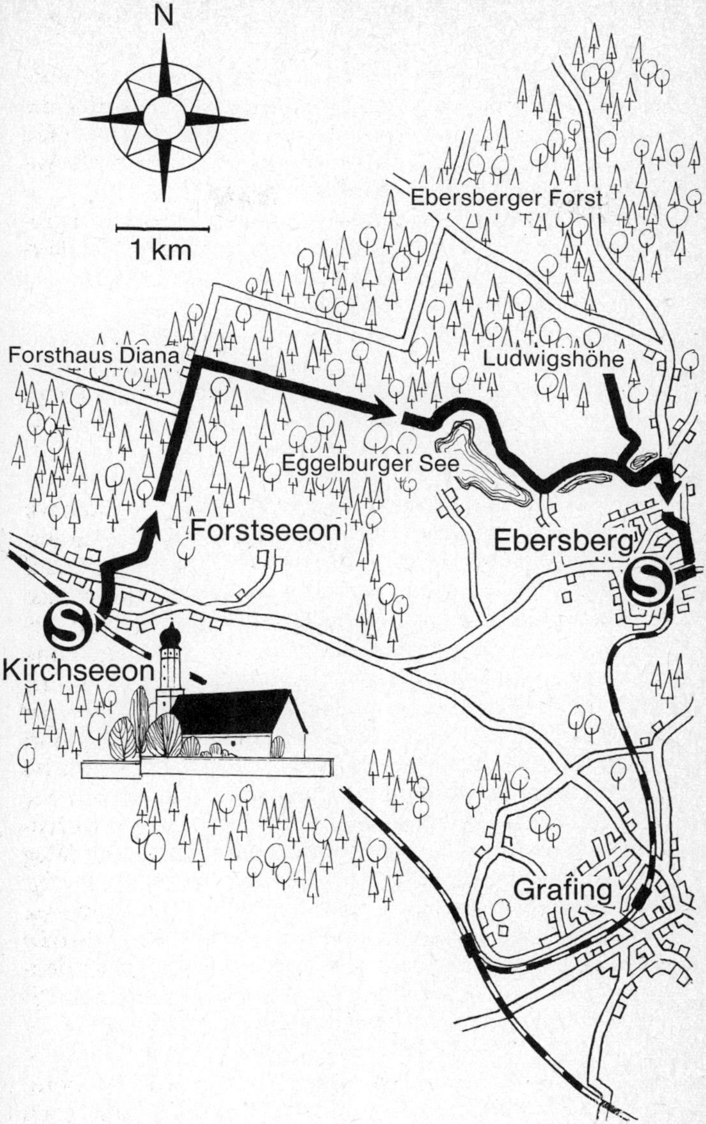
N
1 km
Ebersberger Forst
Forsthaus Diana
Ludwigshöhe
Eggelburger See
Forstseeon
Ebersberg
S
S
Kirchseeon
Grafing

## Der Ebersberger Forst

Ursprünglich reichte ein geschlossenes Waldgebiet vom Inn bis zum Lech. Erst um 1000 nach Christus begann die Siedlungstätigkeit, durch die nach und nach der riesige Waldgürtel zerteilt wurde. Auf diese Weise entstanden die verschiedenen Forste, wie der Grünwalder Forst, der Hofoldinger Forst, der Kreuzlinger Forst und eben auch der Ebersberger Forst. Mit seinem Ausmaß von 90 Quadratkilometern gilt der Ebersberger Forst noch heute als der größte geschlossene Forst in ganz Deutschland.

Verfolgt man die Geschichte dieses Forstes zurück, so erfährt man nicht viel. In größeren Mengen wurden prähistorische Hügelgräber gefunden. Die Römer führten Handelswege durch den Wald. Man darf annehmen, daß in diesem Gebiet auch die Bajuwaren schon gesiedelt haben.

Wer heute durch den Forst wandert, geht auf schnurgeraden Wegen. Diese wurden in den Jahren 1790 bis 1795 angelegt. Damals wurde der »kurfürstliche Wald« planmäßig aufgeteilt und vermessen. Die genau berechneten Geräumte entstanden. Die Quadrate waren allerdings viermal so groß wie die heutigen. Waldgeschichtlich war diese Tat bedeutungsvoll. Es war immerhin eine der ersten Waldvermessungen und -einteilungen überhaupt. Hier sammelte man Erfahrungen und wertete sie auch für andere Forstgebiete aus. Der Grund für diese aufwendigen Arbeiten lag auf der Hand: Damals diente der Forst in erster Linie der Holznutzung. Durch die Einteilung wurde eine Waldwirtschaft großen Stils möglich.

Vor 80 Jahren kam es zu einer Katastrophe. Drei Jahrzehnte lang wütete eine gefräßige kleine Raupe, die »Nonne«, im Wald und vernichtete fast 3000 Hektar Waldbestand. Zu dieser Zeit kamen Waldarbeiter von überall her und gründeten im Bahnhofsbereich die Kolonie Kirchseeon. Eine Bahn mußte in den Wald gelegt werden, um der riesigen Holzmengen, die man schlagen mußte, Herr zu werden. In den Jahren 1926 bis 1930 wurden die letzten Waldflächen wieder neu aufgeforstet.

## Wissenswert — Sehenswert

**Das Forsthaus Diana** war in früheren Jahren bewirtschaftet. Wegen der schwierigen Wasserverhältnisse dürfte in absehbarer Zeit nicht mit einer Wiederbewirtschaftung zu rechnen sein.

**Ebersberg** — Die Stadtpfarrkirche Sankt Sebastian stammt in ihrer heutigen Form aus den Jahren 1733/34. Früher war sie gotisch, auch romanische Bestandteile sind noch nachzuweisen.
Auf dem Rücken der Endmoräne (619 m) ließ der Heimat- und Verschönerungsverein im Jahre 1912 den heutigen Aussichtsturm der Ludwigshöhe errichten. Er ist 30 Meter hoch. Bei schönem Wetter hat man eine prächtige Aussicht ins Gebirge.
Das heutige Ebersberger Rathaus entstand als »Untere Taferne« in den Jahren 1509 bis 1512 unter dem damaligen Abt Leonhard II.
Die erste Kirche von Ebersberg wurde im Jahre 880 durch Bischof Arnold eingeweiht. Etwa zehn Jahre früher dürfte die erste hölzerne Burg entstanden sein, und zwar an der Stelle, an der heute das Schloß steht.
(Mehr über Ebersberg und Umgebung: siehe die Tips 39,40, 41, 42, 44 und 45, Seiten 215, 221, 225, 229, 239 und 243.)

## Einkehr am Weg

**Kirchseeon** — »Stehausschank«, am Bahnhof, Donnerstag geschlossen.
»Alter Wirt«, Mittwoch geschlossen.
»Brückenwirt«, Montag geschlossen.
»Bahnhofsrestaurant«, Dienstag geschlossen.
»Eisenschmid«, Dienstag geschlossen.

**Ebersberg** — »Neuwirt«, Marienplatz, Freitag geschlossen.
»Alte Post«, Marienplatz, Mittwoch geschlossen.
»Oberwirt«, am Rathaus, Dienstag geschlossen.

»Sieghartshof«, Sieghartstraße, Montag geschlossen.
»Ebersberger Hof«, Sieghartstraße, Montag geschlossen.
»Kiosk am See«, Klostersee, Mittwoch ab 12.30 Uhr geschlossen.
»Sportalm«, Ludwigshöhe, Dienstag geschlossen.

# Mit der S 4 nach Zorneding **44**

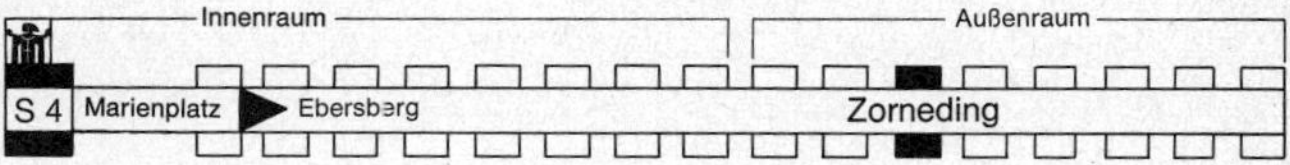


| Abfahrt in München, Marienplatz | | | Rückfahrt in Kirchseeon | | |
|---|---|---|---|---|---|
| 7.27 | — | — | 11.44 | 12.24 | 13.04 |
| 8.27 | 9.07 | 9.47 | 13.44 | 14.24 | 15.04 |
| 10.27 | 11.07 | 11.47 | 15.44 | 16.24 | 17.04 |
| 12.27 | 13.07 | 13.47 | 17.44 | 18.24 | 19.04 |
| 14.27 | 15.07 | 15.47 | 19.44 | 20.24 | 21.04 |

Der Fahrplan gilt Samstag, Sonntag und Feiertag.
Weitere Fahrzeiten im amtlichen Fahrplan.
Fahrzeit: München—Zorneding ca. 30 Minuten. Kirchseeon—München ca. 35 Minuten.
Zonen: München—Zorneding = 3 Zonen. Kirchseeon—München = 4 Zonen.

## Im größten deutschen Forst

Mit einer Ausdehnung von rund 90 Quadratkilometern ist der Ebersberger Forst der größte noch erhaltene Waldbestand in der Bundesrepublik. Hauptbesitzer ist der Bayerische Staat. Nur geringe Teile sind Körperschafts- und Privatwald.

## Wandern

Route: *Vom S-Bahnhof Zorneding über Pöring, Ingelsberg durch den Ebersberger Forst zum Forsthaus Diana und von dort nach Kirchseeon — 10 km.*

Vom S-Bahnhof in Zorneding gehen wir vor zur Anzinger Straße. Ihr folgen wir rechter Hand nach Pöring. Wir durchqueren den Ort und biegen nach der Kurve links in

den Schulweg ein. Bei der Gabelung gehen wir rechts weiter. Vor Ingelsberg stoßen wir auf einen Weg, dem wir nun rechter Hand folgen. Auf ihm überqueren wir bald die Feldkirchner Straße, umgehen den Schuttabladeplatz rechts und kommen nun in den Ebersberger Forst. Gleich zu Beginn lädt eine freundliche Lichtung zur Rast ein. Hier können wir Brotzeit aus dem Rucksack machen. (Aber bitte keine Abfälle wegwerfen!)
Dem Forstweg folgen wir nun immer geradeaus bis zum Forsthaus Diana. Dort biegen wir nach rechts ab und wandern auf Kirchseeon zu. Nach dem Verlassen des Forstes benützen wir den Gehsteig entlang der Hauptstraße ein kurzes Stück rechts weiter, überqueren die Straße und kommen so schließlich zum S-Bahnhof Kirchseeon, von dem wir die Rückfahrt antreten können.

**Hinweise:** Eine Sommerwanderung, an der auch ältere Kinder mitmachen können. Auch das späte Frühjahr und der frühe Herbst eignen sich. Die Route verläuft auf Feld-, Wald- und Forstwegen.

## Der Ebersberger Forst in Stichworten

Ursprünglich wuchsen im Forst Eichen und Buchen in großen Mengen. Doch dann nahmen diese Laubgehölze immer mehr ab und die Fichte drängte sich nach vorn. Klima- oder Grundwasserveränderungen könnten vor mehreren hundert Jahren Ursache für diese Entwicklung gewesen sein. Heute bemüht man sich, die Laubgehölze wieder bodenständiger zu machen.
Vor 100 bis 200 Jahren sah man in reinen Fichtenkulturen die beste wirtschaftliche Nutzung des Waldes. Als sich vor 80 Jahren die Raupe des Nonnenfalters millionenfach vermehrte und fast die Hälfte des Waldes dahinraffte, war man klüger geworden. Seitdem wird die Zahl der Laubholzschonungen immer größer.
Die heutigen Geräumte des Forstes gehen auf die umfangreichen Vermessungsarbeiten in den Jahren 1790 bis 1795 zurück. Die berechneten Quadrate waren damals allerdings noch viermal größer als die heutigen.

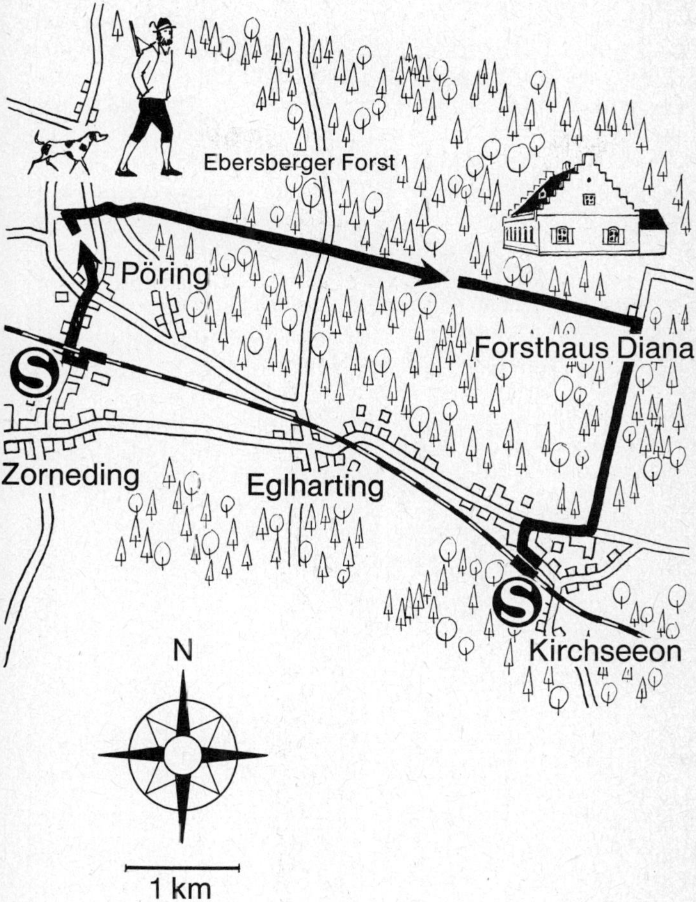
Ebersberger Forst
Pöring
Forsthaus Diana
Zorneding
Eglharting
Kirchseeon
N
1 km

## Wissenswert — Sehenswert

**Zorneding** — Der Ort wurde schon im sechsten Jahrhundert von den Bajuwaren besiedelt. Im Jahre 1959 fand man beim Bau der Wasserleitung 100 Meter nördlich der Antoniuskapelle ein großes Reihengräberfeld. Wertvolle und aufschlußreiche Funde wurden hierbei gemacht.
Die Pfarrkirche Sankt Martin in Zorneding wird urkundlich zum erstenmal im Jahre 1524 genannt. Die jetzige Kirche geht auf die Jahre 1719/21 zurück. Ihr Baumeister war vermutlich der Münchner Johann Georg Ettenhofer.

**Pöring** — Die Kirche des Ortes ist dem heiligen Georg geweiht. Sie wurde im Jahre 1796 errichtet. Die Figur des Kirchenpatrons auf dem Hauptaltar stammt aus dem Jahr 1700.
Pöring hatte einst ein Schloß. Um 1700 schon stand allerdings nur noch der Burgfried. Er war nach den Brandschatzungen der Schweden, die im Jahre 1632 hier einfielen, übriggeblieben.
(Mehr über den Ebersberger Forst: siehe die Tips 39, 40, 41, 42, 43 und 45, Seiten 215, 221, 225, 229, 233 und 243.)

## Einkehr am Weg

**Zorneding** — »Gasthaus Harter«, Dienstag geschlossen.
»Bahnhofsstüberl«, am Bahnhof.

**Pöring** — »Gasthaus Mairsamer«, an Sonntagen und Feiertagen kein Mittagessen, Montag ab 14 Uhr und Dienstag ganztätig geschlossen.

**Kirchseeon** — »Stehausschank«, am Bahnhof, Donnerstag geschlossen.
»Alter Wirt«, Mittwoch geschlossen.
»Brückenwirt«, Montag geschlossen.
»Bahnhofsrestaurant«, Dienstag geschlossen.
»Eisenschmid«, Dienstag geschlossen.

# Mit der S 4 nach Eglharting 45

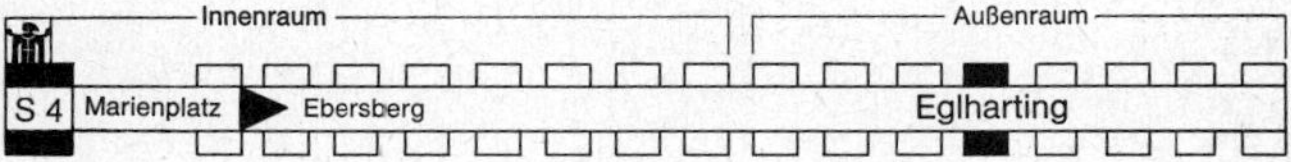


| Abfahrt in München, Marienplatz | | | Rückfahrt in Eglharting | | |
|---|---|---|---|---|---|
| 7.27 | — | — | 16.26 | 17.06 | 17.46 |
| 8.27 | 9.07 | 9.47 | 18.26 | 19.06 | 19.46 |
| 10.27 | 11.07 | 11.47 | 20.26 | 21.06 | 21.46 |
| 12.27 | 13.07 | 13.47 | 22.26 | 23.06 | 23.46 |

Der Fahrplan gilt Samstag, Sonntag und Feiertag.
Weitere Fahrzeiten im amtlichen Fahrplan.
Fahrzeit: einfache Fahrt ca. 27 Minuten.
Zonen: München—Eglharting und zurück = zweimal 4 Zonen.

## Der Wald vor der Haustüre

Wenn wir in Eglharting aus dem S-Bahn-Zug steigen, haben wir den Wald »vor der Haustüre«. Wir brauchen nur hineinzugehen. Noch heute nennt man diese Gegend das »Holzland«, was bei der gegebenen Landschaft keiner Erläuterung bedarf.
Die Geschichte Eglhartings ist mit der von Kirchseeon eng verbunden. Man kann beide kaum getrennt betrachten. Da ist die uralte Straßenverbindung von München nach Wasserburg. Sie beeinflußte die Entwicklung der an ihr gelegenen Orte. Der entscheidende Schritt wurde durch die Eröffnung der Bahnlinie München—Salzburg getan. Von da an wurde die Gegend auch wirtschaftlich interessant und es siedelten sich immer mehr Menschen an.
Die Entwicklung ging zunächst langsam, erst in den letzten Jahren schneller vor sich. Vor 200 Jahren noch war die Fläche, auf der heute Wohnhäuser stehen, von dichtem Wald bedeckt. In primitiven Hütten hausten dort nur die kurfürstlichen Förster und die Hofkohlenbrenner.

Ein großes Unheil war es, das die erste größere Ansiedlung in diesem Gebiet mit sich brachte. Die Raupe des Nonnenfalters hatte sich so stark ausgebreitet, daß mehr als ein Drittel des Waldes vernichtet wurde. Eine Bahn mußte gebaut werden, um das Holz schnell abtransportieren zu können, über 8000 Waldarbeiter wurden eingesetzt. Sie kamen aus dem Bayrischen Wald und aus Tirol. Sie blieben zum Teil hier. Damals vergrößerte sich die Kolonie zwischen dem Spannleitenberg und Eglharting beträchtlich.

## Wandern

Route: *Vom S-Bahnhof Eglharting zur Sauschütt und durch den Forst zurück nach Eglharting — 13 km.*

Am Bahnhof von Eglharting gehen wir rechts und biegen nach kurzer Wegstrecke links in den Forstweg ein. Nach den letzten Häusern des Ortes führen mehrere Wege in den Ebersberger Forst. Wir gehen links und folgen der Rechtskurve. Nicht ganz fünf Kilometer wandern wir von hier bis zur Sauschütt.
Einen Kilometer gehen wir in der bisherigen Richtung von der Sauschütt weiter, bis wir auf die nächste Querstraße treffen. Ihr folgen wir nach rechts etwa einen Kilometer bis zur nächsten Kreuzung. Dort biegen wir rechts ab und wandern nun auf dem Schwaberweger Hauptgeräumt zurück nach Eglharting. Wir treffen auf die Münchner Straße, biegen nach wenigen Schritten rechts in die Eichenstraße und kehren so, parallel zur Münchner Straße, zum Bahnhof zurück.

**Hinweise**: Ein Waldspaziergang, den man gut an heißen Sommertagen machen kann. Ältere Kinder können mitgehen. Die Route verläuft ausschließlich auf Forstwegen.

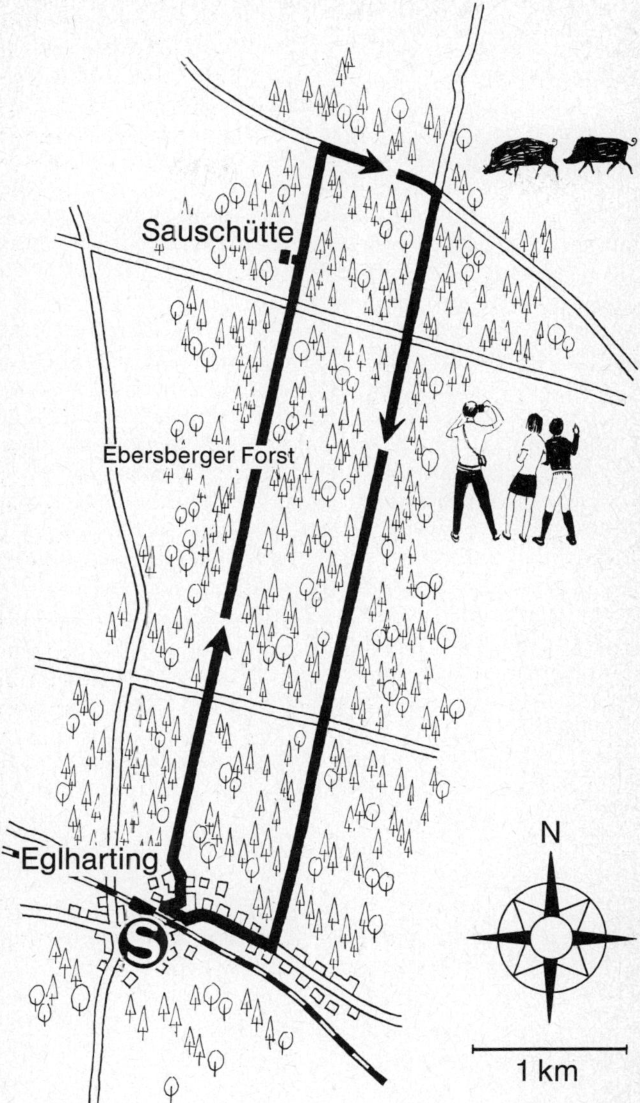

Sauschütte
Ebersberger Forst
Eglharting
S
N
1 km

## Aus dem Forst wird ein Park

Im Programm »Freizeit und Erholung« der Bayerischen Staatsregierung ist der Ebersberger Forst als Erholungsgebiet ausgewiesen. Mehr und mehr werden jetzt die Pläne konkret, den Forst zu einem Naherholungswald auszubauen. Man spricht von dem Entfernen der Drahtzäune und der Verbotsschilder. Parkplätze sollen angelegt, Ruhebänke aufgestellt und Lagerwiesen gekennzeichnet werden. Spazierwege und Wanderwege werden beschildert. Auch an Kinderspielplätze, Waldlehrpfade und Trimm-Dich-Einrichtungen hat man gedacht.
Die Schutzgemeinschaft Ebersberger Forst läuft Sturm gegen solche Pläne, weil sie befürchtet, daß der Forst zu einem Rummelplatz werden könnte. Doch davon kann nicht die Rede sein. Auch nicht davon, daß das Waldgelände künftig einmal stark überlaufen sein wird. Einen Randparkplatz gibt es schon jetzt beispielsweise am Waldfriedhof bei Kirchseeon. Hier stellen Waldbesucher, meist ruhesuchende Spaziergänger, schon heute ihren Wagen ab und gehen zu Fuß weiter — obwohl sie nach dem Öffnen des Gatters auch weiterfahren könnten. Solche Parkplätze an einigen Stellen mehr, und eine wesentliche Maßnahme ist getroffen.
Vorgesehen ist auch, den Wald mit Laubbäumen anzureichern. Darum bemühen sich die Forstbehörden ja schon seit 1945.
(Mehr über den Ebersberger Forst: siehe die Tips 39, 40, 41, 42, 43 und 44, Seiten 215, 221, 229, 233 und 239.)

## Einkehr am Weg

**Eglharting** — »Gasthaus Meier«, Montag geschlossen.
»Gastwirtschaft Hamberger«, Dienstag geschlossen.

# Mit der S 1 nach Aying 46

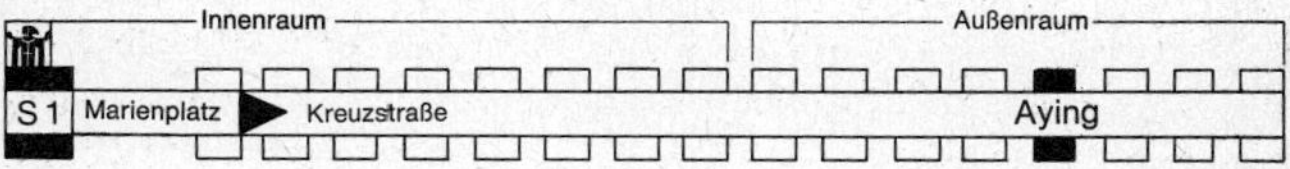


| Abfahrt in München, Marienplatz | | | Rückfahrt in Kirchseeon | | |
|---|---|---|---|---|---|
| 6.23 | 7.03 | 7.43 | 17.44 | 18.24 | 19.04 |
| 8.23 | 9.03 | 9.43 | 19.44 | 20.24 | 21.04 |
| 10.23 | 11.03 | 11.43 | 21.44 | 22.24 | 23.04 |

Der Fahrplan gilt Samstag, Sonntag und Feiertag.
Weitere Fahrzeiten im amtlichen Fahrplan.
Fahrzeit: München—Aying ca. 38 Minuten. Kirchseeon—München ca. 35 Minuten.
Zonen: München—Aying = 4 Zonen. Kirchseeon—München = 4 Zonen.

## »Jeder Augenblick ist ein Geschenk«

Diese Wandertour bringt immer wieder landschaftliche Überraschungen — Egmatinger Forst, Kastensee, Steinsee — und sie führt zu einem altbayerischen Wallfahrtsort: Maria Altenburg.
Im 17. und im 18. Jahrhundert erlebte die Altenburger Wallfahrt ihre Hochblüte. Aus dieser Zeit wird berichtet: »An den Kreuzsamstagen kamen die Bittgänger aus allen Richtungen ins Moosachtal und die Gläubigen pflegten sich auf den Knien Stufe für Stufe den Berg zum hochgelegenen Heiligtum hinaufzubeten.« 118 Stufen zählte man damals, die Zahl dürfte mit der heutigen noch in etwa übereinstimmen.
Treffend schilderte der Bayerische Rundfunk in seiner Sonntags-Sendung »Land und Leute« das »hügelbewegte, waldreiche Bauernland«, das »an Kunstschätzen reich und weithin gerühmt« ist. Die Kirche Maria Altenburg ist es wert, so stellte der Sprecher fest, daß man von weither

kommt, sie zu besuchen: »Dem Fremden, der sie zum erstenmal sieht, ist jeder Augenblick ein Geschenk.«
Seit dem Jahre 1962 werden an der Kirche umfangreiche Restaurierungsarbeiten durchgeführt. Sie sind schon fast abgeschlossen.

## Wandern

Route: *Vom S-Bahn-Haltepunkt Aying über Lindach, Kastensee, Schlacht, Niederseeon, Steinsee, Altenburg, Moosach, Ilching nach Kirchseeon — 17 km.*

Vom Bahnhof Aying gehen wir über die Bahnhofstraße zur Ortsmitte. Wir kommen an der Ayinger Brauerei vorbei und verlassen nun den Ort in Richtung Egmating. Etwa 100 Meter nach der Kurve, beim Verkehrsspiegel, wenden wir uns nach rechts in den Lindacher Weg. Hier können wir uns kaum mehr verlaufen. Erst kurz vor Lindach müssen wir an einer Wegkreuzung achtgeben. Hier nehmen wir den Weg, der links weiterführt. Wir überqueren — Lindach liegt rechter Hand — die Egmatinger Straße und wandern auf der anderen Seite noch ein kurzes Stück in der bisherigen Richtung weiter. Dann zweigt links ein Weg ab, dem wir folgen. Er führt uns durch den Egmatinger Forst zum Kastensee.
Zeigte sich die Landschaft schon auf der bisherigen Wanderung immer wieder mit neuen Überraschungen, so erreichen wir nun den wohl schönsten Teil unserer Tour: Kastensee und Steinsee. Wir verlassen den Wald und sehen den See von Kastenseeon vor uns liegen, ein anmutiges Bild. Wir wandern nun vor bis zur Hauptstraße. Hier gehen wir links weiter und biegen bald rechts, dem Wegweiser nach Schlacht folgend, ab.
Am Ortsende von Schlacht nehmen Niederseeon (Wegweiser). Wir Niederseeon (Wegweiser) ab. Wir gehen dann auf dem ersten rechts abzweigenden Feldweg und nähern uns dem Wald. Zunächst ein Stück am Waldrand entlang, führt uns der Pfad bald in den Wald hinein. Etwa 200 Meter nach einer Wegkreuzung stoßen wir auf einen von rechts

Kirchseeon
Zorneding
Ilching
Altenburg
Niederpframmern
Moosach
Steinsee
Egmating
Schlacht
Kastenseeoner See
Glonn
Aying
Lindach
N
1 km

kommenden Waldweg. Wir gehen links weiter und behalten nun immer die Richtung bei, bis wir den Steinsee erreichen. Wir wandern am Ostufer des Steinsees entlang und halten uns nun immer links in der Nähe des Ufers bis zum Bad Steinsee.
Nach einem kurzen Aufenthalt setzen wir unsere Wanderung in der bisherigen Richtung fort. An einer kleinen Feldkapelle biegen wir rechts ab und folgen der Landstraße nach Maria Altenburg. Nach dem Verlassen des Waldes kommen wir oben auf der Höhe an eine scharfe Rechtskurve. Links am Waldrand laden Bänke zum Ausruhen ein. An dieser Stelle sehen wir auch den hübschen Wegweiser, der uns auf die alte Wallfahrtskirche aufmerksam macht.
Zur Fortsetzung unserer Wanderung gehen wir um die Kirche herum und folgen dem Fußweg (Treppen), an der Kapelle vorbei hinunter zur Angermühle. Am Bach entlang kommen wir zu einem Feldweg. Bald überqueren wir die Straße und folgen ihr nun ein kurzes Stück die Anhöhe hinauf in die Siedlung. An der Kurve schon biegen wir in den Weg rechts nach Moosach ab. Am Sportplatz von Moosach wandern wir vorbei (wenn wir in Moosach einkehren wollen, müssen wir rechts in den Ort gehen) bis zu einem querverlaufenden Weg. Hier wandern wir nun links weiter und erreichen bald das Gut Deinhofen.
Nun können wir uns nicht mehr verlaufen. Wir behalten die bisherige Richtung bei bis nach Ilching, wo vor der Kirche rechts ein Fußweg nach Kirchseeon weiterführt. Der Weg wird kurz vor dem Wald zu einem kaum mehr erkennbaren Pfad. Wir gehen geradeaus weiter, bis wir schließlich auf die Straße treffen, auf der wir in wenigen Minuten in Kirchseeon sind. Am Werksgelände einer Autofirma vorbei kommen wir zu einer Bahnunterführung. Wir gehen rechts an der Fritz-Litzlfelder-Straße weiter bis zum Bahnhof.

**Hinweise:** Eine Wanderung, die immer wieder landschaftliche Höhepunkte bringt. Man sollte schon recht früh dazu aufbrechen, um den ganzen Tag Zeit zu haben. Die Route kann man gut auch im Sommer gehen und Badeaufenthalte am Kastensee oder (und) Steinsee mit einplanen. Besonders schön ist die Tour natürlich im Herbst. Bei entsprechender Zeitplanung mit Ruhepausen können auch ältere wandergeübte Kinder mitgehen.

## Wissenswert — Sehenswert

**Aying** — Der Ort ist vor allem bekannt wegen seiner Braustätte. Das Zapfrecht wurde den Ayingern einst von den Mönchen von Bernried verliehen. Der Probst des Klosters Bernried hatte nämlich im Jahre 1459 die Hofmark Aying aufgekauft. In einer alten Urkunde ist zu lesen: »Die Bernrieder Mönche kauften den Sedlhof zu Aying mit Dorfgericht, Wald und Tafernwirtschaft.« Der Abt des Klosters von Bernried war von da an auch der weltliche Gerichtsherr dieser Markung. Er holte sich von Aying Steuern, Grundzins und den Zehent. Weilten der Probst oder die Abgesandten des Klosters in Aying, mußte sie der Dorfwirt verpflegen.
Am 27. August des Jahres 1921 brannte in Aying ein wertvolles kleines Gebäude ab: das Jacklhaus. Hier hatte jahrhundertelang der Pfleger von Aying seinen Sitz. Er sprach von hier aus Recht. Es gab einen Schwuraltar und als wichtiges Inventar den Zehentkasten. Diesen nannte man ganz einfach »Kasten«. Das kleine Haus zeigte noch mittelalterliche Bauweise. Die Türen aus Eichenholz waren schön geschnitzt, desgleichen die Fensterstöcke. Die Fenster bestanden aus Butzenscheiben. Im Jahre 1634 brannte die einstige gotische Kirche von Aying ab. Der Neubau, eine Andreaskirche, wurde im Jahre 1655 vollendet.

**Kastenseeon** — Am Kastensee wurde schon vor 50 Jahren eine Badeanstalt mit allem Komfort eingerichtet. Heute befindet sich hier auch eine Wasserskianlage mit einer Schule für Wellenreiten.

**Niederseeon** — Der Steinsee gehört zu den meistbesuchten Familienbädern im Osten von München. Der See steht heute unter Landschaftsschutz. Am Südufer wurden Funde aus der Römerzeit gemacht.
(Wissenswertes über Kirchseeon: siehe die Tips 40 und 43, Seiten 221 und 233).

## Einkehr am Weg

**Aying** — »Brauereigasthof Aying«, Ortsmitte, kein Ruhetag.
»Café Steinberger«, Dienstag geschlossen.
»Bahnhofsgaststätte«, Montag geschlossen.

**Kastenseeon** — »Gaststätte und Café am See«.

**Niederseeon** — »Restaurant und Bad Steinsee«, geschlossen von Ende September bis Mitte März.

**Moosach** — »Gastwirtschaft Neuwirt«, Ortsmitte, Donnerstag geschlossen.

**Kirchseeon** — »Stehausschank«, am Bahnhof, Donnerstag geschlossen.
»Bahnhofsrestaurant«, Dienstag geschlossen.
»Alter Wirt«, Mittwoch geschlossen.
»Brückenwirt«, Montag geschlossen.

## Stichwortverzeichnis der Orte